Family・Life course・Community

変容する社会と社会学

家族・ライフコース・地域社会

岩上 真珠・池岡 義孝・大久保 孝治
【編著】

学文社

『変容する社会と社会学』の発刊に寄せて

本書『変容する社会と社会学』は主として（あるいはほとんど）近現代の社会変化の諸相の特徴とその諸次元（個人、ライフコース、家族、企業・労働者、地域社会、そして全体社会水準での戦争など）について解析し、その成果を知見として提示することに努めている。本書に収録されている一〇編の論考は、寄稿者が現状において取り組んでいる研究課題に対して、さまざまな方法や技法を駆使しながらそれぞれ答えをえたうえで自らの論説を提示している。それぞれの論考は確かな成果をえていると判断できる。

ところで本書には、わたしが一〇年以上も前、定年退職記念論文として執筆した「社会学再考　からだ・こころ・つながりの人間科学を目指して」（二〇〇六）が、本書の編者の意向により、旧稿が補論として原型のまま収録されている。この論考は未完である。その後続編を執筆するよう努めたつもりであるが、しかし書き上げることができないまま現在に至った。

とはいえ二〇一二年に、早稲田社会学同窓会が主催した講演会で、「人間と社会の物語　社会学のあらたなメタ・イデオロギーを求めて」と題した講演を行った。その中で「社会学再考」続編の方向性と出発点について言及した。その内容の骨子は現状と近い将来における人間と社会について語るためには、フランス社会学の創始者の一人であるエミル・デュルケム（一八九二[1]、一八九六―九七[2]）に倣って人間性と人間社会の起源を問い返し、その事実を解明することが不可欠であり、また先決要件であるという内容であった。その中で人間核家族の起源と近親交配（インセスト）の回避機構の成立に的を絞って話をすすめた。わたしが「社会学再考」において狙いを定めた眼目は、（一）社会学的機能主義と社会構築主義とを乗り越え、新たな社会学研究の方向性をみいだすことであり、また（二）方法論的には、科学（ほぼ自然科学と同じ）としての社会学を復権させることであり、そして（三）社会現象の経験的な詳細についての記述、また「中範囲」水準での理論作りとその実証という狭い範囲ではなく、人間事象についてもっとも普遍的で、しかしできるかぎり単純な理論化を図ることとの必要性についてであった。

わたしが大学院生時代から抱きつづけた一つの疑問は、人間にとって（核）家族は自然な社会集団であるかという根本的な問いであった（Murdock 1949）[3]。あらかじめわたしのこの疑問に対する答えを率直に述べておこう。少なくとも核家族は人間にとって「不自然」な異物であるということである。社会学者は総じて家族の普遍存在を前提としてもっぱらその機能を証明すること、あるいはその機能障害の改善に努めてきたといえる。核家族が人間にとって不自然といえるのは「何故か」という問いが、社会学者たちから跳ね返ってくるのは必至である。この疑問や問いに答えるためには、どうしても進化論（自然と社会）に踏み込む必要がある。またそのため社会学の科学的な志向性を少なくとも復活させる必要があり、しかも厳密科学の方法論を採用（あるいは少なくとも科学的方法を自らの方法として採用）する必要がある。たとえば家族の起源を解き明かすためには、研究をどこから開始し、また何時の時代からどのように取り組めばよいのだろうか。

わたしは社会学者がほとんど関心をしめさない人間のはるか遠い祖先たち（ヒト属、ヒト科、ヒト上科、そして類人猿やサル）の生活と人間の生活の進化論的な類似性と変質の事実とその研究成果について精査する必要があると考える。もとより社会学には、人間の社会組織化とその変動の研究という固有の守備範囲がある。しかしその固有な守備範囲内の課題を解明するためには、その固有な領域を超えて、別の諸科学の研究成果を参照し、あるいは別の領域の科学者たちとの相互交流が必要である。わたしは社会学者が生物学者や遺伝子学者になることを要求しているのでは毛頭ない。少なくとも彼らの研究成果に親しみ、彼らと対話をすることが必要だといっているのである。

この「発刊に寄せて」で、わたしが人間の核家族が不自然であるという事実について解き明かすことは、それこそ不自然で、的を外したことになる。ただ、人間の祖先が非常に早くに分岐した猿（ほぼ二千三百万年前頃）も、またわれわれのイトコというべきチンパンジー（ヒト上科の祖先からの分岐。ほぼ六百万年—八百万年）も、今なお核家族をもっていないという厳然たる事実がある。にもかかわらず人間は、人間化のどこかで、何らかの必死の必要に基づいて、核家族という類まれな社会集団をつくりだし、そのうえに複雑な社会組織を構築したために、現在まで生き残っているのだという事実だけをここで述べるにとどめる。人間社会は人間にとって「不自然な」家族の存在なくしては成立しえなかったということである。

わたしの社会学再考の続編は、人間家族と人間社会の生物進化と社会進化の共進化についての行程を解明するはるかな冒険旅行になるはずである。わたしは「変容する社会」とは、ただ近現代をさしているのではなく、人間にとってその社会史のもっと古いある時点から変容することが普通の状態となり、おそらく人間が存在するかぎり、社会は変容しつづけるだろうと考えている。この変容における根本の問題は、人間性（人間の「類的本質」）と人間の社会がどこから来て、どこに向かうかである。この根本の部分を理解するためには、その起点として人間性と人間社会の起源を知悉することが不可欠であるとわたしは確信している。

本書に収録されている論文内容やその執筆者について述べるつもりはないが、以下の二点についてだけ触れておく。本書の執筆者の一〇名は、わたしの四〇年におよぶ社会学の教員としてのキャリアのいずれかの時点で、学生と教員という立場で関わりをもったことのある同攻の盟友たちである。彼らによって本書が企画され、発刊され、しかもわたしの旧稿や戦争体験記まで収録されたご厚意に深謝するばかりである。

わたしは「社会学再考」でも触れたが、長い研究キャリアのなかで、いくつかの理論研究や調査研究に参加し、また主宰もした。そうした研究のなかで、一つだけ今になっても気がかりな研究がある。それは「人間科学」の総合的な学部・大学院が創設された記念として、人間科学のための一つの基礎データを構築しようとして開始した、新学部の新入生たちを標本対象にした若者たちのライフコース発達に関するパネル調査研究である。創部時の一、二、三回生をパネラーとして学生期とその後の人生を丁寧に追跡しつづける計画をもって出発した研究であった。十数年にわたって研究は継続し、その間にわれわれは機関誌『発達レポート　からだ・こころ・つながりの発達研究』(一九九一—二〇〇三年)を発行した。その後、この研究は中断しているが、本書にそのデータを駆使した研究成果が発表されたことは、わたしにとって無上の喜びである。願わくはこれを機会にして、かつての調査研究再開の途が開かれることを念じる次第である。

二〇一六年十二月

正岡　寛司

注

(1) Durkheim, É. 田原音和訳，1971〔1893〕『社会分業論』青木書店
(2) Durkheim, É. 1896-97. *L'Année Sociologique.*
(3) Murdock, G. P. 内藤莞爾監訳，1978〔1949〕『社会構造—核家族の社会人類学—』新泉社

はじめに

本書は、現代社会が直面する「問題」を、社会学の方法論で読み解きながら論点を提示するというスタイルであるが、執筆にかかわったのは、早稲田大学大学院で正岡寛司研究室に集った経験をもつ、現役の大学教員たちである。

そもそも本書の企画が立ちあがったきっかけは、二〇一五年九月一九日、二〇日に早稲田大学で開催された第八八回日本社会学会大会で、正岡寛司先生がシンポジウム（2）「戦争をめぐる社会学の可能性」の特別コメンテーターとして登壇され、ご自身の体験とともに社会学的な視点を披歴されたのを教え子たちが聴き、こうした先生の体験とお考えを何らかのかたちでぜひ刊行したいと考えたことに始まる。その後有志による編集委員会が立ちあがり、紆余曲折を経たものの、社会学の可能性への正岡先生のご報告は、当日配布された草稿のままで、本書の「序」に収められることになった。

本書のタイトル候補は当初『社会学再考』であったが、これはあまりにも大きなテーマであり、再度の検討の結果、それぞれがそうした観点を内包しながら、各自が現在のテーマとどのように向き合っているかという視点を重視することになり、『変容する社会と社会学―家族・ライフコース・地域社会』というタイトルに落ち着いた。ただ、各自がそれぞれの「社会学再考」への意思を論文に込めている点は強調しておきたい。ちなみに、本書の補論に、正岡先生の退職記念論文になった「社会学再考―からだ・こころ・つながりの人間科学を目指して」（『社会学年誌　四七号』二〇〇六年所収）は、そのまま再掲してある。このテーマを、今後われわれおよび若い研究者がどう引き継いでいくかは、残された大きな課題である。

本書は、Ⅰ部　家族・感情、Ⅱ部　ライフコース、Ⅲ部　地域社会という三部構成になっている。もちろん、それぞれのテーマは部構成を超えてオーバーラップしているので、明確に三部に分けることには無理があるものの、読者の理解の一助として、執筆者の守備範囲を便宜上分けたものである。この三部構成は、実は正岡先生がこれまで手掛けられた主要な社会学領域を反映しており、これらに通底しているのは、現代社会に研究者はどう対峙するか、過去の研究の蓄積をわれわれはどう受け継ぎ、乗り越えるかという、共通の問題意識である。

刊行準備過程でまことに残念なことがあった。それは、正岡先生の公私にわたるパートナーであり、われわれの大先輩でもあった藤見（正岡）純子先生が、昨年三月に他界されたことである。本書にも執筆していただく予定であった。謹んでご冥福をお祈りする。

最後に、こういう形で各自の「社会学再考」への思いが日の目をみることができたのは、なによりも学文社社長田中千津子氏のご理解とご後援のたまものである。この場を借りて、こころより感謝申し上げる次第である。

本書が、一つの時代を共有した研究者集団の姿を示すと同時に、それぞれの社会現象への取り組みが、若い研究者になんらかの刺激を与えることができれば幸いである。

二〇一七年二月一日

編　者

付

編者のひとりである岩上真珠は、本書刊行後の二〇一七年八月に逝去いたしました。

目次

序　わたしの戦争体験
――ピカドンが襲いかかった日

正岡　寛司

「核兵器は『啓蒙』のパラドックスをみごとに体現している。広島や長崎の空高く立ちのぼった巨大なきのこ雲のイメージは、文明の勲の勇壮さを誇示しているように見えるが、このイメージはその下に、十万の人間が一瞬にして蒸発しあるいは死に絶え、それを上回る負傷者が瓦礫と化した都市の廃墟をなすすべもなくうごめき徘徊する、未曾有の地獄絵を隠している」（西谷修（1995）「光の文明の成就」『戦争と革命』朝日新聞社）。

「わたし［戦争］には、兄弟同士を死に至るまで戦わせる力があり、何千いや何百万もの息子をその父から、夫をその妻から、その生け贄の気持ちを高ぶらせつつ奪う力がある」（ガストン・プートゥールとルネ・キャレール『戦争の社会学　戦争と革命の二世紀（1740-1974）』）。

わたしは一五年戦争下で生まれ、第二次世界大戦中に国民小学校に入学し、四年次に世界で最初の原子爆弾による被爆、ほどなく敗戦を体験しましたが、敗戦後、すでに七〇年の歳月を生き延びた老学徒です（図1を参照のこと）。このたび日本社会学会が企画された本シンポジウム『戦争をめぐる社会学の可能性』に、老学徒であるわたしにお

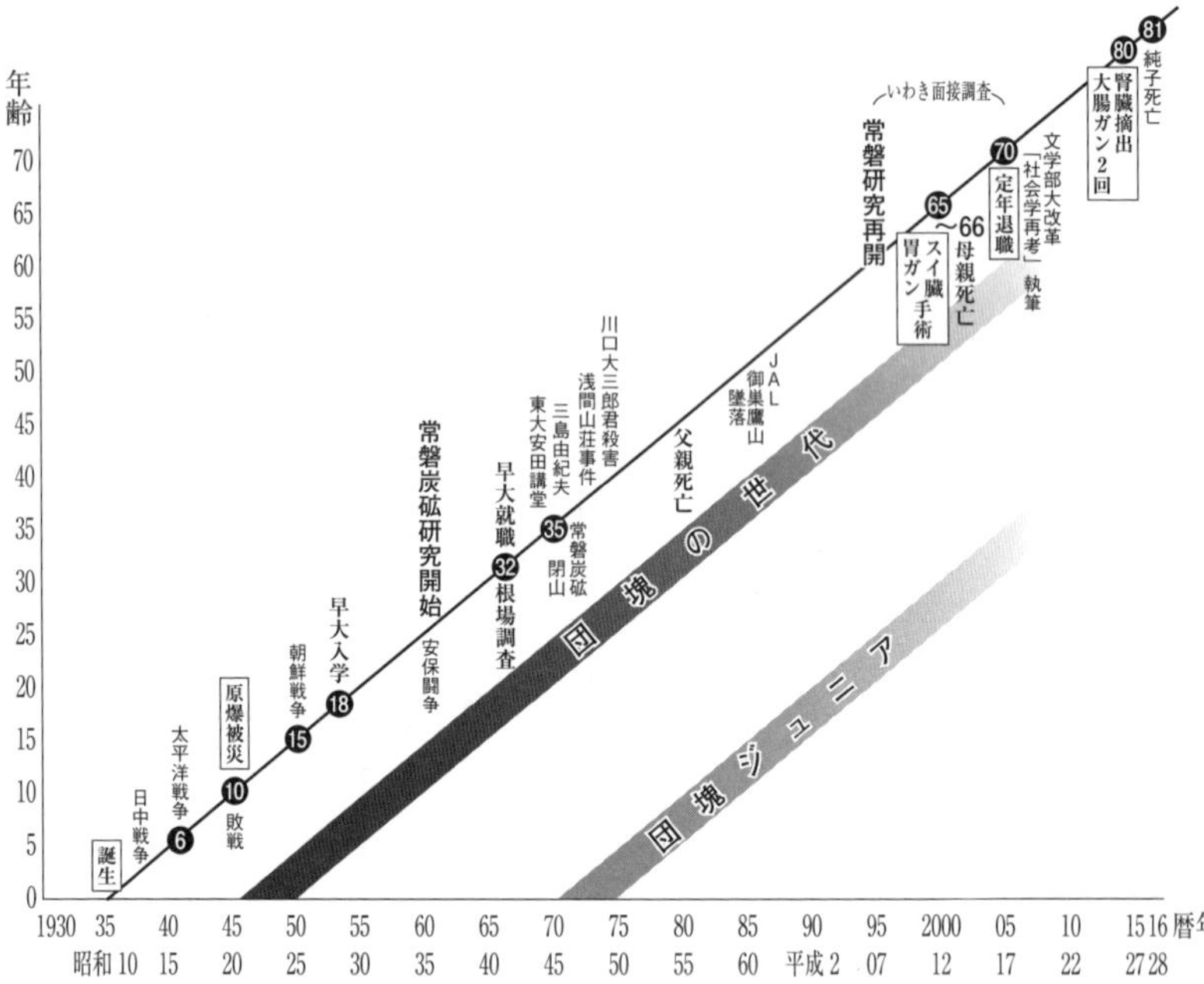

図序－１　わたしのライフコースと時代

誘いをいただいた訳は、わたし自身のこのテーマについての関心と見解を開陳することではなく、むしろわたしの広島での原子爆弾の被爆体験を、一人の語り部として物語る役割を担うことであろうと判断しました。

長年勤務した大学を定年退職し、また日本社会学会もすでに退会し、しかも齢八〇歳になんなんとするわたしが一年以上も先に開催される予定のシンポジウムに登壇することをお約束できる自信はとてもありません。というのもわたしは六五歳以降、五度にわたって悪性腫瘍とその疑いのため施術をうけてきましたし、また最近における身体的ならびに精神的な衰えはいかんともし難いのです。わたしはご提案によい返事ができないでいました。しかしシンポジウムの主催者の先生方からの熱心なお誘いを熟慮し、またもしかすると出席ができない事態も生じるかもしれない懸念をもご了承していただいたうえで、『わたしの戦争体験』についての語り部の役割を受諾することにしました（お手元にあります資料は、わたしが出席できない事態を想定して、作成した草稿です。どうかご寛恕ください）。

実に未練がましいことだと承知していますが、しかし半世紀以上ものあいだ、社会学の研究と教育に携わってきたわたしにとって、本日のシンポジウムのテーマである『戦争をめぐる社会学の可能性』は決して無関心ではありえません。だから、語り部の役割を務めるに先立ち、どうしてもこの点に少しだけ触れたい思いが残ります。しばらくご容赦ください。

米飯がまだ自由に外食できなかった経済統制の時代であった昭和二九年に、わたしは政治学・経済学を専攻するため早稲田大学に入学しました。しかし政治学と経済学、とくに専門化の進んだ経済学だけでは、とうてい人間と人間社会を説明できないと確信し、どうしても社会学を学びたいと思い立ち、社会学専攻に学士入学をいたしました。当時のわたしの思いを一言で表すならば、人間も社会も、もっとドロドロした、また生臭い存在であるに違いないという漠然とした、また未熟な思いです。まだ経済学や政治学ほど長い伝統をもたない若い社会学ならば、そうしたわたしの思いを科学的に探究できる場を与えてくれるに違いないという期待をもって、今年度の日本社会学会の主催校である早稲田大学文学部の社会学専修に学士入学をしました。経済学を専攻していた時期には、当時の若者の例にもれずマルクス経済学と革命運動に強い関心をもち、またマルクスの哲学を含め、「若きマルクス」に熱中していました。当時の気持ちを正直にいえば、社会学を学ぶことは、尊敬してやまないマルクスを裏切る所業ではないかという差恥でした（というよりもむしろ、反マルクス主義と周囲から批判されることに引け目を感じていました。あるいは資本主義を肯定しているとみなされることに負い目がありました）。それでもわたしはその当時から、学会の常識とは違って、マルクスこそは偉大な社会学者だと思う気持ちを強くもっていました。

しかし実際に社会学を専攻することになったとき、率直にいって、わたしは当時の日本のマルクス主義社会学に失望しました。なぜなら当時のマルクス主義社会学はあまりに教条主義的であったからです。そのせいもあったのでしょうか、わたしは急速に、マックス・ウェーバーの『プロテスタンティズムの倫理と資本主義の精神』、『経済と社会』や『一般社会経済史』、さらに『職業としての学問』に強く魅せられていきました（わたしは卒業論文も修士論文も、マックス・ウェーバーの経済と宗教の関連性について執筆しました）。しかしマックス・ウェーバーはいわゆる社会学の一般理論化を目指した学者ではありません。彼の関心の中心には理論に裏打ちされた比較文化的な社会史学があるというべきでしょう。彼は社会的事実としての戦争や紛争あるいは革命に強い関心を表しましたが、しかしこれらを社会学理論として構築することには無関心でした。ウェーバーのみならず、エミル・デュルケムも、歴史的事実あるいは社会問題としての戦争や革命には強い関心を示しましたが、これをそれぞれの社会学理論に組み込もうとする意図をもちあわせていませんでした。彼らが共に、機能主義者といわれる所以でもあります。

わたしが社会学を専攻しはじめた一九五〇年代は、機能主義の全盛期でした。タルコット・パーソンズやロバート・K・マートンが一世を風靡していました。彼らが資本主義の将来についてどのように考えていたかについては知るよしもありませんが、しかしアメリカの社会的価値と文化を受け容れていたことはいうまでもありません。マルクス主義者は社会学を、ブルジョアジーの御用学問といってはばかりませんでした。少なくとも、ある意味で当時の社会学にとって「革命」はタブーでした。

では、草創期の社会学は、どうだったのでしょうか。少なくともハーバート・スペンサーは人口成長とともに、社会の構造変動に、「戦争」が強く関わっていることを明確に認識していました。スペンサーは、トーマス・マルサス（一五世紀の画家アルブレヒト・デューラーの『黙示録』に強い関心を抱いていた）の「四騎士」、すなわち「自然、飢饉、疫病、戦争」が社会を崩壊させ、また社会を再建するための切っ掛けを与える重大な出来事だという考えに同調しました。スペンサーは、戦争の地政学的ならびに地理学的な重要性を認識していた数少ない社会学者でありました。また、社会階級に注目したのもスペンサーでありましたが、しかしまもなくスペンサーは社会学の表舞台から追放され、見向きもされなくなりました。いったい誰がスペンサーを「殺した」のでしょうか。ゲオルグ・ジンメルが対立、ヴィルフレド・パレートが「エリートの周流」、ウェーバーが「カリスマ的な指導」や近代における政党間の対立を取り上げましたが、社会学理論において戦争が正当な位置を占めることはついぞありませんでした。二〇世紀には、人類史上はじめて、社会にとって、また人間にとって、逃れがたい一種の環境でしかなかったのです。黙示録の「四騎士」は世界規模の大戦が二度も勃発し、しかも第三次世界大戦の危機がまぢかに迫っていたにもかかわらず、社会学と社会学者たちは戦争について独自の社会学理論を築こうとはしなかったのです。

暴力、対立、紛争、革命あるいは戦争が社会学の歴史においてほとんどいつも舞台裏に追いやられ、表舞台に登場する機会をもちえなかった一つの理由は、そもそも社会学が啓蒙思想に起源をもっていることにあるといえるでしょう。啓蒙思想は人間理性を尊重し、社会は人間の理性的ならびに合理的な思考と行為によって絶えず進歩するとみなす考えを根底に据えています。マルサスが言及した「四騎士」の害悪と破壊は、人間の努力によって必ず解決されるとみなされました。事実、産業化は「四騎士」のうち自然、飢饉、疫病を科学的ならびに技術的応用によって克服しえたと人びとに思わせたのです。だから戦争もやがて克服されると楽観的に位置づけられました。少なくとも第一次世界大戦が終結したとき、ヨーロッパやアメリカのふつうの人たちは戦争の時代は終わったと安堵したでしょう。それにもかかわらず、第二次世界大戦が勃発し、人類史上に前例をみない残虐な行為——ナチス・ドイツによる大量殺戮、絨毯爆撃、神風特攻隊そしてついには原子爆弾の投下——が繰り広げられました。ふつうの人びとはむろんのこと、社会学は戦争を引き起こす重要な要因を見出せなかったのです。

戦争が起きる真の要因は、人間が感情の動物であり、しかも感情が人間にとって重要な資源だということにあると考えられます。しかも社会において、感情——幸せ、怒り、恐れ、悲しみの四つの原基感情——は、資力や権力と同じく人びとや家族に不平等に分配されるという事実が重要なのです。感情資源の不平等な分配という事実を見過ごしたのは、マルクスのいわゆる「科学的革命論」も同様でした。いずれにせよ、社会学は紛争、戦争、革命、またテロリズムなどを真っ正面から研究対象にしてこなかったというのが、わたしの社会学と戦争についての基本的な見方であります。だからこそ、本シンポジウムを転機にして、社会学が戦争を理論化する営為に取り組んでもらいたいと切願するのです。上記したように、社会学は発想の転換を行うことができさえすれば、戦争を取り扱いうる理論化の十分な可能性をもっている、とわたしは信じています。今こそ、社会学は人間感情階層化の力学を理解し、人間存在の本来的な在り方に瞠目すべきなのだとわたしは考えます。

わたしは政治や経済以外に、愛情や憎悪、指導者や周囲による教育や説得や強要による人びと、とくに子どもや青年たちの洗脳による人間の感情状態と感情操作を考慮しなければ、悲惨な人間ドラマは語れないという思いをもちづけてきました。人間や社会に特有なドロドロとした部分とは、理性や合理性だけでは説明のつかない、人間と社会のもっと深層部分における感情階層化の力学であると想われます。マルクス主義者が気軽に考えたほどに、たとえば宗教は民衆にとって単なる「アヘン」などではないのです。人びとの原基感情（怒り、恐れ、悲しみ、また幸せ）と、これらの組み合わせによる複雑な精巧化による新たな感情状態や、これらについての信念のイデオロギー化は、たとえこれらが直接の原因でないとしても、人びとを抵抗行動や集合行動に駆り立てる原動力なのではないでしょうか（Turner, 2001, 2011, 2015）。ロシアの文豪トルストイが『戦争と平和』を執筆し、そしてドストエフスキーが『罪と罰』を書き上げたのは、人間の感情や情念、そして道徳と信念の実相を描きたかったからではないでしょうか。

『戦争をめぐる社会学の可能性』について、わたしの率直な思いについて最後に述べておきたいと思います。ご承知のように、「社会学」は、ジョージ・リッツア（Ritzer 1975）の言明を引くまでもなく、「マルチプル・パラダイム」な学問であります。社会学では、いつの時代も、複数のパラダイムが同時に存在し、その認識論や存在論をめぐる考えも非常に異なっていましたが、しかしそれらが激しく対立し、決着をつけるために徹底的に議論し、交戦するということはほとんどありませんでした。それらはみずからのサークルの中で自己主張をし、仲間同士で意気投合してきたのです。それでも、いつの時代にも優勢なパラダイムと劣勢なパラダイムというある種階層的な配置ができていました。その訳は少なくとも一九五〇年代には、「社会学は一種の科学である」という幅広い信念が共有されていたことによると思います。しかし一九六〇年代以降、批判社会学や解釈社会学が優勢になるにつれて、社会学者の多くは科学者であることを廃業したとわたしには思えます。社会学が科学であるという基礎を失うと、理論や言明を事実に照らして検証するという科学的な操作が失われ、いわば言いたい放題の状態が蔓延し、ディスコースの百花繚乱状態が日常化します。現状はまさしく雑多な言説の爛熟期に突入しているとさえ思われます。多くの社会学者は人文学者か哲学者、あるいは社会思想家、またはイデオロジストに化してしまった感をぬぐえません。わたしは頑なに科学としての社会学に自らの基礎を据えています。

この視点からみると、戦争社会学の学的歴史はきわめて乏しいといわざるをえないのです。わたしの立場からすると、戦争社会学における輝かしい成果といえる業績は、ガストン・ブートゥールとルネ・キャレール『戦争の社会学

―戦争と革命の二世紀（1740-1974）―』につきるのではないかとさえ考えています。「戦争をめぐる社会学の可能性」が問われるとすれば、まず最初に、その「社会学」とはいかなる学問であるかについて明確な定義から取り組まれるべきだとわたしは考えます。本シンポジウムが、若き社会学研究者を大いに鼓舞し、戦争や革命、そしてテロリズムのみならず、「社会学」の再建に取り組む一助になることを切に期待します。

これにてわたしは、本シンポジウムにおけるわたしの役割に立ち戻ることにします。

第二次世界大戦中に、世界中で実に三、七〇〇〇万人もの人命が直接に失われ、そして間接的な被害者を含めれば、八、〇〇〇〇万人もの尊い人命が失われたと推定されています。こうした世界規模の惨劇が経済要因と政治要因、あるいは一部の個人の狂気によって説明がつくとはとうていわたしには考えられません。

第二次世界大戦中に日本で少年時代を過ごしたわたしたち世代にとって、「鬼畜米英」という標語は特別な重みをもっていました。広島市という地方都市で生まれ育ったわたしは、ロシア革命を逃れて日本に亡命したロシア人のパン売りのおじいさんぐらいしか白人を目にしたことはありませんでした。それにもかかわらず、米国人と英国人、とりわけルーズベルト大統領とチャーチル首相を憎き鬼や畜生とみなし、これらの仇敵を命がけで打ち倒すべしと日頃から教え込まれていたのです。またその真逆なことかもしれませんが、わたしが幼稚園に通園しはじめた頃から、わたしと母親と弟の三人（父親は厭戦論者であり参加しませんでした）は毎朝、自宅の二階にあがり、東側の窓を開け放って、現身神である天皇様のおわす宮城に向かって東方遙拝をすることを日課としていました。この日課は誰に強制されたわけでもありませんでしたが、子どもの心を清々しくさせる、気持ちのよい習慣でした。こうした習慣を通じて育まれたのかどうかは定かではありませんが、わたしは早くから、成長したあかつきには海軍兵学校に入学し、やがて戦闘機乗りになると胸中で密かに決めていました。別の言い方をすれば、このように育つ以外にとりうる選択肢は子どもにはもちろんのこと、家族や親側にもなかった文化的また社会的な雰囲気がわれわれを覆い包んでいたのでした。木杭とワラでつくったルーズベルトとチャーチルを模した人形を木づくりの銃剣で突き刺すという遊び、あるいは訓練は、なぜだか仇敵を打ち倒すという快感を子どもたちに与えたものでした。また広島は明治期以降、軍都であり、広島湾や呉湾には、多数の軍艦が停泊し、また呉の海軍工廠では、戦艦大和が建造されていました。わたしの母親の故郷が呉湾のはずれにある倉橋島の音戸という町であったこともあり、広島市から巡航船に乗って呉湾を通り抜けるたびに、禁止されていたにもかかわらず、こっそり戦艦を眺めたり、江田島の海軍兵学校を覗いたり、さらに戦艦大和の偉容をかいまみたりしたものでした。国外の実情をまったく知らされていない子どもにとって、呉湾に浮かぶ光景は日本をすごい国だと想わせるに十分な威力をもっていました。子どもだからこそ、日本は特別な存在、つまり「神国」と想ってしまったのかもしれません。「神国」の子どもに怖いものなどありませんでした。いつでも一命を賭す覚悟はあったのです（現代の自爆テロリストやイスラム国に参加する若者たちと心情的に似通っています）。

わたしの父方の曾祖父は藝州広島藩の下級武士でしたが、少年期に明治維新を迎え、明治二〇年に、曾祖母とわたしの祖父である息子と一人娘を残して三一歳で夭死しました。若くして未亡人になった曾祖母は荷車に米と木炭を積んで市内で行商をはじめました。幼かった祖父も母親を手伝って行商生活をはじめたそうです。祖父には商才があったのでしょう。大正末期には、広島市内に二四店舗の米穀小売店を直営する米穀卸売業者（今でいうフランチャイズ制の店舗に近似していた）として成功を収め、個人所得では広島県で第二位にまでなりあがっていました。明治四三年生まれのわたしの父親はボンボンとして育ち、生涯を通じてまともに働いたことのなかった趣味人であり、いわゆる芸術写真の撮影（東京写真美術館に一部収録されている）、オートバイレースに参加し、あるいはモーターボートで関西方面にしばしば遊びにいっていたようです。そのため、わたしの祖父から勘当同然になり、跡取りでありながら番頭任せの米穀小売店の一つを食い扶持として与えられる始末でした。このオートバイの操縦技術が後に海軍に召集された父親の命を救うことになったのですから、人間の幸運はどこに転がっているかわからないものです。

一九三九（昭和一四）年、祖父は米穀の国家統制令により、商売にいっさい見切りをつけ廃業してしまいました。それからの祖父は骨董品の収集と盆栽園の世話に明け暮れていました。とくに秋に催された菊花の鑑賞会は盛大でした。しかし秋の菊の鑑賞会も親類縁者との松茸狩りも一九四一（昭和一六）年の秋が最後の機会でした。

同年一二月八日早朝、帝国海軍が航空機と潜水艦で米国ハワイの真珠湾に奇襲攻撃を仕掛け、日本は米国を主軸にした連合国と太平洋戦争を開戦したのでした。ラジオで真珠湾攻撃の臨時ニュースを聞いた小学校一年生のわたしは、高ぶる気持ちを一日中抑えきれませんでした。当日の西陽の沈む様子の美しさは、まるで旭日旗のように輝いてみえた記憶がいまでもまざまざと思い起こされます。

中国および南洋諸島と南洋洋上での戦況が悪化の一途を辿っていた一九四三（昭和一八）年に、わたしにとっても、また家族にとっても一大転機が訪れました。太平洋戦争が拡大し、また戦況が悪化するにともない、国家総動員法による国民生活の剥奪と収奪は奢侈品の撤収のみならず、日常の生活必需品にも事欠く事態に陥らせていました。やがて米軍の重爆撃機や戦闘機による本土襲撃が日常茶飯事になり、また国民は年齢や性別に関係なく、さまざまな形で国家動員され勤労させられました。こうした時期に、わが家では、父親の四人兄弟のうち二人の弟が召集され、そのうち一人は中国の戦線に派兵されていました。そして二〇歳時の兵役検査で「丙種」と判定された父親にも補充兵としての召集令状が届いたのです。これには本人もそうでしたが、周りの人たちもびっくりしました。当時、世間の噂では、高齢の補充兵が多く動員され、その大半はろくな訓練もうけず、そのほとんどがただちにフィリッピン海域に派兵され、その多くが現地に着く以前に太平洋上で敵からの激しい攻撃によって船舶共々海の藻屑になっているということでした。わが家でも父親の召集はほとんど死を意味するものと覚悟を決めたのです。父親が呉の海兵隊に入隊する前の晩に、祖父の家で別れの会が開かれました。父親の五人兄弟姉妹のうち、中国に派兵されていた弟一人を除く全員とその家族が会し、別れを惜しみました。

一九四四（昭和一九）年になると、非戦闘員の多数が生活する市街地への敵軍機による無差別攻撃が日常化し、日本全土に非常事態宣言が発せられ、さまざまな国家統制が強行されるようになりました。その一つが、なにかと足手まといになる学童を重点都市から半ば強制的に疎開させる方策でした。広島県では、広島市と呉市が学童疎開の適用をうけ、親類縁者のもとに縁故疎開するか、それとも学校単位で田園地帯に集団疎開するかの二者択一を迫られたのでした。わたしの母親の実家は呉市に隣接していましたので、わたしには縁故疎開の選択肢はなく、国民小学校の先輩や後輩（三年生から六年生まで）と一緒に学童疎開に加わりました。中国山脈の麓の小さな田舎町に疎開したのは、田植え前の春の季節でした。三〇人くらいに分かれ、それぞれの集団がお寺を宿舎にしました。市内から田舎町に疎開したとはいえ、われわれの日常の食事はとてもひどいものでした。朝食も大根のおかゆをほんのわずか与えられるだけであり、またもたされる弁当は昼食時に弁当箱を開くと、中身は箱の隅に片寄った芋ご飯などであり、ほとんど二口で食べ尽くすほどの粗末さでした。やがてお寺の児童たちは朝食後にお寺で弁当を食べてしまい、昼食時には校庭にでて遊ぶことが習慣になりました。子どもたちはほとんど勉強することなく、勤労奉仕をさせられましたが、一番うれしかったのは農家の田植えと田んぼの草むしりの手伝いでした。昼時にはお結びを腹一杯食べることができたからです。集団疎開のあまりにつらい生活（食べ物、いじめ、盗み）に嫌気のさした仲間たちは何人も逃亡を図り、やがて連れ戻されてきました。

一九四五（昭和二〇）年になると、全国各地が大空襲で甚大な被害をうけるようになりました。なかでも三月一〇日の東京大空襲以降いくども繰り返された首都東京のむごたらしい惨劇と甚大な被害は、国民に衝撃に与えるとともに敗戦も覚悟し、いかに生き延びるかよりも、いかに死ぬかを真剣に考えさせたものでした。集団疎開をしていたわたしのところに母親が訪ねてきて、広島に帰ろうと促したのは同年の六月でした。母親の言によれば、祖父が孫を独りにして孤児として田舎に残して死ぬのは忍びないというわけで、連れ戻すと決めたとのことでした。こうしてわたしは祖父母の家に帰宅しました。帰宅してまもなく、わが家にはもう一つの大事件が起こりました。空襲による火災の拡大を防ぐため建物を撤去して防火地帯を造成する、いわゆる建物疎開の措置がわが家におよんだのでした。七月に入り、わが家の強制取り壊しが間近にせまっていました。祖父の自宅は祖父の自慢の家であり、とても大きくしかも豪勢でした。強制撤去が目の前に迫っていたある日、わたしは自宅裏を流れる猿猴川で川魚を何匹か釣りあげ、その獲物が夕食のおかずに供されました。川魚など食べたことのなかった祖父がその夕べにはおいしいといいながら食べてくれました。わたしはとても善いことをしたと思ったものです。それからまもなく、祖父の自宅は戦車などによって撤去され、更地と化しました。撤去の日、祖父の姿は周囲にはありませんでした。われわれは、祖父の友人の家を一時的な仮住まいとして引っ越しました。その借家は祖父の自宅よりも市内の中心地に近く、原爆の中心地から一・五キロほど離れた川の畔にあり、祖父の友人一家が田舎に疎開して空き家になっていた和風三階建ての家屋でした。わたしの家族はここで原子爆弾に被災したのです。

原爆被災の前日、わたしは体調を崩し、かかりつけの医院に午前中早く母親に連れられて診療に出かけました。その医院は現在の原爆ドーム（当時の産業奨励館）のすぐ近くにありました。その日は学校を休み、療養に努めたせいか、夜間までに体調がほぼ回復していました。もし六日も医院にでかけていたら、母親とわたしは即死したに違いありません。六日、わたしは登校することができる状態に回復していました。当時わが家では、朝食を午前七時に済ませていました。朝食が終わった頃、当時でも朝に発令されることは珍しかったのですが、敵航空機の接近を知らせる警報が発令されました。前日から所用のため四国善通寺の部隊からたまたま来広し、自宅に一泊していた父親の弟は、警戒警報の最中にもかかわらず、帰隊のため広島駅に向けて急いで出発しました。まもなく警戒警報が解除された（八時までに解除されると登校するのが決まりでした）ので、弟と一緒に登校しました。引っ越しして間もないわれわれにとって通い慣れた登校路というわけではありませんでしたが、京橋川にかかる木橋の柳橋を渡り一〇分たらずで段原国民小学校に到着します。この小学校は祖父の元の家のすぐ側に立地していました。集団疎開から祖父の家に引き揚げた後に、新たに転校したばかりの学校であり、わたしにとっても一年生の弟にとってもまだ親しい友達もいない状態でした。学校は当時どこにでもありそうな木造二階建の校舎と校庭からできていました。当時すでに、市内の小学校の三年以上の児童はほとんど疎開をしていましたので、生徒数は全体としてそれほど多くはなかったと思います。学校全体で学級がいくつあったのかわたしの記憶は定かではありませんが、わたしの学級は一年生から四年生までの男女混合の学級でした。たまたまわたしは、弟と同じクラスに所属していました。

六日の朝はよく晴れた暑い夏の日でした。当時、夏期休業はなかったので午前八時には登校し、まだ来校していない学級担任の女先生・服部先生の来校を教室内で待機していました。校庭に服部先生が急ぎ足で教室に近づいてこられる姿をみつけた瞬間、辺り一面が真黄色な閃光で覆い尽くされ、その後ドーンという轟音が響き、ものすごい突風を感じた途端に、校舎が倒壊したのでしょうか、わたしは意識を失いました。どれほどの時間、意識を失っていたのかわかりませんが、真っ暗な重たい空間の下敷きになっていることは理解できました。何が起こったのだろうか。敵飛行機による攻撃ということには最初気づきませんでした。というのも警戒警報は解除されたばかりだったのですがら。何かが爆発し、校舎の下敷きになったことは理解しました。身体に特段の負傷があるようには感じませんでしたが、真っ暗で何も見えません。そのうち、真っ暗な中から何人かの学級員らしい子どもの声、泣き声、叫び声が聞こえてきました。誰もが瓦解した校舎から抜け出せないようです。われわれの閉じ込められた校舎の下の空間には身体を動かすことができるほどのゆとりがありました。わたしを含め、何人かの学級員は覆い被さっている重い物を協力して持ち上げようと声を掛け合いました。しかしなんどふんばって押し上げてもビクとも動きませんでした。突然女子生徒の叫びが聞こえました。彼女は来軍機に攻撃されたのだと直感していたのでしょうか、この仇は必ず討つぞと泣きながら叫んでいました。

どれほどの時間が経過したのでしょうか、徐々にわれわれは声を失っていきました。そのうち暗さにだんだん慣れてくると、あたりが薄明るくみえはじめ、少し離れたところに一条の明るい光をみつけました。外に出られるかもしれないという気持ちで、その光源の方向に身体を少しずつずらしていきました。ようやく光にたどり着き、暗闇から抜け出すことができたのです。この光の箇所がなんであったのか知る術はありませんが、しかし校舎の下敷きになったにもかかわらず、比較的に体の自由が利いたことを考えると、木造校舎の三段に積まれた土台石が、われわれに比較的自由な空間を与え、そして土台石に開けられた空気孔から抜け出すことを可能にしたのかもしれないと後になって思ったりもしました。

なんとか光の射しこんでいる穴から外に抜け出たとたん仰天してしまいました。登校時に真っ青に晴れていた空はどんよりと曇り、しかも回りのあちこちですでに火災が発生していました。何人かの学童が校庭と思われる場所で立ちすくみ、泣いたり叫んだりしていました。ともかく家に帰ろうと思ったそのとき、わたしの弟がそこに立ちすくんでいました。「お兄ちゃん」と泣き叫びながら、彼はわたし抱きついてきました。彼はみたところ大きな怪我はしていないようでした。気づけばわたしもたいした怪我をしていないようでした。その時突然に、驚くべきことが発生し

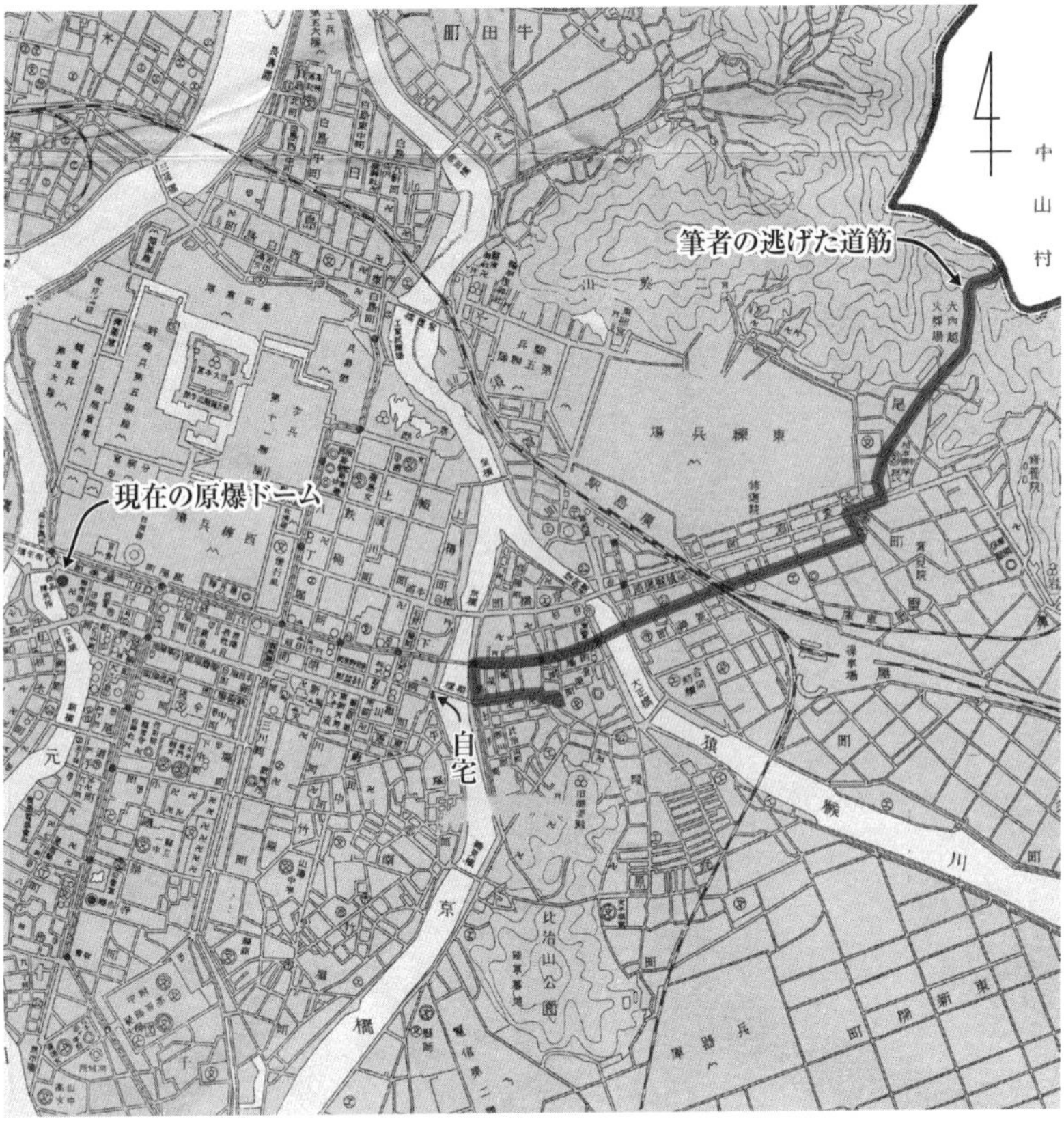

ました。一人の女子生徒が教科書を教室に置き忘れたといい残して、潰れた校舎に潜り込んでしまったのです。当時の学童にとって教科書はもっとも大切な宝物であったことは十分にわたしにもわかるのですが、しかしなぜ彼女が校舎に引き返したのか、いまだにわたしには理解できません。戦後になってわかったことですが、彼女は生きてはいませんでした。わたしは「家に帰ろう」と近くにいた数人の学童に声をかけ、弟の手を引きながら自宅を目指しました。

しかしすべてが壊れ、道路もなく、道標もまったくありませんでした。それでも、ともかく自宅のある方向を目指しました。わたしたちの回りには逃げまどう大勢の人たちが右往左往して

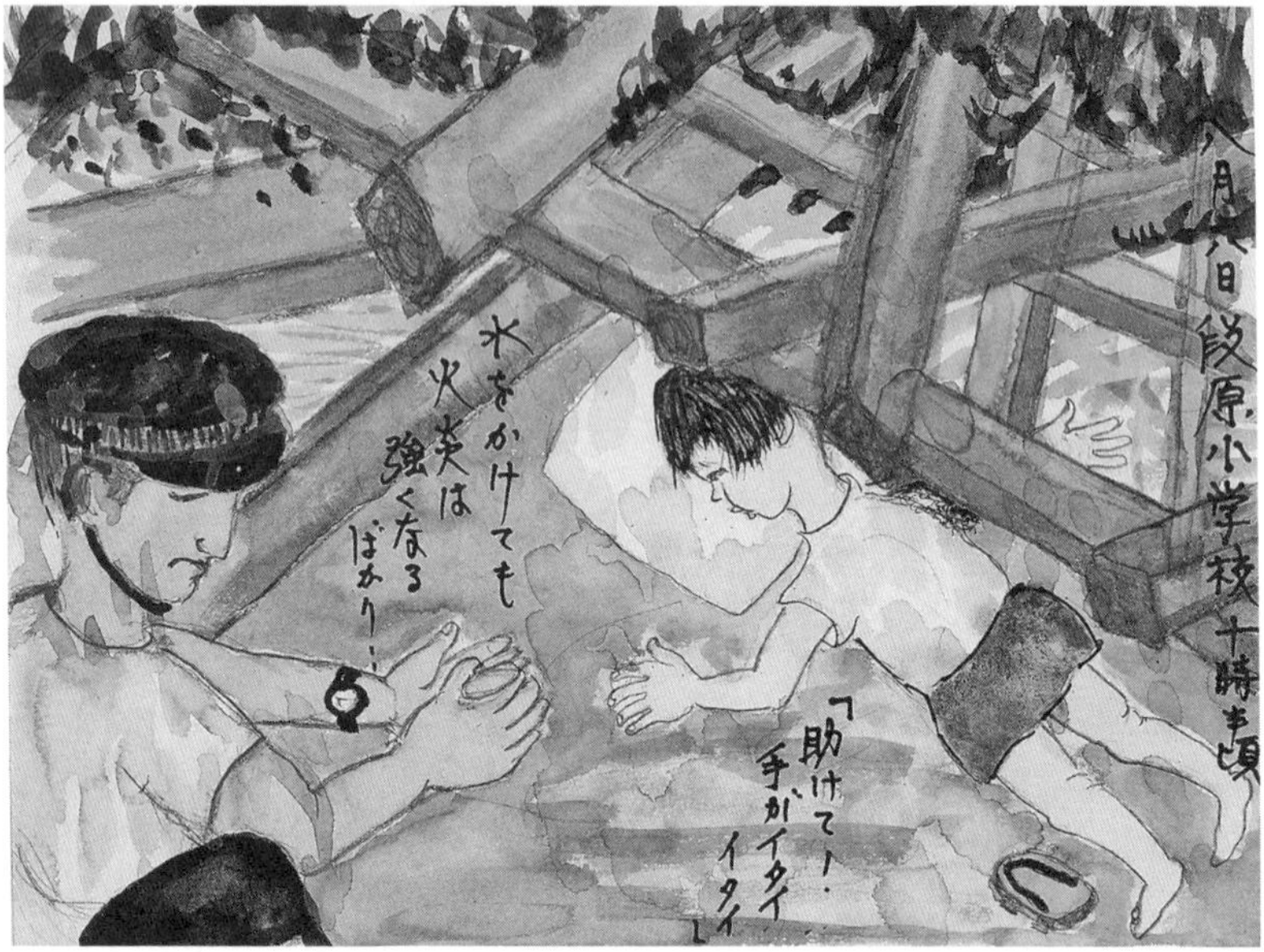

出所：広島平和記念資料館所蔵／加藤義典画

いたと思うのですが、しかしわたしにはそうした人たちが目に入りませんでした。なんとか京橋川の川岸にたどり着き、川向こうにある自宅をみましたが、三階建ての自宅は骨組みを残すだけの無惨な姿に変わり果てていました。川にかかる木橋の柳橋を渡ろうとしましたが、橋はすでに火の手をあげて燃えており、渡りきることはとうてい無理だとわたしには思えました。しかも川の水はふくれあがり、渦を巻いているようでした。たくさん人たちが川の中でうごめいていました。わたしたちはとても川に飛び込む勇気はありませんでした。どうすればよいのかとっさの判断はつきかねましたが、わたしは弟の手を引きながら、京橋川の上流二〇〇メートルほどのところにある市電の鉄橋まで移動しようと判断し、早速行動に移しました。しかしその鉄橋もすでに燃えていました。燃えている鉄橋を多くの人たちがこちら側に渡ってきていました。彼らはわれわれがしようとしている行動とは反対のことをしていることに気づきました。川向はおそらくひどい状態になっており、彼らはこちら側に避難してきているに違いないと判断しました。鉄橋を渡ってきている人たちの多くは傷ついていました。顔や衣服は真っ黒焦げになっていて、容易には判別できないほどでした。わたしは帰宅はできないと思い、弟と二人で避難しようと決心し、トラックなど避難のための乗り物をみつけようとしました。その時、弟が大きな声で叫んだのです。「お母ちゃんが来る」。見ると、鉄橋を母親と祖母がこちら側に近づいていました。祖母は大丈夫そうに見えましたが、母親の姿は無惨でした。もちろん、後で聞いたことなのですが、母親は洗濯を終わり、自宅の三階にある物干し台に出て、洗濯物を干し終わり、部屋にはいるためドアを半開きにした途端に、被災したといっていました。三階の物干し台は東西南北に開けており、だから爆心地の西方にも開けていました。ドアで体半分は隠れたが、左側半分が一瞬のうちに熱風に焼かれ、そこが火傷をしたのです。そのうえ自宅が壊れたため三階から落下したのです。全身傷だらけであり、足も骨折しているのか、歩行が不自由でした。鉄橋を渡り終えた母親は「お兄ちゃん、久男（弟の名前）」と呼んだ途端に倒れ込んでしまいました。すでに回りは火の海でした。一刻の猶予もないと感じたわれわれは、母親を助け起こして東方に向かって逃げはじめました。

どれほどの時間逃げたでしょうか。逃げても、すぐにそこに火が追いかけてくるのです。猿猴川にかかる荒神橋を渡り、鉄道線路を越えて尾長町を過ぎ、ようやく大内越への山道に入り、午後三時頃になって大内越の火葬場にたどり着きました。ここまで来て、母親はひと安心したのでしょうか、まったく歩くことができなくなりました。しばらく休もうと思いましたが、ここまで火災が広がり避難するほかありませんでした。しかもまったく動けなくなった母親を連れて逃げる術はありませんでした。母親はわれわれだけで逃げなさいとせかすのですが、しかし長男のわたしにそんな無体はできないと覚悟を決めました。四人で一緒にいよう。するとその時、突然に、以前祖父の米穀卸業の大番頭を務めていた増田さんがわれわれの目の前にあらわれ、なにかと気遣ってくれました。水が飲みたいという母親のためどこからか水をもってきてくれました。そのうえ、増田さんはどこで調達したのか大八車をもってきて、母親を大八車に乗せて避難を開始しました。われわれも大八車を押しながら、火葬場を後にして峠を越えていきました。

夕方近くになった頃、われわれの大八車に父親の末の弟が近寄ってきました。叔父といってもまだ中学四年生の学生に過ぎませんでした。わたしと弟はその叔父のことを「大きいお兄ちゃん」と呼んでいましたが、彼は軍需工場での勤労動員中に原爆に被爆し、自宅近くまで帰ってきたが、家には近づけず、われわれと同じように国鉄芸備線の矢賀駅を目指してここまで逃げてきたといっていました。大きいお兄ちゃんが増田さんと交替して大八車を引きはじめました。わたしは大きいお兄ちゃんが来たことで、責任の重圧から少し解放された気持ちになりました。叔父を除き、われわれはみんな裸足でした。祖母も、母親も自宅にいたのだし、われわれ兄弟も教室の中にいたのだから、履き物をはいてないのはあたりまえのことでした。増田さんは女学生の長女の行方を捜すため市内に戻るといってわれわれと別れました。その増田さんは全身に傷を負い、とても辛そうでしたが、後を振り返ることはありませんでした。その後の増田さんの消息は一切わからないままです。

大勢の人たちがわれわれと同様に、大内越の峠を登りつづけました。峠を越えると矢賀まで長い下り道でした。夏の長い日も、矢賀の国民小学校にたどり着いた頃にはとっぷりと暮れていました。朝から逃げまどってきた市内の方面を眺めると、山越にしかみえませんでしたが、空が一面真っ赤に燃え上がっていました。広島市は全滅したに違いないとその時に実感しました。矢賀の国民小学校は急ごしらえの避難所になっており、陸軍が取り仕切っていました。われわれは大八車から母親を降ろし、教室内の床に直に寝かせました。教室の中には火傷や傷を負った多数の人たちが呻き苦しんでいました。校庭では炊き出しが行われており、蒸かしたジャガイモと乾パンが配給されていました。弟は食欲旺盛で、配られたジャガイモと乾パンをがむしゃらに食べていましたが、朝食後何も口にしていなかったわたしに、食欲はまったくなく、わずかに乾パンを口にしただけでした。

学校には救護所はありましたが、身動きできない重傷者を見回りながら、診察や治療を行うような状態にはなく、歩ける負傷者のみが衛生兵から傷口に赤チンのような液体を塗られ、また火傷を負った負傷者にはタールのような何かが塗られていました。手をひどく火傷した人たちはまるで幽霊のように、火傷した手を胸のうえまでもちあげていました。その手の指爪の下には剥がれた皮膚が垂れ下がっていました。後になって知ったことですが、爆心地から一キロメートル以内（熱線は二〇〇〇度に達したと推定されている）で五度の熱傷をおうと、表皮は炭化し、剥がれて垂れ下がるのだということでした。そうした人たちはもちろん、水を飲むことも、何かを食べることもできず、また座ることも寝ることさえもできない状態であり、ただ回りをうろついていました。母親も火傷をしていましたが、皮膚が垂れ下がるような状態にはなっていませんでした。ただひたすら呻きながら、痛みに耐えている様子でした。その様子を見かねた祖母は夜中に救護所に忍び込み、赤チンのような薬を盗んでもちかえり、母親の傷口に塗っていました。

その夜、わたしは母の側に横たわり、眠りに就こうとしましたが、気持ちの高ぶりが収まらず、ウトウトとしただけで、やがて朝になりました。まだその朝には、広島市でいったい何がおこったのか、その真実を知ることはできませんでした。配給された食べ物と水を少し口にしましたが、いぜん空腹感がありませんでした。恐怖の体験は食欲さえ奪ってしまうのでしょうか。祖母と大きいお兄ちゃんは、これからどうするかについて相談していました。行方のわからないわたしの祖父の探索をしたいと思ったようですが、兵隊や地元の消防団が市内への立ち入りを禁止していました。近くの芸備線の矢賀駅から臨時の汽車が運行されるという情報を入手した祖母と大きいお兄ちゃんは、芸備線三次駅から山の中に入ったところに、父方の叔母の亡夫の実家があることを思い出し、とりあえずその家を頼るという結論に達したようであり、われわれは母親を連れて、臨時の鉄道便に乗車しました。五時間ほど経過したでしょうか、三次町に到着し、われわれは下車しました。駅前にはすでに多くの避難民がいましたが、また臨時列車からも多数の被災者が降り立ちました。駅前では赤十字の婦人たちが炊き出しをしており、ここではじめてわたしはおむすびを食べました。それから叔母の住んでいる四十貫という僻村まで、未知の道を数時間かけて、母親を背負った大きいお兄ちゃんと一緒にもくもくと歩きつづけました。夕方になってようやく、わたしたちの目指した住所にたどり着きました。叔母は夫を肺結核で失い、二人の娘を連れて亡夫の実家に避難していたのです。叔母にとっての舅姑は、嫁の母親たちが突然訪ねてきたことに、またわたしの母親の傷害の様子に驚いたようでしたが、われわれに納屋の二階にある一部屋を提供してくれることになりました。

その家は裕福な農家でした。なにはともあれ、われわれは落ち着き先をみつけることができたのでした。

四十貫の村やその近辺に医者や医院はなく、母親の傷の手当てを医療的に施す術はまったくありませんでした。母親の火傷や傷口、また足の骨折は目を覆うばかりの症状でした。なんの手当もできないまま、ひたすら自然治癒を祈るほかありませんでした。幸い祖母、大きいお兄ちゃん、弟、わたしはさしたる傷害はなく、しだいに元気を回復してきました。八月の猛暑の季節でしたので、やがて母親の傷口にはウジ虫が湧くようになり、そのウジ虫を取り除くことがわたしの日課になりました。

われわれは農村に宿舎をみつけることができたのでしたが、しかしわれわれには食料を手に入れる術がありませんでした。われわれ四人は着の身着のまま避難したのですから、お金も持ち物も一切ありませんでした。配給をうけることもできませんでしたので、叔母の婚家からのもらい物がわれわれの生きる唯一の手当でした。当時のひもじさは尋常ではありませんでした。わたしはついに、見ず知らずの人の畑から実ったキュウリを盗み、弟とそのキュウリに齧り付いたことがありました。この盗みが発覚し、われわれは近所の農家からも非難され、ますます住みにくいことになってしまいました。八月一〇日が過ぎた頃、どこからか広島には新型の爆弾、ピカドンが投下され、これによって瞬時のうちに市内が全滅したと伝えられました。広島につづいて九日には、長崎に形の違う原子爆弾が投下されました。やがて八月一五日、お腹をすかしたまま、入浴代わりに近くの沼で泳いで帰宅したわたしは、そのとき大きいお兄ちゃんから日本の敗戦について聞かされました。すでに打ちのめされていたわたしには、敗戦の情報にほとんど何の感慨もありませんでした。いったい軍国の少年の夢と目標はどこに消えてしまったのでしょうか。四十貫の部落に来て以来、空襲と爆撃のない生活を久しぶりに経験していましたが、敗戦によって二度とピカドンに遭遇することもなくなったことに安堵したくらいでした。

八月の末頃までに、母親の頭髪はすっかり抜け落ち、坊主頭になっていました。この症状がピカドンのせいであることは少し後になって、広島を訪ねて知ることになります。八月末、海軍に召集されていた父親が突然復員し、われわれの元に帰ってきてくれました。その手に旧海軍の缶詰や乾パンなどを携えていました。父親は敗戦当時、岡山県の倉敷で、海軍将校用のサイドカー付きのオートバイの運転手をしていたとのことでした。敗戦後も運転手を継続するよう要請され、家族の安否を知らぬまま、与えられた任務を継続したようでした。そのお陰で缶詰などが支給されたようでした。われわれはむさぼるように缶詰や乾パンを食べ尽くしました。母親は夫の無事な帰還をえたせいか、しだいに回復に向かっていきました。坊主頭になってしまったことを恥ずかしがる様子を見せるようになり、坊主頭にありあわせの布を巻いていました。

いっときは、広島市には二度と住めないという噂が広がりましたが、しかし一〇月になると、父親と祖母はわたしの祖父の消息を尋ねて市内を訪れるようになりました。一一月になると、あれほどの重症を負った母親も広島行きに同行していました。人間が本来的にもつ強靱な生命力に驚嘆させられたものでした。祖父が六日の夜、銀山町の銀行の一階で瀕死の重傷を負って倒れていたことを、祖父の友人から聞かされ、父親たちはその銀行を訪ねたそうですが、すでに負傷者や遺体は片付けられ、祖父の消息は完全に絶たれてしまいました。結局、祖父の消息はその後も判明せず、遺骨や遺品も家族の元に帰ってくることはありませんでした。
この頃から、父親は四十貫の疎開先を引き揚げて広島市に帰る計画を立てていました。この計画が実現したのは翌二一年の夏近くでした。祖父が昭和の初めに借家として建造した家屋のうちの一軒が火災に遭わないで残り、空き家になっていたのです。その家屋も原子爆弾が爆発した直後に発生した爆風の被害をうけ、天井は抜け落ち、大黒柱が倒れている無惨な有様でした。この家を家族がなんとか住めるように修復し、わたしと弟も広島市に戻って生活を再開したのです。この家が原爆投下直後に発生した火災の被害をうけずに残ったのは、西側にある低い比治山の陰になっているという立地上の自然条件のためでもありましたが、昭和二〇年七月に、祖父の家とその周辺が強制建物疎開によってできた防火地帯のお陰であったということは実に皮肉なことでした。

昭和二〇年の秋には、学校も再開され、わたしは近所の小学校に転校しました。翌年には戦中の旧教科書を用いて授業が再開されましたが、最初にしたことは教科書のいたるところを墨で黒く塗りつぶす作業でした。わたしが通った小学校には正規の教員は少なく、予科練や軍隊帰りの代用教員が多く教鞭をとっていました。満足に勉強する機会などほとんどなく、原爆によって壊れかけた校舎の後片付けや、校庭に残っていた原爆被災者の遺体を集めて火葬した跡地から残された人骨を収集したり、また山積みになったさまざまな残骸の後片付けをする毎日でした。代用教員の青年先生たちはまるで土木作業の親方のようであり、始終怒鳴り、また激しい暴力を日々行っていました。わたしは昭和一九年から二一年のあいだに、四度も小学校を転校したことになり、この間、学童らしく勉強をしたことはほとんどありませんでした。小学校六年生時にもう一度転校し、ようやく勉学にいそしむ機会をもつことができました。

昭和二一年八月一〇日に広島を襲った台風は河川の大きな氾濫をもたらし、わが家も風水害によって甚大な被害をうけました。当時、わが家には、われわれ家族四人と祖母と大きいお兄ちゃん、軍隊から復員してきた父の若い弟二人と、父親のすぐ下の弟の家族四人を含めて合計一二人からなる大所帯に膨れあがっていました。敗戦直後の食糧難は戦争中よりも厳しく、闇物資を購入するお金もないので、鉄道草やヨモギ入りのおかゆやサツマイモの雑炊などで飢えをようやくしのぐ有様でした。

自宅の近所にも原爆被災の傷跡を残した人たちが多く生活していました。なかでも顔中に火傷の痕がケロイド状に変わった娘さんが目を引きました。後に彼女を含む何人かの娘たちが「原爆娘」と称され、アメリカで傷痕の再建手術をうけたことが話題になりました。わたしの母親の火傷や傷、また骨折などは、結局のところ専門医の治療をうけることなくほとんど治癒し、火傷と傷痕が生々しく残りました。原子爆弾の実体が判明してくるにつれて、さまざまな形の後遺症による死亡が明らかになり、その数は現在なお判明していませんが、放射線による急性傷害が一応おさまったとされる昭和二〇年一二月末までに一六万人の人たちが死亡したと推計されました。被爆時の広島市の人口は市民、軍人、韓国や中国の人たちを含めて三五万人ほどいたとされていますので、市内人口の半数弱が原爆によって直接死したり、被爆直後に傷害によって亡くなったり、あるいは急性放射線傷害を発症して死亡したことになります。わたしたち家族も、放射能症や放射線症で死亡するのではないかと戦々恐々の日々を体験しました。幸いにわが家では被爆後の放射線症で死亡したものはいませんでした。しかし発症の懸念はいつまでもつづき、わたしのような子どもの心も、自分の人生が将来どのようになるのか、否、自分にどれほどの人生時間が残されているのか、日々不安に苛まれていました。こうした不安と恐れはその後、三〇歳になる頃までは、少なくとも一日に一、二回は目の前をよぎっていました。しかし三〇歳を過ぎると、これまで生きてきたのだから、もう大丈夫だろうという気持ちもでてきていました。それでも、被爆時に教室の割れたガラスの破片が頭皮の下に突き刺さったらしく、五〇歳になる頃までに四度も摘出手術をうけることになりました。その他にはとくに原爆被爆に起因する疾病に悩まされることはありませんでしたが、原爆時から絶え間ない耳鳴りには苦しみつづけました。この耳鳴りは現在でもわたしにとって悩みの種です。さらに、六五歳に胃ガン、六六歳時に膵臓ガンの疑い、そして七八歳時に大腸ガンで二度の手術をうけました。こうしたガンの発症は原爆被爆との因果関係を否定できないと、国から認定されました。

アメリカ大統領の決定により、敵国とはいえ、非戦闘市民が多く生活している広島市と長崎市に、人類世界ではじめて原子爆弾が投下されたのです。いったいどうしてこの残虐な、しかも不要と思われる暴挙が実行されたのでしょうか。原爆投下時すでに、ヨーロッパではナチス・ドイツが連合国軍に敗れていました。一方アジアでも、相次ぐアメリカ空軍の全土におよぶ無差別攻撃により日本はすでに戦力も、ごく一部の者を除けば戦意も完全に失っていたと思われます。しかも連合国軍は硫黄島につづいて、沖縄を陥落させ、いよいよ本土に上陸しようかということの時期になって、あえて広島と長崎に原子爆弾を投下したのでした。もちろん、第二次世界大戦の結果はすでに歴然でした。戦後におけるアメリカ大統領や国防省は、原子爆弾を日本の二つの都市に投下した主な理由を、連合国軍の戦死者・負傷者を可能なかぎり少なくするためのやむをえない措置であったと明言しましたが、この理由はとうてい納得できないものでした。

原子爆弾投下の本当の理由は、二〇世紀にもう一度起きるに違いないソ連とアメリカを中軸にした第三次世界大戦に向けて、アメリカが優位に立つための先制攻撃の役割を果たすためだったとわたしは思っています。広島や長崎で原爆に被災し、一瞬のうちに跡形もなく焼き尽くされ生命を落とした人たち、そしてその後、放射能の被爆症で数ヵ月のうちに亡くなってしまった人たちは、本当のところ、第二次世界大戦の犠牲者というよりも、不可避的に起きるだろう第三次世界大戦の思いもかけない犠牲者だったのです。確かに戦後しばらくのあいだ、アメリカはソ連に対して軍事的に優位に立つことができました。一九六二年一〇月一四日から二八日までの一四日間のいわゆるキューバ危機は、本当に第三次世界大戦が勃発する危険を孕んだ瀬戸際でした。

わたしにとって原爆被災の苦々しい経験と屈辱は、八月六日、そして敗戦によって終わったわけではありませんでした。むしろそれ以上に屈辱的で、腹立たしい出来事は、一九四九（昭和二四）年に突然に発生しました。わたしは中学二年生になっていましたが、ある日の午後、通学していた中学校に米軍のジープが現われ、わたしを含めて原爆に被災した子どもたちを強制的に学校から連れだしたのです。わたしたちは小型トラックに乗せられて比治山の頂上部にあるＡＢＣＣに連れて行かれました。（アメリカ政府は自らが投下した原子爆弾によって生じた市民の傷害や遺伝的影響の調査を軍事的目的を遂行するためＡＢＣＣ（atomic bomb causality commission, 原子爆弾傷害委員会）を市内に設立していた）。カマボコ型をしたＡＢＣＣの建物に、おそらく数一〇名の男女の中学生がいたと思いますが、全員素っ裸にされ、一斉にＤＤＴ（ノミやシラミの殺虫剤）を噴射され、さまざまな検査をうけさせられました。戦争に負ける恥辱とはこういうものだと思い知らされました。その時の屈辱感はいまも忘れることができません。ＡＢＣＣが収集したデータの知見や各種の資料は軍事機密扱いされ、日本側には知らされませんでした。したがって被災者の治療や医療・保健に活用されることも、もちろん連合国軍の占領期間中にはありませんでした。この調査や研究も、アメリカにとって第三次世界大戦に備えた準備という位置づけをもったものでしかなかったと思われます。

キューバ危機などさまざまな危機的事態がありましたが、幸いにも二〇世紀のうちに第三次世界大戦は勃発しませんでした。地域的、局地的な戦争や紛争、あるいは暴力的な革命、そしてテロリズムはいたるところで勃発し、多数の人命や資産が失われました。また現在も、とくに中近東やアフリカ、いなそれどころか、先進資本主義社会の都市の真っ直中でも頻繁にテロ行動が発生しています。ジョナサン・Ｈ・ターナーが指摘しているように、高度に分化した大規模な全体社会間社会では、価値不一致、犯罪、紛争、戦争、そしてテロリズムは、人類の避けて通れない普通の現象になっています。したがってテロリズムや戦争を含むさまざまな集合的な暴力行動をいかに抑制するかについて、いまこそ真剣に熟慮し、その成果を実行に移さねばならない時期に到達していると考えます。もしも第三次世界大戦が勃発するようなことがあるとすれば、それは戦争ではありますが、しかしこれまでのいかなる戦争とも違って、勝者も敗者もいない人類にとって絶望的な結末になることが必至だからであります。

図解説

二六四ページ　この地図は戦前の広島市の地図であり、わたしの原爆被災地と避難経路および原爆ドーム（旧産業奨励館）を示しています。

二六五ページ　この絵は、わたしが原爆を被災した旧段原国民小学校の校舎の下敷きになって死亡した学童について、NHKの『原爆の絵』内で映しだされた当時の青年の回想による絵画です。この絵の少女は、わたしの同級生でした。

参考文献と資料

ブートゥール G.＆R. キャレール著、高柳先男訳（1976［1980］）『戦争の社会学―戦争と革命の二世紀（1740–1974）―』中央大学出版部
クラウゼヴィッツ C. v. 著、清水多吉訳（2001）『戦争論 上下』中央公論新社
福間良明・野上元・蘭信三・石原俊他編（2013）『戦争社会学の構想―制度・体験・メディア―』勉誠出版
Gumplowicz, Ludwig (1909) *Der Rassenkampf: Soziologische Untersuchungen*, Insbruck: Wagnersche University Buchhandlung.
ミルズ W. 著、村上光彦訳（1958［1959］）『第三次世界大戦の原因』みすずブックス
NHKアーカイブズ（2014）『原爆の絵』
西谷修（1995）「光の文明の成就」『（アサヒグラフ別冊）シリーズ20世紀―1　戦争と革命』朝日新聞社
野上元・福間良明編（2012）『戦争社会学ブックガイド』創元社
広島平和記念資料館編（2007）『図録原爆の絵』岩波書店
Ritzer, George (1975) *Sociology: A Multiple Paradigm Science*, Boston, MA: Allyn & Bacon.

Schull, William J. & James V. Neel (1965) *The Effects of Inbreeding on Japanese Children*, NewYork: Harper & Row.

Turner, J.H. (2011) *The Problem of Emotions in Societies*, Routledge.

Turner, J.H. (2015) *Revolt from the Middle: Emotional Stratification and Change in Post-Industrial Societies*, Transaction Publishers.

●人類社会史において戦争の起源を探るための参考文献

Collins, Randall (2008) *Violence: A Micro-Sociological Theory*, Princeton University Press.

フリードM.・ハリス、M.＆R.フィー著、大林太良他訳（1968）『戦争の研究』ぺりかん社

キングR.編、藏持不三也監訳（2007［2008］）『図説　人類の起源と移住の歴史　旧石器時代から現代まで』柊風舎

Maryanski, Alexandra and J.H. Turner (1993) *The Social Cage: Human Nature and the Evolution of Society*, Stanford University Press.（正岡寛司訳、二〇〇九、『社会という檻』明石書店）

モンターギュA.著、尾本恵市他訳（1982）『暴力の起源―人はどこまで暴力的か―』どうぶつ社

Morris, Desmond (1984) *The Naked Ape*, New York: Del Pub Co.

オッペンハイマーS.著、仲村明子訳（2003.2004［2007］）『人類の足跡　10万年全史』草思社

Tiger, Lionel & Robin Fox (1971) *The Imperial Animal*, Holt, Rinehart and Winston.（河野徹訳、一九八九、『帝王的動物上下』思索社）

Turner, J. H. (2000) *On the Origins of Human Emotions*, Stanford University Press.（正岡寛司訳、二〇〇七、『感情の起源　自律と連帯の緊張関係』明石書店）

Wade, Nicholas (2006) *Before The Dawn: Recovering The Lost History of Our Ancestors*, Penguin Press.（安田喜憲・沼尻由起子監訳、二〇〇七、『5万年前　このとき人類の壮大な旅が始まった』イースト・プレス）

I部 家族・感情

キーワード

第1章
家族変動
ライフコース変容
成人移行期
未婚成人子
中期親子関係
サンドイッチ・ジェネレーション
未婚化
少子高齢化

第2章
人生の物語
成功の物語
幸福の物語
物語の機能不全
戦後家族モデル
家族の多様化
家族の友人化・友人の家族化
物語の個人化

第3章
妊娠・出産
ライフヒストリー
養子縁組
藁の上からの養子
助産師
戸籍制度
母性愛規範
血縁
養育困難

第4章
会話分析
内部被ばく検査
局所的
状況にきっかけをもつ（道徳性）
概念的な関係
検査結果（の提示）
成員カテゴリー
寄生的
抵抗

第一章　未婚成人子の親子関係
――ライフコースと家族の変容

岩上　真珠

一　問題の所在

未婚成人子の親子関係への関心が高まったのは一九九〇年代である。その背景には、八〇年代から顕著になった未婚化の趨勢があったことは確かである。未婚化という社会現象自体も大きな研究テーマであったが、未婚化の趨勢は、それまでの「標準的な」家族およびライフコース・モデルの再考を促すほどの影響を与えることになった。「標準的な」家族モデルとは、子どもが成長して二〇歳前後になると、親の家から離れて「独立した」暮らしをするというものであり、それが、大人の親子にとって想定されたライフコース・モデルとみなされていた。しかし、九〇年代以降子どもの離家時期は遅れ、未婚で親元に留まり続ける若者が増加し、「離家」「独立」は、本人にとってのみならず親にとっても大きな課題となった。

一方でこの現象は、ライフコース論における「成人への移行期＝成人移行期」の変容としても注目された。それまでの研究で示されてきた「成人移行期」は、一〇代後半～二〇代前半が想定されており、学校を終え、親元を離れて独立する時期、とされている。その後に、結婚、生殖家族の形成と続くことが暗黙の了解であったが、離家も結婚もそれまでの想定よりは、ずっと引き延ばされていることが明らかになり、ライフコース上の成人移行期自体が長期化し、かつその終了点が曖昧になるなかで、成人移行期の意味自体が問い直されることになった。

また、子世代にとっての成人移行期は、中年期にさしかかった親世代にとっては、独立できない子どもへの対処と同時に自身の老いゆく親の介護問題とも向き合うことになる時期と重なっており、こうした世代間における重なり合う「問題性」に注目し、ライフコースのなかの「中期親子関係」と位置付けたパースペクティブも八〇～九〇年代に浮上した。いずれの視点からも、ここ二〇～三〇年間にわたって活発な実証的研究が行われてきたことは周知のとおりである。

本稿では、未婚成人子の親子関係研究を通して、このテーマが家族およびライフコース・モデルにどのようなインパクトを与えたのか、それは今後どのような発展的なテーマを内包しているのかについて、検討することにしたい。

二　成人移行期への注目

「成人移行期」というライフステージ

ライフコース論において、ある特定のライフステージが特定の時代に注目されるのは、そのライフステージが「その」時代を投影しているからである。一九九〇年代において日本で「成人移行期」が注目されたのは、いつまでも親元に留まり、親の保護を受け続ける若者が「世間の」目につき始めたことと無縁ではない。

成人移行期に関する理論には、多くの社会学・心理学からの研究者の貢献があるが、エリクソン（Ericson, H.）の発達段階説にせよ、それを批判的に継承したレヴィンソン（Levinson, D.）の成人の発達段階説にせよ、人間発達の道筋には、ある特定の年齢段階で親元を離れて自立することが仮定されており、それが「大人になること」の第一歩とされている。レヴィンソンは、人間発達とライフステージの理論において、それまでの子ども・青年の構造から決別し、成人前期（一七～四〇歳）とよばれる大人の人生の段階に移行する大きな節目として、一七～二二歳を「成人への移行期」と想定した（Levinson, D. J. 1978）。さらにその後、順調にいけば二八歳ごろまでに、恋や仕事や友情を勝ち得、三〇歳の節目（危機）を乗り越えて、やがて「一家を構え」、四〇歳ごろまでに安定した自分のキャリア（家族、仕事）を形成するという、産業社会における男性の発達段階モデルを提示した。

もっとも、レヴィンソンが上記モデルのもとになった経験的調査を始めたのは一九六〇年代終わり、対象としたのは三五～四五歳の男性で、彼らはまさに、エルダー（Elder, G. H.）が鮮やかに描き出し、その後のライフコース研究の嚆矢ともなった社会変動と人間発達に関する著作『大恐慌の子どもたち』（Elder 1974）の対象と同世代[1]である。

つまり七〇年代末に発表されたこのモデルは、アメリカ社会の戦後の空前の好景気に「成人移行期」および成人前期を経験した人たちのものであった。同様に、レヴィンソンの（男性）成人の発達段階モデルは、アメリカのコーホートよりはやや遅れるものの、日本でも、高度成長の時代に成人移行期および成人前期を迎えた人びと（男性）にとってはレヴィンソンのモデルは一定のリアリティをともなっており、それゆえに、戦後日本人のライフコース・モデルとしても説明力のあるモデルとして受け入れられてきたように思われる。それは、右肩上がりの景気のなか、将来的な所得の増加が見込まれ、努力とチャンスで夢が実現できたコーホートの発達モデルといえる。このコーホートにおいては、就職、結婚、家族形成がレヴィンソンのモデル通りほぼ推移した。この、六〇年代～七〇年代にかけて青年期から大人への道筋を経験した人々こそ、九〇年代に成人前期へと移行するコーホートの親世代にあたる。この世代間ギャップは大きく、いつまでも親に依存する未婚の子世代に対するもどかしさやいら立ちとともに、親世代は、自分たちが経験した「成人移行期」とは異なる子世代の様相に戸惑いを隠せなかったことだろう。

「成人移行期」の時代性

日本で九〇年代に注目された成人移行期の様変わりは、まず離家の遅れとして指摘された。ライフコース論では、成人移行期にかかわる代表的なイベントとして、卒業、就職、離家、経済的独立、結婚が想定されており、学校卒業からこれらのイベントをしかるべき年齢で経ながら結婚に至る過程の全体が、成人への移行期としてとらえられる。しかし、これらのなかでもっとも顕著なのは、結婚というイベントの先延ばしである。つまり、未婚化社会のなかで成人移行期のモデルが「完結しない」事態が発生しつつあった。親元同居率が高く、かつ親の経済的な援助を長期にわたって受け続ける若者群は、当初、親の資産を食いつぶす「パラサイト」という見方さえあった（山田 1999）。当初はまだ、「順調に」資産形成してきた親世代とその恩恵にあずかる子世代という、世代間資産の授受の流れとして理解されていたふしがある。そこでは、成人移行期は大人になることのモラトリアムとして位置づけられた。そこで描き出されたのは世代間関係の階層差であり、裕福な親のもとで、大人になることを急がない若者たちの姿であった。

しかし、九〇年代後半から二〇〇〇年代に至り、いっそうの未婚化と雇用の不安定化が進行し、またそれが日本だけでなく先進国の若者に共通する問題として認識され始めるにおよび、成人移行期は明らかに当該社会の構造変動の反映として扱われるようになってきた。「成人した子がいつまでも親元に留まる（離家の遅れ）」ことは、いまや日本だけに限らず各国で広くみられる現象であることが国際比較研究でも示されてきた（岩上他 2015）。

欧州委員会（ＥＣ）が行った若者（一五〜三〇歳）の生活に関する大掛かりな調査をまとめた二〇〇九年の報告書では、以下のような指摘があり、これは日本を含めてほぼ先進各国に共通する。それは、①高齢化する社会で若者の比率が相対的に縮小している、②親からの巣立ち、結婚、子どもをもつことは急がれていない、③将来に備えて、義務教育修了後も教育期間が長期化している、④学校から仕事へという労働市場への道筋が多様化している、⑤若者はインターネットなどの新しい方法で世界と相互作用しはじめている、というものである。報告書ではまた、二〇〇七年調査の結果として、約半数の若者が親元にいなければやっていけないと答えている一方、親元にいた方が快適で責任も少ないと答えている者も二割いたことが紹介されており、階層差による同居理由の違いが示唆されている。さらに、親元からの離脱は一方向ではなく、安定した仕事や十分な収入を確保することの困難や、カップルや婚姻の解消によって、一度親の家を離れた若者が再び舞い戻ってくることもしばしばあることが指摘されている（European Commission 2009）。

このように、移行期をめぐる現象は、親の家からの離家、経済的自立、結婚／パートナー形成などのイベントを、短期間のうちに矢継ぎ早にクリアして「大人になる」七〇年代頃までの直線的な移行モデルとは、大きく異なってきている。目下のところ、モデルに合致しなくなった要因を探り、そのうえで、移行モデルにそった、もしくは「順調な」移行のための適切な政策的サポートの必要性を提言するというスタンスの研究が多いが、もし「大人になること」がEU報告書のいうように「完全な社会参加の達成」だとすれば、どのような道筋でそれを果たすかは、コーホート、階層、ジェンダー、さらにはエスニシティで一様ではないことはすでに明らかである。

日本では七〇年代から少子高齢化と高学歴化、八〇年代から未婚化が顕著になり、そうした人口変動および教育、雇用状況の激変が、若者卒業時期の後ろ倒しに加えて、卒業後の安定的な職業獲得（経済的自立）から結婚に至る期間を長期化させたとみられるが、成人後のかなり長い期間の親元同居もしくはいったん離家した親元への再同居は、単に子どもの依存性のあらわれとしてではなく、九〇年代以降の「困難な」社会状況のなかでフル・シティズンシップ（完全な社会参加）を獲得するための親子双方の家族戦略として考えるべきという指摘もある（宮本 2004, ニューマン 2012）。

三　中期親子関係論の登場

サンドイッチ・ジェネレーション——時代が生み出した「世代」

サンドイッチ・ジェネレーションとは、親への介護責任の一方でまだ子どもへの責任もある、老いゆく親と成人した子に挟まれたストレスフルな状態にある中年世代のことで、少子高齢化社会が進行するなか、高齢者介護の研究から出てきた用語である。ミラー（Miller. D. A.）が一九八〇年に学会発表し、翌年『オックスフォード・ジャーナル』に載って（Miller 1981）広まったとされる。このサンドイッチ・ジェネレーションが具体的に出現するのは、高齢化が進んで親世代の平均寿命が伸びる一方、子世代がなかなか親離れ（離家）しなくなったコーホートにおいてであり、日本では団塊コーホートがまさにこれにあたる。日本では八〇年代から未婚化と並んで少子高齢化が進み、そうした人口動態の影響をもろにうけたのが団塊世代であるが、こうした現象は欧米でも、自らが特異な人口現象でもあったベビーブーマー世代（国によってコーホートの違いはあるが）に押しなべてみられた。

中期親子関係としての未婚成人子と親との関係研究

さて、ライフコースにおける「中期」とは、成人期の後半から高齢期までのステージを指し、年齢的には四〇歳代後半~六〇歳くらいまでが漠然とイメージされている。とはいえ、この時期も平均結婚年齢、平均第一子出産年齢、および平均寿命等の人口動態に対応して変動し、近年少しずつ後ろにずれる傾向がある。そもそも、親子関係研究において中年期における子との関係は近年まで等閑視されてきた。子どもが成人になったら、ほぼ「何の問題もなく」親とは適度な距離を保って自分たちの家族をつくることが想定されていたからである。

しかし、平均寿命の伸びにより自分の親の介護問題が現実的に浮上するとともに、高学歴化および子世代の結婚年齢の遅れにより、年齢的には成人に達した子どもに対してなお経済的・精神的な負担が発生するという新たな事態が生じてきた。それは、八〇年代終わりから九〇年代にかけて、「なかなか大人にならない／なれない子どもたち」が問題視されるようになった時期と軌を一にしている。確かに、日本における八〇年代のフリーターは本人の意思による「自分探し」の様相があった。親の資産とアルバイトなどでの金銭の入手のしやすさ、世間の寛容さをバックにした成人への「モラトリアム」の色合いがまだ濃かった。しかし九二年のバブル崩壊とそれに続く長い景気の低迷の結果、この「モラトリアム」視点とは異なる解釈がなされるようになる。先に述べたように、成人移行期の長期化および様変わりは、グローバルな社会現象であることが明らかになるにつれて、未婚化を含む成人移行期の長期化は社会構造、とりわけ雇用構造との関連で議論されることが多くなった。日本でも成長経済が終わり、雇用の多様化と不安定化が広がって、若い層が経済的基盤をえるのが困難になり、親世代も余裕がなくなってきたというのが、このライフステージをめぐる新たな親子関係の様相である。

未婚成人子と親との関係研究も、こうしたライフステージをめぐる親子関係への関心から行われたものが多い。岩上・宮本らの調査もそうであるが、一つには子どもの「自立」を親がどのように促しているか、成人の子の「依存状態」を親がどのように感じているか、また同居・別居を問わず（同居の場合はなおさら）親子の経済関係はどうなっているのかという問題意識が、成人移行期にある子どもとその親との関係把握の軸であったようにおもわれる。これは、子世代にとってはライフコースにおける「成人移行期」にあたると同時に、親世代にとっては「中年期の危機」「人生半ばの移行期」にあたる。もともと、中期親子関係への着目は、中年世代がかかえる介護問題から発している。子どもにも親にも手がかかる中年の親世代と大人になっていく時期の子世代は、ともに「移行期＝危機」にあるライフステージであり、未婚成人子と親との関係研究は、この重なり合うライフステージとしての世代間関係＝「中期」

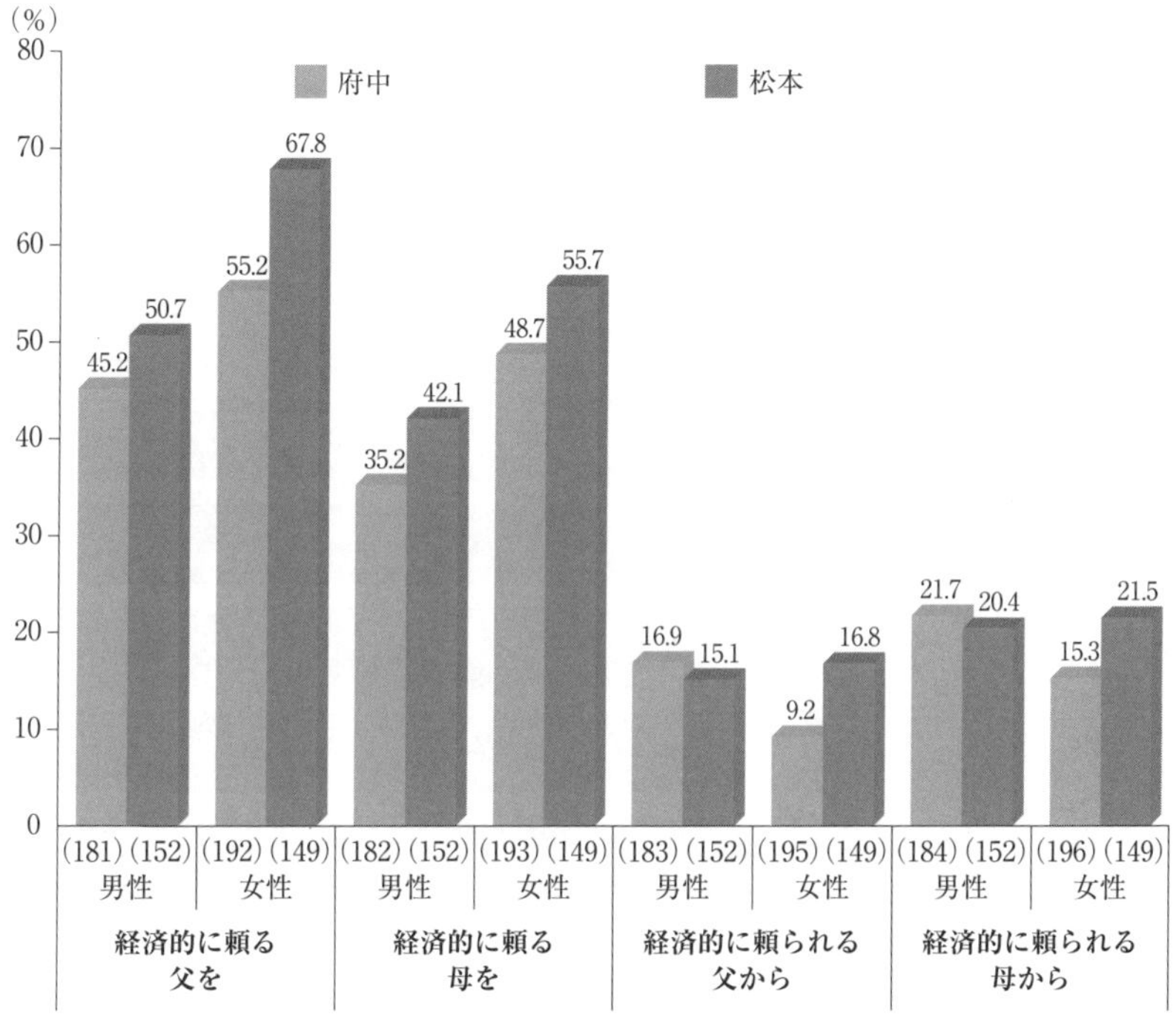

図１－１　親子間の頼る・頼られる関係

出所：岩上他，2005『少子高齢化社会における成人親子関係のライフコース的研究—20代-50代調査：1991-2001年—』（科研費研究報告書）

親子関係という視点からもアプローチされた。

以下、そうしたパースペクティブで行われた岩上らの調査を紹介しておきたい。

四　日本における未婚成人子の親子関係——府中・松本調査より

本節では、岩上・宮本らの研究プロジェクト[2]が九〇年代～二〇〇〇年代に行った成人移行期および中期親子関係調査の結果（岩上他 2005）の一部を提示しつつ、未婚成人子と親との関係について考えてみたい。

この時期の親子関係について、親子間での頼る・頼られる関係をみると、圧倒的に子世代が親世代を頼っていることがわかる（図1－1）。また、親の扶養や介護について、子世代は経済的扶養、介護の両項目とも「する」という者が過半数を占めるが、

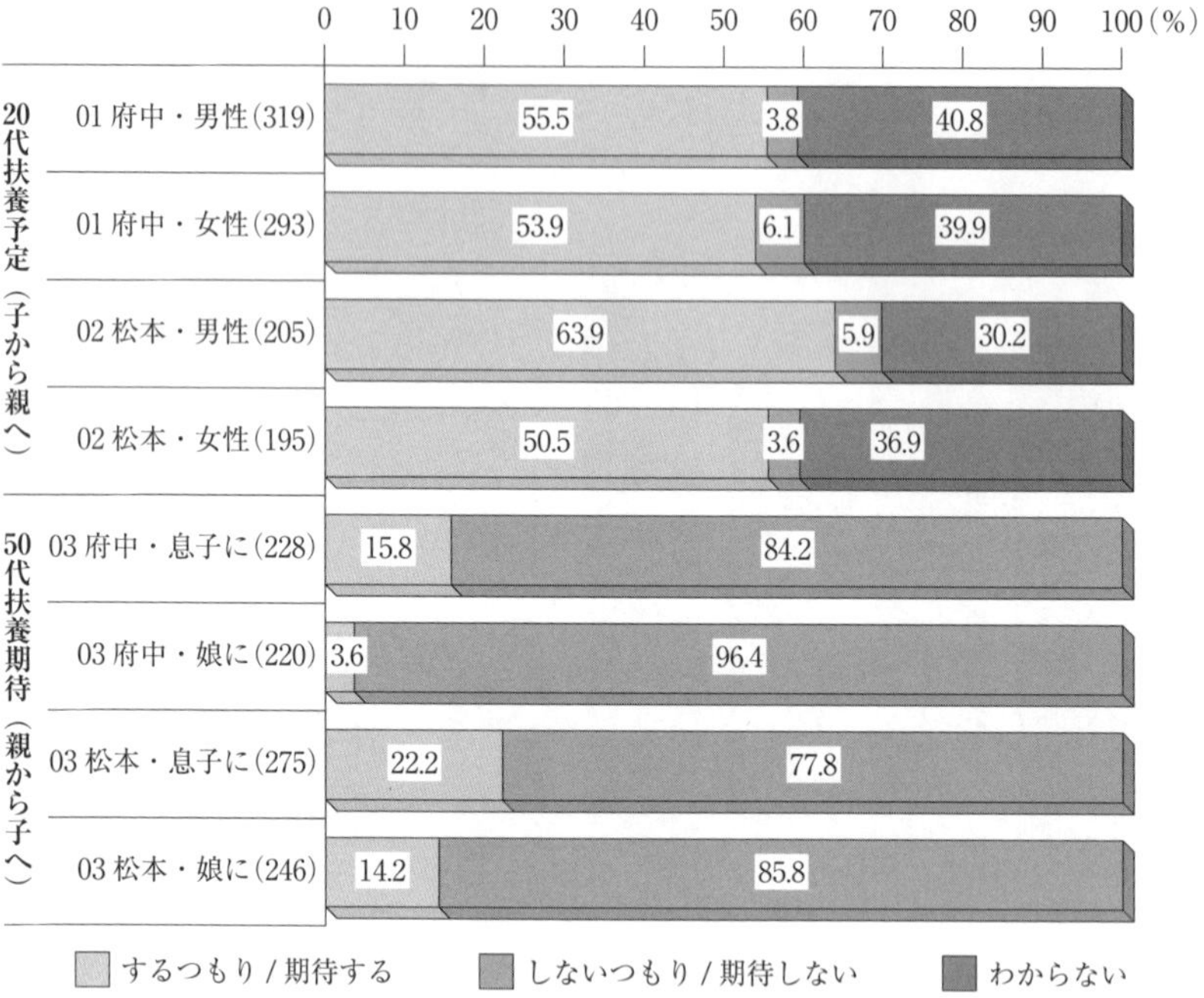

図1－2　20代の扶養予定と50代の扶養期待

出所：岩上他，2005『少子高齢化社会における成人親子関係のライフコース的分析―20代-50代調査：1991-2001年―』（科研費研究報告書）

一方、親世代のほとんどは将来の子からの経済的扶養も介護も期待していない（図1－2、1－3）。中期親子関係において、当該コーホートの親子間の資源の流れはつねに「親から子へ」であり、老後の見込みも含めて、親子相互間での資源的な交換関係は成り立たなくなっている。

では、個別的な親子関係はどのような様相であったのか。事例をいくつか紹介しておくことにする。ここでは、二〇〇一～二〇〇四年に実施した調査より、二〇代未婚子からの親への気持ちと、五〇代からの成人子への思いを紹介してみたい(3)。

二〇代未婚子の親への気持ち

〈経済関係は親が上〉

同居の子の場合、親の方が経済力のあることを認識しており、離家の遅れを気にしつつも、現状に甘んじている様子がうかが

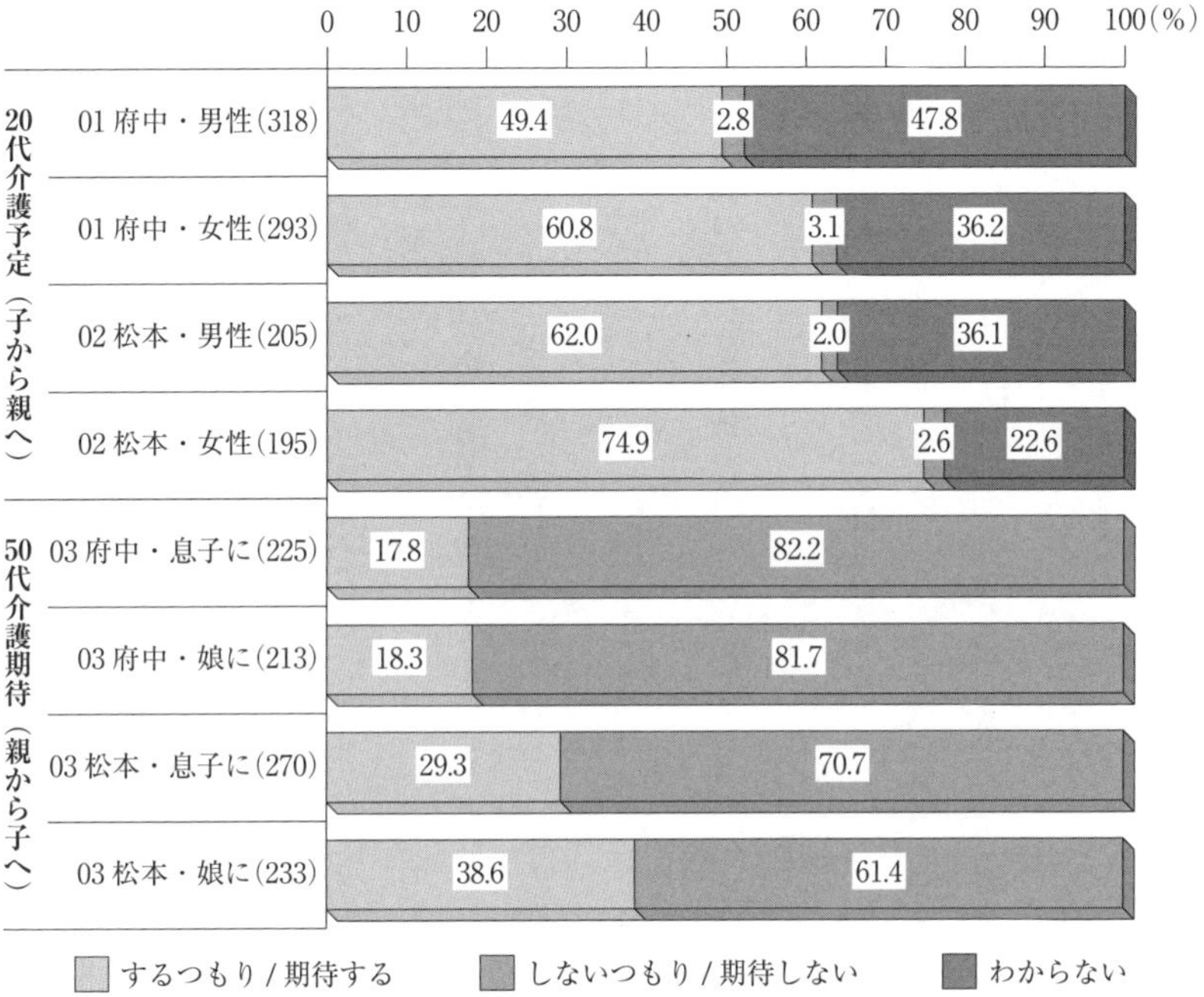

図1－3　20代の介護予定と50代の介護期待

出所：岩上他，2005『少子高齢化社会における成人親子関係のライフコース的分析―20代-50代調査：1991-2001年―』（科研費研究報告書）

える。

・就職を機に再び同居したが、現在仕事中心で休日くらいしか家事の手伝いもしていない。経済的にも収入の一部を親に渡しているが、その他の貯蓄のために親に助けてもらっている。（松本　二六歳女性・同居）

・二八歳にもなり、いい加減独立しようと思っているが、現在の生活のレベルを落としたくなく、いまも同居を続けている。この年齢になってくると、親に心配かけたくなく、また干渉もされたくないので、徐々に会話が減っている気がする。（府中　二八歳男性・同居）

・両親の面倒をみたいとは思うが、経済的に絶対に無理。それに彼らの方が金持ちだ。（府中　二九歳男性・同居）

〈親に感謝〉

反面、別居した子どもたちは親に感謝し、

将来は同居することを考えるようになっている。

・親と別居するようになり、親のことを以前よりも考えるようになったし、また大学に進学した後は、親もだんだん年をとってくるので今度は自分が親を大切にしなければと思い始めた。（府中　二三歳女性・別居）

・一人暮らしを始めてから親の有難さがわかった。離れて暮らすことによって、親と信頼関係を結ぶことが出来るようになったと思う。（松本　二四歳男性・別居）

・両親と離れて暮らすようになって、あらためて有難みがわかり、親孝行しなくては、と思うようになった。（松本　二一歳女性・別居）

・自分が教職を辞めて現在の仕事を始めるとき猛反対された。しかし長い話し合いの末、少しずつ理解してくれるようになり、いまは応援してくれている。いま別居しているが、ゆくゆくは親の面倒をみるつもりだ。（府中　二六歳男性・別居）

五〇代親の子どもへの思い

では、親の方はどのように思っているのだろうか。

〈就職、結婚、独立には「見守る」姿勢〉

・私が育ったバブル期と違い、今まさに、就職や将来について不安がある時代を迎え、どの子も自分探しをしている。親として、大人として助言してやれることがあればと思いつつ、子どもたちを見守っている現状である。（府中　五〇歳女性・同居）

・子どもたちも二九歳と二六歳になり、結婚を考える年齢になったけど、子どもの人生は親が決めることではないので、自由に悔いのない一生を送ってもらいたい。（府中　五一歳女性・同居）

・私の二〇歳のころは、男は就職すれば親元を離れるものだとおもっていたが、今の子どもは就職先が実家の通勤圏にあることもあり、会社が住宅手当を出してくれず、子どもが経済的に自立できない。子ども自身も独立はしたいが、現実に独立できない仕組みになっていると思う。（府中　五二歳女性・同居）

〈自分の老後への思い―同居せず、子どもに迷惑をかけない〉

・子どもが成人した後は、親も子もそれぞれ自立した生活が望ましい。ときどき会える距離に親子別居して、親に介護が必要になった時も介護は肉親以外の者がするほうがよい。（松本　五六歳男性・同居）

・親も子も精神的、経済的に自立していることが望ましい。とくに親は子に頼るべきではない。しかし、可能ならば二、三時間以内の所に住んで、月一回くらいの行き来があり、必要に応じて互いに助け合えるとよい。同居はしたくない。親と子どもでは生活のリズムが異なるので、互いにその暮らしを尊重したい。（府中　五六歳女性・別居）

・理想としては、子どもとはつかず離れずの距離をもち、良い関係でいたいと思っている。いまのところ健康面、経済面とも子どもたちに負担をかけることもないので、このままいきたいと思っている。これから先、子どもと同居はまったく望んでいない。夫婦二人で仲良く暮らしていくつもり。（松本　五八歳女性・別居）

・老後を経済的に子どもに頼れないし、子どもの方も親の経済的な面倒がみられるとは思えない。介護等が必要になったときには施設を利用し、子どもに金銭的な負担をかけずに暮らしたいと思っている。（松本　五三歳女性・別居）

こうした事例からもわかるように、たいていの親は「ものわかり」がよく、心配しながらも子どもの生活に「干渉」せず、かつ将来子どもの負担になることはできるだけ避けようとしている。一方、子どものほうは、離家して親と距離を置くことによって「親の有難み」を認識し、「親に感謝」し、「親孝行」しようと思っている者が多いことが目につく。これらの事例の限りでは、双方が互いに気遣っている親子関係の様子が浮かび上がる。もっとも、経済的に親の方がそれほど困窮していないことがその基盤になっているとはおもわれる。二〇〇一～〇四年調査の対象コーホートには、五〇代に団塊コーホート、二〇代に団塊ジュニア・コーホートが含まれており、上述の親子の感情的特徴は、ジェンダー、地域を問わず、当該コーホートに押しなべてみられる。

経済関係をみると、学生以外は子への援助も親への仕送りもなく、経済的には成人子と親との間で一応「分離」しているようである。経済的に分離しつつ、情緒的には離家して親子関係が再編強化されている様子は、二〇代の記述からも、五〇代の記述からもうかがえる。事例の限りでは、「二〇歳を過ぎると別居すべき」という規範は親子双方が一応内面化しているようにおもわれる。それが実現できていないと（同居のままだと）親子で不安やストレスがたまるようである。これは、九〇年代に成人子の親元での長期同居が問題視され、「パラサイト」という言葉などが流行った影響があるかもしれない。ただし、成人子の別居規範自体は親世代、子世代ともそれほど強くはない。

未婚成人子と親との関係に焦点をあてたわれわれの調査からみえてきたことは、一、同居／別居を問わず未婚子に対する親の高い許容性、二、老後は夫婦二人で、という親世代の夫婦家族制の受容、三、子どもの側の親への感謝と「親孝行」規範の内面化、四、老親同居、親の介護、扶養に対する子世代の高い支持である。一見すると、親の家族規範と子どもの家族規範がよじれているようにも感じる。

ところで、家族に関する規範意識は九一～二〇〇一年の一〇年間でどのように変化しているだろうか。図1－4は、上述の科研費調査で行った、それぞれの項目に対する二〇代および五〇代の支持回答（「そう思う」「どちらかというとそう思う」）の合計パーセントの一〇年間の変化を図示したものである。ただし、「子が成人になったら別居すべし」（別居規範）だけは、「そう思わない」「どちらかというとそう思わない」の合計パーセントを示してある。(4)

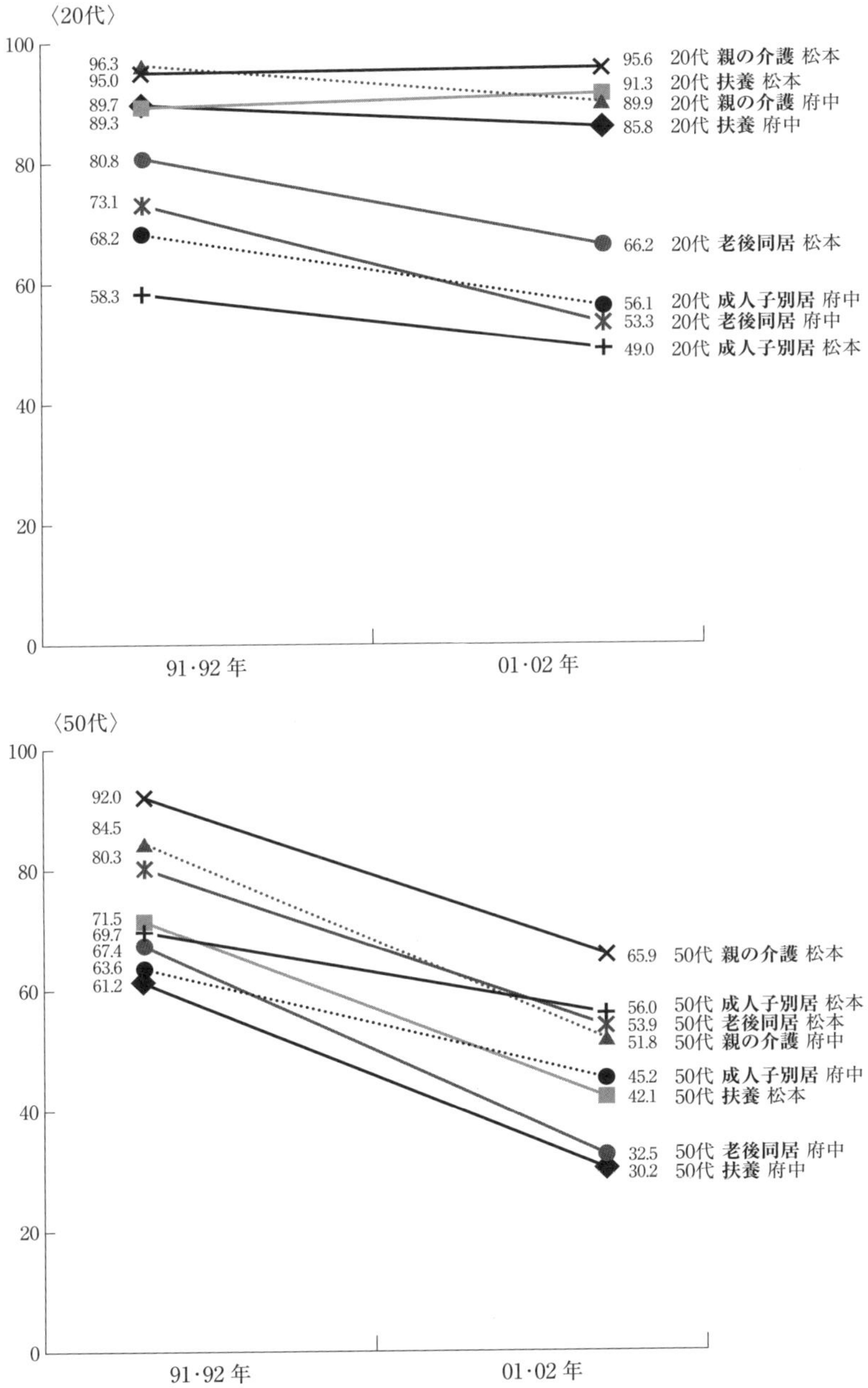

図1－4　扶養・介護・同居・成人子別居規範の10年間比較（20代・50代）

これでみると、別居規範を除き二地域とも一〇年間にほぼどの家族規範も弱化しているが、二〇代と五〇代では動き方が異なる。二〇代の扶養・介護規範の支持率はきわめて高かったが、一〇年間でもそれほど下がっておらず、むしろ二〇代松本では扶養・介護規範支持がわずかながら上昇している。これに対して五〇代は、府中・松本ともに、もともと若い世代ほど親の介護・扶養・老後同居の支持率は高くなかったが、一〇年間でさらに減少しており、「老後は子どもに迷惑をかけない」「子との同居はしない」という事例の記述を裏付けている。とくに老後同居と扶養に関しては、五〇代府中ではほぼ半減して、支持は三〇％程度となっており、都市部では老後は子と同居せず、扶養も望まない姿勢が鮮明である。

成人子の別居については、「子が成人になったら別居すべし」という規範に対して「そう思わない」という反対の合計パーセントをとったものだが、二〇代・五〇代、府中・松本ともほぼ同じような変化をしている。もともと別居規範は強くなく、九一・九二年は、二〇代、五〇代ともに「そう思わない」の答えが過半数あったが、〇一・〇二年および〇三年では、「そう思わない」が過半数を割り込むようになり、別居規範を支持する人たちが相対的に増えたと思われる。ただ、府中・松本とも、五〇代の老後同居規範支持が一〇年間で大幅に下がっている割には、成人子別居規範支持は緩く、これは、離家しない／できない未婚成人子への「現実的な」親の対応のようにおもわれる。

これらの結果と、先の個別の親子感情とを勘案してみると興味深いことがわかる。たとえば、二〇代における扶養・介護規範の支持率の高さは、「親には世話になった」「親に感謝する」という気持ちの表明でもある。一方、五〇代の支持率の低さは、「子の負担になりたくない」という親の遠慮の表明でもある。従来、規範とは感情や思いにかかわりなく、家族制度上「守るべきもの」とされていたはずだが、今回の調査結果を事例と併せて読み解くと、それは親子双方の「気持ち」の表明になっているように思われる。同居規範も同様である。二〇代の老後同居規範支持にくらべて、親の側の支持率はきわめて低い。これもまた親子双方の「気持ち＝感情」の表明とも読める。要するに、そのときどきの別居・同居の実際の選択は、「べきである」という規定的・伝統的な規範に基づいてなされているというよりも、ライフコース全般を貫く親子の感情と資源に基づく「戦略」としてなされていると解釈することができる。

五　結　論

従来の家族研究においては、一〇代後半から二〇代前半にかけての限られた成人移行期を経て、結婚し、生殖家族をつくるという「標準的な」ライフコース・モデルが前提であり、成人期の親子関係は、基本的には、相対的に分離した定位家族と生殖家族の関係として捉えられた。それは結婚からスタートする夫婦家族制が暗黙の前提であったが、しかし未婚化と未婚成人子の未離家による定位家族への長期的帰属は、成人期の親子関係を物理的、情緒的に変えたと同時に、夫婦家族制の家族モデルにも変容をもたらした。つまり、生殖家族の形成時期はあいまいになるか、あるいは生殖家族自体がなしになる蓋然性を含むようになったが、それは、（再び）親子関係が生涯にわたる家族の軸に取って代わりつつあることを示唆しているようにもおもわれる。実際、欧米の研究でも示されているように、個人は成人後も親元からの離家と親元への帰家を「戦略的に」繰り返しながら、パートナー形成の時期を自分の都合のいいタイミングでライフコースに織り込むようになってきている。

今日ではおそらく、高度成長期のモデルのように、直線的にライフコース上のイベントを順次通過し、結婚／パートナー形成をもって成人移行期の終了のメルクマールとすることはできなくなっており、成人移行期の終了はよりあいまいになった。しいていえば、結婚の有無にかかわらず、自らの職業キャリアの安定化／経済的独立をもって移行期の終了とみなすようになっているが、この時期は個人差が大きい。また、職業キャリアの安定および結婚／パートナー形成には幾多の道筋が想定されており、成人移行期自体も階層格差が顕著になり、そうした変数を織り込んで複線的な移行パターンに対応して考察することが要請されている。

未婚成人子の親子関係研究の前提であり、また改めて確認されたことは、子が成人後に必ずしも結婚しないという「事実」であり、それゆえ成人子の結婚を与件とする従来のライフコース・モデルが揺らいでいるということである。研究の当初は、夫婦家族制を前提にしたライフコース・モデルを念頭に、子どもの結婚が遅くなること自体が「問題」であり、かつ長期にわたって成人子が親元に留まることが「問題」とみなされたが、それは従来のライフコース・モデルに照らしてのことであり、視点を変えてみれば、それは「問題」ではなく「現象」であり、成人子と親との関係の新たな視座の要請として考えられるようになってきた。われわれは研究を通じて、特定の家族モデルおよびライフコース・モデルが特定の社会構造の函数であるということを再認識したが、未婚成人子の親子関係研究を通じて、家族理論、ライフコース理論における「モデル」構築の意味と有効性を問い直すきっかけになったとも思われる。

また、成人子の離家、結婚の様変わりは、家族制度の議論にも示唆を与えた。たとえば、かつて直系家族制のもとでは、長男は親元に留まっていなくてはならず、次三男と女子は「しかるべきときに」親元を出なければならないという規範があったが、これは明らかに「家族」を維持するために規範化された家族戦略であった。今日では、親元を離れるか留まるかは、子ども個人の「安定した」もしくは「より望ましい」生活のための戦略となっており、あきらかに「家族」の維持のためではない。とはいえ、適切な時期での結婚を規範化した「典型的な」夫婦家族制からもすでに遠ざかりつつある。

ライフコースと家族は、今後、より個人化した方向性に向かうと予想されるが、その際の親子の戦略は何をめざすものになるのだろうか。調査からは、親子の個別の感情に根差した関係性の維持と子世代の生活の安定への戦略がこれからの「（定位）家族」の一つの方向性として浮き彫りになったが、親の経済的ゆとりの多寡など、それを実現する（できる）条件は限定されている。ライフコースと家族の変容にともない、なかなか「大人になれない」若者を支える社会保障や社会福祉制度の改変、雇用の構造改革といった議論が活発化したが、個人化社会の中で「漂う」家族の存在意義について、ライフコース上のそれぞれの立ち位置における個人の感情と戦略の視点から、改めて問い直してみる必要があるようにおもわれる。

注

（1）エルダーは、『大恐慌の子どもたち』の対象として、一九二九～三〇年の大恐慌時にすでに九～一〇歳になっていた一九二〇～二一年出生コーホート（オークランド・コーホート）と、大恐慌の年に生まれたバークレイ・コーホートの二つのコーホートを設定している。

（2）同プロジェクトは、文部科学省科研費補助金をうけて、岩上を研究代表者として、二〇〇一～二〇〇四年の四年間の研究プロジェクトとして立ち上げ、未婚成人の親子関係についての調査を、東京都府中市と長野県松本市において、二〇代未婚男女と五〇代男女に対して実施したものである。調査は構造化調査票を用いて、二〇代には訪問留め置き回収法で、五〇代には郵送法で行われた。なお一九九一～九二年にも、同地域で宮本みち子を研究代表者に、ほぼ同じ問題意識で「青年期の親子関係と経済」調査を実施しており、一〇年間の変化も知ることができた。

（3）構造化調査票に設けた設問で、自由記述で記載してもらったものから抽出してある。二〇代への質問は、「最後に、最近の親との関係や、学校の卒業前／後、あるいは就職前／後の親子関係の変化について、ご自由にお書きください」というもので、五〇代への質問は、「最後に、親子関係およびあなたご自身のことについて、ご自由にお書きください。（子どもの就職・結婚・独立、親子のコミュニケーション、援助など）」というものである。

（4）具体的な質問項目は以下の通りである。

①「親の老後は子どもが経済的に面倒をみるべき」（老後の経済的扶養規範）

②「親に介護が必要になった場合、子どもが世話をするべき」（親の介護規範）

③「老後は結婚した子どもの誰かと同居するのが望ましい」（老後の同居規範）

④「子どもが成人した後は、結婚している・していないにかかわらず親とは別居すべき」（成人子の別居規範）

引用・参考文献

Elder, Glen H., Jr.（1974）*Children of the Great Depression: Social Change in Life Experience*, The University of Chicago Press.（本

田時雄・川浦康至・伊藤裕子・池田雅子・田代俊子訳、一九八六、『大恐慌の子どもたち—社会変動と人間発達—』明石書店）
Elder, Glen H., Jr. ed.（1985）*Life Course Dynamics: Trajectories and Transitions, 1968-1980*, The Cornell University Press.
Elder, Glen H., Jr. and Janet Z. Giele eds.（1998）*Methods of Life Course Research: Qualitative and Quantitative Approaches*, Sage Publication.（正岡寛司・藤見純子訳、二〇〇三、『ライフコース研究の方法—質的ならびに量的アプローチ—』明石書店）
Elder, Glen H., Jr. and Janet Z. Giele eds.（2009）*The Craft of Life Course Research*, The Guilford Press.（本田時雄・岡林秀樹監訳、二〇一三、『ライフコース研究の技法』明石書店）
European Commission（2009）*European Research on Youth: Supporting Young People to Participate Fully in Society-The Contribution of European Research*.
藤崎宏子編（2000）『親と子—交錯するライフコース—　シリーズ家族はいま2』ミネルヴァ書房
藤崎宏子・平岡公一・三輪建二編著（2008）『お茶の水女子大学21世紀COEプログラム　誕生から死までの人間発達科学第五巻　ミドル期の危機と発達—人生の最終章までのウェルビーイング—』金子書房
Greenberg, Vivian E.（1994）*Children of A Certain Age: Adult and Their Aging Parents*, Lexington Books.
岩上真珠（1999）「二〇代、三〇代未婚者の親との同別居構造—第一一回出生動向基本調査独身者調査より—」国立社会保障・人口問題研究所『人口問題研究』五五（四）、一—一五
岩上真珠他（2005）『少子・高齢化社会における成人親子関係のライフコース的研究—二〇代-五〇代調査　一九九一-二〇〇一年—』（科研費補助金研究報告書）
岩上真珠（2008）「団塊世代の世代間関係—家族変動へのライフコース・アプローチ—」森岡清志編著『都市化とパートナーシップ』ミネルヴァ書房、一八二—二一五
岩上真珠編著（2010）『〈若者と親〉の社会学—未婚期の自立を考える—』青弓社
岩上真珠編著（2015）『国際比較　若者のキャリア—日本・韓国・イタリア・カナダの雇用・ジェンダー・政策—』新曜社
Jones, Gill and Claire Wallace（1992）*Youth Family and Citizenship*, Open University Press.（宮本みち子・徳本登訳、一九九六、『若者はなぜ大人になれないのか—家族・国家・シティズンシップ—』新評論）
Jones, Gill（1995）*Leaving Home*, Open University Press.
Katz, Jeanne, Peace, Sheila and Sue Spurr eds.（2012）*Adult Lives: A life course perspective*, The Policy Press.
Levinson, Daniel J.（1978）*The Seasons of A Man's Life*, Random House Inc.（南博訳、一九九二、『ライフサイクルの心理学　上・下』講談社学術文庫）
正岡寛司・藤見純子・嶋﨑尚子（1999）「戦後日本におけるライフコースの持続と変容」目黒依子・渡辺秀樹編『講座社会学2　家族』

東京大学出版会
正岡寛司（1993）「ライフコースにおける親子関係の発達的変化」森岡清美監修『家族社会学の展開』培風館、六五―七九
正岡寛司（1996）「ライフコース研究の課題」井上俊・上野千鶴子・大澤真幸・見田宗介・吉見俊哉編『岩波講座現代社会学9　ライフコースの社会学』岩波書店、一八九―二一二
目黒依子（1987）『個人化する家族』勁草書房
宮本みち子・岩上真珠・山田昌弘・米村千代（1992）「未婚青年親子の世代間関係―経済的分離と情緒的絆の実態―」『季刊家計経済研究』一五、家計経済研究所、一七―四九
宮本みち子（1993）「未婚青年親子と世代間関係―経済的分離と情緒的絆を通して―」『家族研究年報』一八、二―二〇
宮本みち子・岩上真珠・山田昌弘・米村千代（1994）『「脱青年期」の出現と親子関係―経済・行動・情緒・規範のゆくえ―』家計経済研究所
宮本みち子・岩上真珠・山田昌弘・米村千代（1995）「ベビーブーマーのライフコースと世代間関係」『季刊家計経済研究』二五、家計経済研究所、三二―五六
宮本みち子・岩上真珠・山田昌弘（1997）『未婚化社会の親子関係―お金と愛情にみる家族のゆくえ―』有斐閣
宮本みち子（2004）『ポスト青年期と親子戦略―大人になる意味と形の変容―』勁草書房
宮本みち子（2005）「長期化する移行期の実態と移行政策」社会政策学会編『社会政策学会誌第一三号　若者―長期化する移行期と社会政策―』法律文化社、三―一六
Miller, Dorothy A. (1981) The 'sandwich' generation: adult children of the aging, *Social Work*, 26(5), 419–423.
森岡清美・青井和夫編（1985）『ライフコースと世代―現代家族論再考―』垣内出版
森岡清美（1996）「ライフコースの視点」井上俊・上野千鶴子・大澤真幸・見田宗介・吉見俊哉編『岩波講座現代社会学9　ライフコースの社会学』岩波書店、一―九
森岡清美・青井和夫編（2001）『現代日本人のライフコース　学振選書3』日本学術振興会
Newman, Katherine S. (2012) *The Accordion Family: Boomerang Kids, Anxious Parents, and the Private Toll of Global Competition*, Beacon Press.（萩原久美子・桑島薫訳、二〇一三、『親元暮らしという選択―アコーディオン・ファミリーの時代―』岩波書店）
Pillemer, Karl and Kathleen McCartney eds. (1991) *Parent-Child Relations throughout Life*, L. Erlbaum Assoc.
嶋﨑尚子（1990）「成人期への移行のコーホート間変化」正岡寛司ほか編『昭和期を生きた人びと―ライフコースのコーホート分析―』早稲田大学人間総合研究センター、二五八―二七四
Scabini, Eugenia, Marta, Elena and Margherita Lanz (2006) *The Transition to Adulthood and Family Relations: An Intergeneration-*

al Perspective, Psychology Press.
山田昌弘（1999）『パラサイト・シングルの時代』ちくま新書
Zal, H. Michael（1992）*The Sandwich Generation: Caught between Growing Children and Parents*, Insight Books.

第二章　現代日本における「幸福の物語」のゆくえ

大久保　孝治

一　問題の所在

近代日本において長きにわたってドミナント・ストーリーとして機能してきた家族を主要な舞台とする「幸福の物語」が、晩婚化・非婚化の進行にともなって機能不全に陥りつつある現在、われわれの「人生の物語」（ライフストーリー）はどのような変容を迫られているのか。これが本稿のテーマである。

われわれはみな「人生の物語」を生きている。ここでいう「人生の物語」とは人生上の複数の出来事（ライフイベント）を主観的な因果の連鎖で結びつけたものである。たとえば、「プロ野球の選手になることを目指して大学の野球部で頑張っていましたが、父親が脳梗塞で亡くなったため、卒業後、実家に戻って家業を継ぐことになりました」という語りは、その人の「人生の物語」の一部である。ここでは「父親の死」と「家業の継承」が原因と結果の連鎖で結ばれている。自分がプロ野球の選手になる夢を断念して家業を継承したのは父親が突然亡くなったためであると。「人生の物語」はこのように個人が自分の人生を自分自身で了解し、他者に説明するためのものである。その因果の連鎖が「主観的」であるということの意味は、他にもありえる因果の連鎖のなかから彼が選び取ったものということである。たとえば彼は父親が亡くなる前から自分の野球選手としての才能に自信を失っていて、野球以外の人生を考えていたのかもしれない。父親の突然の死は彼にとってプロ野球の選手になる夢に見切りをつけるよい口実であったのかもしれない。しかし、そうした説明を彼は選ばなかったし、人にもそう思われたくはなかったのである。

また、「人生の物語」は個人がこれまでの人生を回想して語るときだけでなく、これからの人生を展望して語るときにも起動する。たとえば「私は三〇歳までに最初の子どもを産みたい。そのためにはその二年前くらいには結婚したいし、さらにその二年前くらいには結婚相手となる男性と出会っていたい。だからもう私にはあまり時間がない。この一年は頑張って婚活しようと思う」という二五歳の独身（彼氏なし）の女性の語りは、「三〇歳での出産」を目標に設定して、そこから逆算された形で設計された彼女の「人生の物語」のシナリオである。このシナリオもやはり主観的なものであり、固定されたものではないから、今後の事態の進行（あるいは停滞）によって随時改訂されていくことだろう。このように「人生の物語」には個人のこれからの人生を設計し、その実現に向けて日々の活動を統合する機能がある。

「人生の物語」を語るという行為は、ある年齢以上の者であれば誰でもやっていることであるが、本来、かなり複雑な行為である。それが可能なのは、「人生の物語」が文化の一部として存在しているからである。近代社会における「人生の物語」には主要な型が二つあり、ひとつは「成功の物語」、もうひとつは「幸福の物語」である。二つの物語の型は同時発生ではなく、「成功の物語」が普及した後にその機能不全を補うように「幸福の物語」が台頭し（明治・大正・昭和戦前期）、広く普及したが（昭和戦後期）、いま、その「幸福の物語」自体が機能不全に陥りつつあるというのが筆者の見立てである（大久保 2001, 2013）。本稿では、「幸福の物語」が機能不全に陥った経過について改めて論じた上で、これからの時代の「幸福の物語」のゆくえについて考察する。

二　近代社会と「成功の物語」

前近代社会と近代社会の構造上の違いは、階層間の移動性の大小である。どの階層に生まれるかを人は選ぶことが出来ないが、前近代社会では人は原則として生まれ落ちた階層のなかで一生を送るものであったのに対して、近代社会では人は他の階層へ移動することが可能とされた。階層は一般に職業と結びついているので、階層間の移動性の増大は職業選択の自由ということを意味していた。実際、明治新政府の基本方針である「五箇条の御誓文」のなかの一項、「官武一途庶民ニ至ル迄各其志ヲ遂ゲ人心ヲシテ倦マサラシメンコトヲ要ス」は、個人が「志」（人生目標）を設定し、その実現のために不断に努力する生き方を奨励したものである。通常、「志」とは現在より高い平面に設定されるものであるから、社会的上昇移動（＝立身出世）を目指す生き方の奨励といってもよいだろう。新政府の人びとは国民一人一人が立身出世を目指して努力することが、その総和として、日本国の立身出世（＝富国強兵）につながると考えたのである。近代社会における「成功の物語」の西洋版であるサムエル・スマイルズの『自助論（セルフ・ヘルプ）』（一八五九年）が中村正直によって翻訳され『西国立志編』というタイトルで博文館から出版されたのは一八七一（明治四）年のことである。

「大きくなったら何になる?」これは職業選択の自由を前提として社会的上昇移動を奨励する近代社会に固有の問いである。この問いを折にふれてシャワーのように浴び続けることで、子どもたちは人生を何かになる（何らかの職業に就く）過程として認識するのである。家業の継承が職業生活へのメインストリートであった時代には、家庭生活と職業生活は重なっていた。家業を継がずに商家などに丁稚や下女として奉公に出る場合でも、家庭生活と職業生活は隣り合っていた。しかし、親の職業とは関係なく、子どもが職業選択をするようになる社会では、家庭生活と職業生活の間に学校生活というものが出現し、大きな比重を占めるようになる。学校（成績・学歴）というものが社会的上昇移動のルートとして機能するようになっていく。日本の近代学校制度は一八七二（明治五）年の学制発布に始まるが、義務教育の考え方はすぐには普及せず（とくに農村では）、尋常小学校の就学率は当初が三〇％で、五〇％を越えるのが一八九二（明治二五）年頃、九〇％に達するのが一九〇二（明治三五）年頃であった。三〇％から五〇％までに二〇年かかっていたものが、五〇％から九〇％までに一〇年しかかかっていない。いったん学校生活というものが普及しはじめるとそれは加速度的に普及したことが読み取れるが、それは日清戦争・日露戦争を経て日本の産業構造の農業から工業・商業へのシフトが始まった時代であり、労働人口の地方から都市への移動がしだいに活発化していく時代であった。

社会移動と地域移動が連動することから「成功の物語」は「離郷」や「望郷」や「帰郷」をモチーフとした「故郷ソング」を物語の挿入歌としている。「成功の物語」がそうであったように、当初、そうした「故郷ソング」も西洋から輸入された。『故郷の空』（明治二一年）はスコットランド民謡、『故郷の廃屋』（明治四〇年）はアメリカの作曲家ヘイズの曲、『故郷を離るる歌』（大正二年）はドイツ民謡が原曲で、そこに日本語の歌詞を付けたものである。そうしたハイカラな「故郷ソング」の流行の後に、和製の「故郷ソング」の決定版である文部省唱歌（尋常小学校六年生用）『故郷《ふるさと》』（大正三年）がつくられた。「兎追ひしかの山　小鮒釣りしかの川」（一番）。「山は青き故郷　水は清き故郷」（三番）。「山」と「川」と「水」を歌い、「海」を歌わないのは偶然ではあるまい。「雨に風につけても　思いいずる故郷」（二番）。「雨」と「風」を歌い、「雪」を歌わないのも偶然ではあるまい。「海」や「雪」を歌ったのでは、全国どこでも通用する汎用性の高い「故郷ソング」にはならない。もう一つ注目されるべきは、『故郷』は卒業を間近に控えた小学六年生が習う歌であるにもかかわらず、「故郷を振り返る歌」であることだ。小学六年生を念頭に置くならば、「さらば故郷　さらば故郷　故郷さらば」のリフレインが印象的な『故郷を離るる歌』のようなものが相応しいはずである。しかし、『故郷』は「夢は今もめぐりて忘れがたき故郷」（一番）、「雨に風につけても思いいずる故郷」（二番）、「こころざしをはたしていつの日にか帰えらん」(三番)と故郷を離れて幾年が過ぎた者(青年や中年)が歌うに相応しい内容である。つまり『故郷』は歌う者の出身地だけでなく、年齢層についても広い範囲をカバーすることを意図してつくられており、それが国民的な「故郷ソング」である所以である。

社会的上昇移動が農村から都市への人口移動と連動していることから、「上京して一旗揚げ、故郷に錦を飾る」という生き方が近代日本の「成功の物語」の典型となった。そのもっとも輝かしい実例が野口英世(一八七六―一九二八)である。彼が一九二五(大正四)年秋に帝国学士院からの恩賜賞授与を機に一五年ぶりに米国から帰国し、郷里の母を訪ねたとき、日本中の新聞が「世界的医学者　野口英世博士帰る」と写真入りで報じた。野口英世は福島県猪苗代湖畔の貧しい農家に生まれ、幼いころに囲炉裏に落ちて左手に大火傷を負ったが、刻苦勉励して世界的な医学者となり、アフリカの地で黄熱病で亡くなった――彼の人生を要約すればこうなるだろう。「努力」と「上昇」が「成功の物語」の基本的要素であり、出身階層の低さ(貧農)と身体的ハンディキャップ(大火傷)と職業的使命に殉じた最期は「努力」の大変さと「成功」の比類ない高さを際立たせるための付加的要素となっている。彼の最初の伝記である渡辺善助『発見王野口英世』は野口の死よりも七年早い一九二一(大正一〇)年にすでに刊行されており、以来、一〇〇冊を優に越える伝記が出版され(野地 1972)、日本全国の書店の児童書の棚にはいまでも彼の伝記が並んでいる。

「努力」して「上昇」する「成功の物語」の対極には「怠惰」であるが故に「下降」する「堕落の物語」が位置する。そして両者の混合物として、「努力」したにもかかわらず「上昇」できなかった「挫折の物語」と、大した「努力」をせずに「上昇」を手に入れる「幸運の物語」が配置される。これが近代日本の「人生の物語」の基本的なバリエーションである。学校生活においては結果(上昇)よりも過程(努力)が評価されたから、「挫折の物語」はそれにめげずに「努力」を続けるならば「再起の物語」として「成功の物語」に転じる可能性を、「幸運の物語」はそれに安住して「努力」を怠るならば容易に「堕落の物語」に転じる可能性をそれぞれ内包していた。「成功の物語」と「堕落の物語」は近代日本の「人生の物語」の陽画と陰画として、小学校の修身の教科書のなかだけでなく、ポピュラーカルチャーのなかに遍在することになった（たとえば童話「アリとキリギリス」）。

三　「成功の物語」の機能不全

近代社会の「人生の物語」としての「成功の物語」は義務教育の普及やさらなる進学者の増加と歩調を合わせて社会に広まって行ったが、それは同時に「成功の物語」の構造的矛盾が露呈していく過程でもあった。そもそも「成功」（＝立身出世）とは高い社会的地位や高収入といった希少な社会的資源の獲得を目指す競争であり、必然的に少数の勝者と多数の敗者を生む構造になっている。誰もが競争に参加することはできるが、誰もが「成功」を手に入れることができるわけではないのだ。このことは競争への参加者が比較的少ないときにはそれほど目立たないが、参加者が増えて来るにつれ露わになっていく。

「成功の物語」の挿入歌である「故郷ソング」の代表である唱歌『故郷』が、いままさに故郷を離れんとする者のための歌、離郷の歌ではなく、故郷を離れていくばくかの歳月が過ぎた後に故郷を振り返る歌、望郷の歌であることはすでに指摘したが、このことは「こころざしをはたしていつの日にか帰らん」ことの実現可能性のしだいに小さくなっていくことを暗に示してはいないだろうか。この点は同じ唱歌でも『仰げば尊し』（明治一七年）の「身を立て名をあげやよ励めよ　今こそ別れめいざさらば」という威勢のよい歌詞に比べてみるときに明らかである。『仰げば尊し』は「卒業ソング」（これもまた「成功の物語」の挿入歌のひとつである）の定番として長く歌われることになったことからもわかるように、いままさに学窓から飛び立っていこうとしている少年少女のための歌である。ここではまだ立身出世の実現可能性は高い初期値のままである。これに対して望郷の歌である『故郷』は故郷を離れた都市での暮らしのなかで「挫折の物語」や「堕落の物語」をいまは生きている多数の敗者のための歌ともなっているのだ。

内田隆三は「文部省唱歌『故郷』は、大衆の社会的な動員や主体化のイデオロギーがすでにリアリティを失い、下降線をたどりはじめた時代の歌である」（内田 2002：65）と喝破しているが、「大衆の社会的な動員や主体化のイデオロギー」である立身出世主義は、大衆レベルでリアリティを失う以前に一部のエリート青年たちの間ではすでにリアリティを失っていた。一九〇三（明治三六）年、一高の秀才藤村操の華厳の滝からの投身自殺が当時の青年たちに与えた衝撃の大きさについて、藤村と同級生だった岩波茂雄は後に次のように語っている。「私の一高時代は、いわゆる人生問題が青年の最大関心事で、俗に煩悶時代とも云われた頃でありまして、畏友藤村操君の死が、私共青年に与えた衝撃は、実に大なるものがありました。（中略）名を後世に掲げるというような、それまでの立身出世主義の人生観はまったく魅力を失い、寧ろこれを蔑視するようになりましたが、同時に勉学の目的をも失って、一時私は学業さえ放擲したのでありました」（岩波 1942=1998：65-66）。卒業後、岩波は女学校の教員を経て、神田に書店を開業した（大正二年）。「漱石全集」や「哲学叢書」「科学叢書」といった企画が次々に当たり、「岩波文庫」（昭和二年）の創刊に至る。こうして岩波書店は立身出世の役に立つ実用書でも、立身出世競争の合間の息抜きに読む娯楽書でもなく、人生問題や社会問題を真面目に論じる専門書・教養書の出版における盟主となったのである（皮肉な見方をすれば、岩波の回想は出版業界における岩波書店の立身出世物語として読むこともできる。立身出世主義が近代社会のドミナント・ストーリーであるならば、教養主義は対抗文化としてのドミナント・ストーリーなのである）。

もちろん「成功の物語」がしだいにリアリティを失ってきたからといって、多くの人びとがそこから一斉に手を引いたわけではない。大人たちは子どもたちに「大きくなったら何になる？」と問うことを止めなかったし、子どもたちは社会的威信の高い職業の名前をあげてその問いに答えることを止めなかった。いや、止めることができなかった。ドミナント・ストーリーに陰りがみえ始めたからといって、人びとは簡単にそこから降りる（ドロップアウトする）

わけにはいかないのである。竹内洋は近代日本の立身出世主義の背景にはフォーク・セオリーとしての社会的ダーウィニズム（人びとの日常的な社会観としての優勝劣敗適者生存主義）が存在すると指摘している。「立身出世主義は富や名誉や社会的地位、そうしたものを含んだ華麗な未来の物語に伴走されただけではない。脱落や落伍の恐怖と不安の原風景からの脱出航路でもあった。実際日本の成功読本は成功を説くよりもしばしば生存競争を論じ、どうやって失敗を避けるかを説いているものがすくなくない。（中略）社会的ダーウィニズムは、日本人の背後感情である零落の危険という希少性の神話を言表化するにふさわしいレトリックであり、しかも受験競争化された立身出世によってますます信憑性をましていった」（竹内 2005：19–20）。

石川啄木は「時代閉塞の現状」（明治四三年）のなかで全国に出現しつつある「遊民」という「不思議な階級」について指摘した。「今日我々の父兄は、大体において一般学生の気風が着実になったといって喜んでいる。しかもその着実とは単に今日の学生のすべてがその在学時代から奉職口の心配をしなければならなくなったという事ではないか。そうしてそう着実になっているに拘らず、毎年何百という官私大学卒業生が、その半分は職を得かねて下宿にごろごろしているではないか。しかも彼等はまだまだ幸福な方である。前にもいった如く、彼等に何十倍、何百倍する多数の青年は、その教育を享ける権利を中途半端で奪われてしまうではないか。中途半端の教育はその人の一生を中途半端にする。彼等は実にその生涯の勤勉努力をもってしてもなおかつ三〇円以上の月給を取る事が許されないのである。無論彼等はそれに満足するはずがない。かくて日本には今『遊民』という不思議な階級が漸次その数を増しつつある」（石川 1910＝1978：116–117）。社会的上昇移動のパスポートとして機能するはずだった「（旧制）中学卒業」という学歴が、学歴の底上げ（インフレ）が進むなかで、価値が下落し、期待していたような効果（上昇）をもたらさず、「成功の物語」が機能不全を起こしている現状をとらえたレポートである。「遊民」問題は中学卒業者に限らず、（旧制）高校・大学卒業者にも波及し「高等遊民」問題となっていった。

「中途半端な一生」とは、言い換えれば、「思うようにいかない人生」ということである。「思うようにいかない人生」は人生を思うように生きたいという欲望がなければ生まれない。明治四〇年代に流行し、その後、日本の純文学のメインストリームとなった私小説の源流ともいうべき自然主義の小説には、「思うようにいかない人生」を生きる人びとが多く登場する。たとえば田山花袋『蒲団』（明治四〇年）には、文学で身を立てることを夢見て上京したものの書生との恋に堕ちたために郷里に帰される女学生が登場し、同じく田山花袋『田舎教師』（明治四二年）には、東京に出て文学で身を立てることを夢見ながら一介の小学校教師として埋もれて死んでいった青年が登場する。前者は「堕落の物語」であり、後者は「挫折の物語」である。彼らは人生の真実を「ありのまま」に描こうとした花袋にとって格好のモデルであったが、「成功の物語」が機能不全を起こし始めた時代を代表する人物像でもあったのである。

四　「幸福の物語」の台頭

近代社会の「人生の物語」のドミナント・ストリーリーである「成功の物語」の機能不全は、「思うようにならない人生」を生きる人びとの増加を通して社会システムの安定性を脅かすから、物語の修復が必要になる。修復の試みはまず「成功の物語」の内部でなされる。それは成功のハードルを下げることである。大きな上昇ではなく、ほどほどの上昇、小さな上昇でよしとすれば、それを達成しやすくなるだろう。竹内はこうした考え方を「ささやかな立身出世主義」とよんだ。「ささやかな立身出世主義」の背景には前近代の日本社会における細分化された身分階層秩序があった。「明治後半になり、大きな上昇移動の機会は減少しても小さな上昇移動の機会は社会に遍在する。しかも、非エリート内の小さな上昇移動も（相対的に）大きな勢力をもつことができる。とすれば、ささやなか上昇移動も大きな報酬となる。ささやかな上昇移動を立身出世と理解できることになる」（竹内 2005：211）。細分化された身分階層秩序は現代のサラリーマンや公務員の職場にも残存しており、その階層を上昇するためには上司による不断の査定や昇進試験を受ける必要があり、まさに「人心ヲシテ倦マサラシメン」ための装置として機能している。

しかし、より根本的な物語の修復は、「成功の物語」とは異なる価値に基づく物語の創出である。「私は立身出世はできなかった。しかし、私の人生は○○だ」と、「成功」とは異なる価値をもつ「○○の物語」によって「人生の物語」を補完する（プラスの意味を付与する）ことである。それこそが「幸福の物語」だった。当初、「成功の物語」の機能不全がまだ顕著ではなかった頃、「成功」と「幸福」は表裏一体であった。たとえば明治一〇年代の青少年の作文投稿雑誌『頴才新誌』には「勉強セザレバ幸福ヲ得ル能ワズ」というような文章が載っている（竹内 2005）。両者の関係は「成功」＝「幸福」（成功と幸福は同じものである）、あるいは「成功」⇒「幸福」（成功して幸福になる）であった。いま求められているのはそうした「成功の物語」と表裏一体の「幸福の物語」ではなく、「成功」≠「幸福」（成功と幸福は同じではない）、「成功」⇏「幸福」（成功しても幸福になれるわけではない）という価値観に基づいた「幸福の物語」である。

そうした「幸福の物語」とは具体的にどのようなものであるかを考察するときに、ミルズ（Mills, C. W.）が『ホワイト・カラー』（一九五一年）のなかで提起した「諦めの文学」の概念が参考になる。それは大恐慌の後、一九三〇年代から四〇年代に台頭してきた新しい型の文学で、欲望のレベルを引き下げることによって、誰にでも満足と心の安定を与えようとするものである。「諦めの文学」には二つの段階があり、第一段階は外見的には成功しているようにみえる人間の内面の不安や虚しさを描くもので、たとえばアーサー・ミラーの『セールスマンの死』などがこれに該当する。第二段階は人間の内面の平安こそが本当の幸福をもたらすことを積極的に説くもので、たとえば『リーダース・ダイジェスト』などがこれに該当する。

「幸福の物語」の第一段階の具体例は、一九一四（大正三）年に始まった読売新聞の「身の上相談」欄に投稿される「成功者」の悩みである。たとえば「毎日毎日閑散な日を過ごすのは、何だか自然の道に背くような気がして、罰があたりはせぬかと良心に恥じることもあります」という三四歳の専業主婦からの相談（大正六年一一月一五日）や、「目下は独立して医院を開業し、かなりな生活を営んでおります。これという不満もありませんが、時として何となしに一種の暗愁に駆られるのです。それはこれから追い追い寄る年波を、こんな独身姿で送っていくということから起こる悲哀であるように思われます」という三〇代前半の女医からの相談（大正六年七月一四日）などは、「専業主婦＝俸給生活者の妻」（家事はすべて女中がする）や「職業婦人」（女医はそのトップに位置する）という当時の「成功した女性」たちの虚ろで淋しい内面を開示したものである。新聞の「身の上相談」は、自然主義の作家たちが書いた告白文学の大衆版といえるものであり、エリート青年の苦悩を源流とした煩悶ブームの河口に位置するものであった。

「幸福の物語」の第二段階、本当の幸福とは何かを正面から説く段階を代表するのはメーテルリンクの『青い鳥』（一九〇八年）である。「成功の物語」の原典がスマイルズの『自助論』であったように、新しいタイプの（反立身出世主義的な）「幸福の物語」の原典もヨーロッパから輸入された。おそらく彼のノーベル文学賞受賞（一九一一年）が契機となったのであろうが、『青い鳥』が若月紫蘭によって邦訳されたのは一九一三（大正二）年のことである。野口英世の伝記の場合と同じく、いまでも全国の書店の児童書の棚には『青い鳥』が（読みやすいように戯曲から童話の形に翻案されて）並んでいる。

『青い鳥』はチルチルとミチルの兄妹が幸福の象徴である「青い鳥」を求めて旅をする物語である。第四幕第九場「幸福の花園」には四種類の幸福が登場する。第一は、「太った幸福たち」。具体的には、「金持ちの幸福」「地主の幸福」「虚栄に満ち足りた幸福」「酒を飲む幸福」などである。第二は、「子どもである幸福」。歌ったり、踊ったり、笑ったりはするが、まだ話をすることはできず、貧富の区別はなく、この世でも天国でもいつも一番美しい衣装を着ている。誰もが人生の初期に出会う幸福である。第三は、「あなたの家の幸福たち」。具体的には、「健康である幸福」「青空の幸福」「森の幸福」「夕日の幸福」「星の光り出すのをみる幸福」「冬の火の幸福」「霧の中を素足で駆ける幸福」などである。家のドアが破れそうなくらい、家の中にいっぱいいるのだが、誰もそのことに気づかない。第四は、「大きな喜びたち」。具体的には、「正義である喜び」「善良である喜び」「仕事を仕上げた喜び」などである。きらきらと光った衣装を着て、背の高い、美しい天使のような姿をしている。「幸福」という名前は付いておらず、他の「幸福」たちのように笑ってはいないが、人が一番幸福なのは笑っているときではないと説明される。と紹介すれば、メーテルリンクの考える真の幸福が「大きな喜びたち」であることは誰にでもわかるであろう。彼は「太った幸福たち」を唾棄すべきものとしてみる一方で、人びとが「あなたの家の幸福たち」に埋没してしまうこと（私生活中心主義）も懸念していたのである。しかし、多くの読者はそうは読まなかった。探し求めた幸福の「青い鳥」は結局自分の家の中にいた（ただし最後の最後にそれはまた逃げ出してしまうのだが）。皮肉なことに、『青い鳥』は、読者の多くがこの物語の結末部分を「あなたの家の幸福たち」こそが真の幸福であると誤読的に受容することによって、「幸福の物語」の原典としての地位を獲得したのである。「あなたの家の幸福たち」は「成功の物語」のなかで語られてきた「追い求める幸福」の対抗文化としての「気づく幸福」である。

明治期の総合雑誌にあらわれた家族像とその変容を分析した牟田和恵によれば、そこには家族意識に関して二つの顕著な趨勢が見て取れるという。「ひとつは明治二〇年前後をピークとして、家族の団欒や家族員の心的交流に高い価値を付与する新しい家族のあり方、雑誌にあらわれる表現をそのまま使えば「家庭（ホーム）」的な家族を理想とする記事が多くあらわれることであり、第二にはそれにともなって二〇年代後半から三〇年頃を転換点として各誌での家族の取り扱いが変わることである。これ以後、家庭や家族は公論の対象から除外され、もっぱら女性を対象として女性のみに関わるものとして語られていくようになる。これを誌面における家庭の『私化』、『女性化』とよぶことができよう」（牟田 1996：54）。職業生活や学校生活で立身出世競争を戦う夫や子どもたちを後方から暖かく支援する家族生活という図式の成立がここから読み取れる。「思うようにいかない人生」を生きる男たちの不平不満を緩和し、「良妻賢母」という役割を女たちに担ってもらうためには、社会は「幸福の物語」の舞台としての「家庭」のイメージを必要としたのである。

「故郷ソング」が「成功の物語」の挿入歌であったとすれば、「マイホーム・ソング」は家庭を舞台とする「幸福の物語」の主題歌である。その決定版が大正から昭和に移って間もなく生まれた。二村定一と天野喜久代のコンビが歌った『青空』（昭和三年）である。当時、アメリカで大ヒットした『マイ・ブルー・ヘブン』が原曲である。「夕暮れに仰ぎ見る輝く青空　日暮れて辿るはわが家の細道　せまいながらも楽しい我家　愛の灯影のさすところ　恋しい家こそ私の青空」。ここに描かれているのは、メーテルリンクが「あなたの家の幸福たち」とよんだ世界そのものである。『青い鳥』では、最後、家の中にいた幸福の青い鳥は再び青い空（公的世界）へ飛んでいってしまうのだが、そこには私生活中心主義（「あなたの家の幸福たち」への埋没）を懸念する作者のまなざしがあった。しかし、『青空』では「青い空」は公的世界ではなく、私化されたもの、「私の青空」なのである。

五　「幸福の物語」の機能不全

「成功の物語」の機能不全に対処するものとしての「幸福の物語」に求められた条件は、誰もが幸福になれるということであった。成功は希少な資源をめぐっての競争であるため成功するのは一部の者に限られていた。しかし幸福はそうではない。なぜならそれは成功のように追い求めるものではなく（追い求める幸福は「太りかえった幸福」＝資本主義的幸福であって本当の幸福ではない）、気づくものであるからだ。幸福は身近なところにある。これが「幸福の物語」の論理である。「幸福の物語」の主要な舞台である「家庭」には誰もが（ほとんどの人が）立つことができた。少なくとも戦後のある時期までは。

「幸福の物語」の戦後史はその隆盛とゆるやかな凋落の歴史である。山田昌弘（2005）は、「戦後家族モデル」の形成から解体に至る過程を四つの時期に分けている。（一）一九四五―一九五五年　形成期、（二）一九五五―一九七五年　安定期、（三）一九七五―一九九八年　微修正期、（四）一九九八～現在　解体期である。山田のいう「戦後家族モデル」とは「夫は仕事、妻は家事・子育てを行って、豊かな家族生活を目指す」家族のことである。本稿の文脈に即して言い換えれば、「幸福の物語」の主要な舞台である「家庭」を提供してくれる家族ということである。それは戦後に突然に生まれたモデルではなく、大正から昭和戦前期に台頭し、戦中期には凍結していたものが、敗戦によって解凍され、戦後の経済の復興・成長のなかで急速に普及したのである。

戦後間もない時期に公開された黒澤明監督の映画『素晴らしき日曜日』（一九四七年）の冒頭、貧しい主人公が彼女と住宅展示場でデートをする場面で、BGMとして使われていたのが『青空』であった。「せまいながらも楽しい我家」。「マイホーム・ソング」『青空』には、「広い家」「大きな家」を希求する気持ちが当初から込められていた。「家庭」を舞台とする「幸福の物語」は、戦後、木造アパートから始まって団地（公団住宅）、マンション、庭付き一戸建てへと「住宅の立身出世」の双六に沿って展開することになる。

戦中期、とくに戦争末期には激減していた地方から都市への人口移動も、戦後、勢いを取り戻す。それが五〇年代、六〇年代を通じて持続したのは、たんに地方から都市へ人びとが戻ってきたからというだけではなくて、終戦直後におこったベビーブームによって日本の人口そのものが増大したためである。人口ピラミッドの一部に急激に肥大した層（団塊の世代）が出現すると彼らの成長過程に沿って社会的資源の相対的な不足が生じる。彼らが社会的上昇を目指そうとすれば競争は激化する。彼らの親は子どもたちを支援するから一家は「教育家族」の様相を呈するようになる。

ここにひとつのジレンマが生じる。「成功の物語」の対抗文化として台頭してきた「幸福の物語」が、ここに至って（戦後の「豊かな社会」の中で）、二種類の「成功の物語」―「住宅の立身出世」の物語と「子どもの立身出世」の物語―を内在するようになったのである。このことは木造アパートや２ＤＫの団地から分譲マンションや庭付き一戸建て住宅に家族が引っ越すとき、拡張された空間がまずもって子どもたちに「子ども部屋」＝「勉強部屋」として割り当てられたという事実に端的にあらわれている。もちろん郊外に庭付き一戸建てのマイホームを手に入れ、子どもを一流大学・一流企業に進学・就職させることに成功した家族は全体の一部である。「成功の物語」を内在させた「幸福の物語」は少数の勝者と多数の敗者を生む。戦後家族モデルの「形成期」や「安定期」は、ほとんどの人が結婚して「家庭」という舞台に立つことができた（低位安定の生涯未婚率）という意味では、「幸福の物語」が機能していた時期であるが、幸福の階層化は着実に進んでいた。「家庭」を舞台にした「幸福の物語」の庶民版の代表は朝日新聞連載の漫画「サザエさん」であったが、その磯野家にしても庭付き一戸建て住宅に住み、カツオとワカメの兄妹には「子ども部屋」＝「勉強部屋」が与えられていたのである。

山田は「戦後家族モデルの微修正期」の入口とされる一九七五年が家族に関するさまざまな「指標」の変曲点であることを指摘する。「専業主婦数が極大を迎え、以後、共働き夫婦（夫婦とも被雇用者である）の増大に弾みがつく。そして長らく安定していた平均初婚年齢が上昇を開始し、同じく安定していた合計特殊出生率の低下が始まる。つまり、今問題になっている「少子高齢化」の開始点なのである。離婚率の上昇が始まり、そして低下に低下を続けていた非嫡出子率も反転増加する。もちろん、この指標の変化は、二〇〇五年の今だからいえることであり、当時は誰の目にも止まらなかった違いない」（山田 2005：159）。

しかし、そうした「指標」によらずとも、脚本家の山田太一は「家庭」を舞台とする「幸福の物語」の機能不全にすでに気づいていた。彼の出世作は一九七三年の『それぞれの秋』、そして彼の名声を決定的にしたのは一九七七年の『岸辺のアルバム』だが、彼が描こうとしたのは和気藹々の大家族でもなければ、普段は荒っぽい口調で悪口を言い合いながらも肝心な時には励まし合ったり助け合ったりする下町風の家族でもなかった。「私は、そんなのは全然やりたくなかった。そういう家族像が『リアル』だなんてちっとも思えなかった。家族はまず両親と子ども二人ぐらいの小家族で、子どもが小さいときはともかく、高校生大学生というようになると、いい合いなどはむしろ避けたがり、心の秘密などというものはまず家族にはあかさない。それは父親もそうで、仕事の上での屈辱を帰ってきて話すなんてことはしないし、むしろ妻は子どもには自分がひき立つようなことしかいいたがらない。母親も、一人でいることの多い日々の孤独を訴えようにも、聞く人をもたない。それぞれがそれぞれの悩みや孤独をかかえながら、それを家族にあかすことなく、むしろあかさないからこそ家族が小さな安らぎになっていたりする。お互いにお互いの現実を知らず、一見平穏無事な一家という姿を、なんとか保っている」（山田 1982：332）。

その「一見平穏無事な一家」が破綻するのはそれぞれの秘密が暴力的に露呈するときである。『岸辺のアルバム』を例にすれば、一流商社の部長である父親は、繊維機械という斜陽部門を担当していて、赤字を補填するために東南アジアから女性を輸入したり兵器をつくったりしている。専業主婦の母親は、日々の孤独に耐えられず、いたずら電話をかけて来た男性と不倫関係に陥っている。有名私立大学四年生の娘は、アメリカ人の恋人に捨てられ、その友人にレイプされ、妊娠中絶をしていた。私立高校三年生の息子は、母親と姉の秘密を知ってしまったショックで受験に失敗する。さらに父親の秘密も知ってしまった彼は家族全員を前にして家族の秘密を暴露するのである。それはちょうど「成功の物語」が機能不全に陥って「幸福の物語」が台頭してきたときに、その第一段階として、外見的には成功しているようにみえる人間の内面の不安や虚しさを描いた作品が登場するのにピッタリ呼応している。そういうネガティブなやり方で「豊かな（成功した）家庭」を舞台にした「幸福の物語」を批判したのである。だからドラマの終盤で一家の住宅が台風による多摩川の決壊で流されるという展開は「住宅の立身出世」の虚しさも完璧に表象しているわけである。

ただし、テレビドラマというポピュラーカルチャーの作品である以上、『岸辺のアルバム』は「幸福の物語」の虚偽性をただ暴露して終わる作品ではない。それでは救いがない。長谷正人が指摘しているように、「このドラマはただ家族の崩壊を描いただけではなく、むしろ登場人物たちが崩壊という出来事の後で、その崩壊（敗北）をどのように自分のなかで受け入れていくかという経過を時間をかけて丁寧に描いている。（中略）再び「勝者」に復帰できるかもしれないという未来の希望においてではなく、「敗者」であることを受け入れることがそのまま幸福であり得るという現在の可能性が、微風のようにドラマを横切っていくのだ。それが、この暴力的ともみえるドラマの、不思議な優しさであり、明るさなのだと思う」（長谷 2012：30-31）。暴力的なやり方であったとはいえ、家族間の相互的な自己開示と「豊かな生活」の喪失の後で、代替不可能な相手との関係に登場人物たちは目覚めるのであるが、「戦後家族の微修正期」において実際におこったことは、（一）妻のパート労働者化、（二）結婚の先送りであった。「これらの現象は、モデルの実現率の低下の歯止め、つまり、「夫は仕事、妻は家事、豊かさを追求する家族」という戦後家族モデルの根幹を守って、実現率を高めるための反応だったのだ」（山田 2005：167）。「家庭」を主要な舞台にした「幸福の物語」の本格的な変容は戦後家族モデルの実現率の低下が顕著になる「戦後家族モデルの解体期」を待たねばならない。

六　「幸福の物語」の変容

山田昌弘が「戦後家族モデルの解体期」の始まりを（一九九五年や二〇〇〇年という切りのいい年ではなく）「一九九八年」と特定した一番の理由は「自殺者の急増」である。前年までは二万人台前半で推移していたのが突如三万人を越え、以後、三万人台前半で高止まりをするようになる。増加したのは中高年男性の自殺であり、その多くは経済的理由による。山田によれば、「中高年男性の自殺には、失業したサラリーマンや事業に失敗した自営業者が、住宅ローンや借金を返済して、「豊かな生活」を守るためにとった最後の手段というケースが多く含まれると解釈している。再就職や再出発の見込みがなく借金を抱えた夫は、戦後家族にとっては無意味な存在となる。日本では自殺でも死亡保険金が出るので、住宅や将来の生活資金は家族（妻子）に残せるという理由で自殺を決断するのではないかと推測している」（山田 2005：219-220）。「自殺」ほど「幸福」のイメージに不釣り合いなものはないだろう。山田の推測が正しいとすれば、「幸福の物語」のイメージ（マイホームに象徴される「豊かな生活」）を守るために「自殺」という最後の手段が使われたわけで、皮肉であり、痛ましくもある。

現在、「戦後家族モデルの解体期」に入って二〇年近くが経過しているわけだが、「家庭」を主要な舞台とした「幸福の物語」の機能不全はさらに進行している。それは生涯未婚率の上昇（二〇一〇年の国勢調査のデータによれば、男性は二〇％、女性は一〇％を越えており、今後、男性は三〇％、女性は二〇％まで達するだろうと予測されている）に端的にあらわれている。「家庭」の運営が難しくなったというだけでなく、そもそも「家庭」をもてない人、もてない人が増えてきたということである。

かつて「成功の物語」の物語の機能不全が顕著になったとき、「成功」≠「幸福」という見方に立った新しいタイプの「人生の物語」＝「幸福の物語」が台頭したが、今度はその「幸福の物語」の機能不全に対処するための新しいタイプの「人生の物語」が求められているのである。論理的には「成功の物語」「幸福の物語」の次に来る「〇〇の物語」という第三の物語が台頭してくる可能性がないわけではないが、そういうものはいまのところ見当たらない。いま、実際におこりつつあるのは、「幸福の物語」のさらなる変容である。そこには三つのタイプの「幸福の物語」のニュー・バージョンがあるように思われる。

第一のタイプは、「家庭」を主要な舞台としながらも、「家族の多様化」という趨勢に対応して、多様化した家族も「幸福の物語」のなかに包摂しようとするものである。多様化した家族にはいわゆる「欠損家族」やこれまで家族として社会から認識されてこなかったものが含まれる。『アンナ・カレーニナ』（トルストイ）の「幸福な家庭はどれも似ているが、不幸な家庭はそれぞれの仕方で不幸である」という有名な一句をもじっていえば、「幸福な家庭もそれぞれの仕方で幸福である」ということになるだろう。多様化した家族を包摂して「幸福の物語」とするとき、そこに共通するものは「親密な関係」「かけがえのない関係」である。それは個人のアイデンティティにギデンズ（Giddens, A. 1991）のいう「存在論的安心」を与えるだろう。岡田惠和が脚本を書いた『ホームドラマ!』（二〇〇四年）というタイトルの「ホームドラマ」は、外国でおこったバス事故で大切な人（家族や恋人）を失った九人の人間（さらに途中から赤ん坊が加わって一〇人になる）が、一緒に暮らすなかで、家族になっていく物語である。きっかけは事故からしばらくたって、主人公の青年（彼は恋人を失くした）が遺族たちに出した手紙である。「前略、みなさま、お元気ですか？その後、お変わりありませんか？　突然ですが、あの慰霊式の日に、家族の話で盛り上がったのを覚えていますか？実はあれから日本で暮らしていくうちに、本当に家族になれたらいいんじゃないかと、思い始めました。もしよろしければ、僕の家で暮らしませんか？　興味があったらお返事下さい。待っています」。もちろん話はスムーズには運ばなかった。全員が共同生活を開始するまでに紆余曲折があり、共同生活を始めてからは外部の社会との軋轢があった。ここには二つの困難があった。ひとつは他人同士が大人数で共同生活をすることの困難。そしてもうひとつは、これがより本質的な困難だが、そうした共同生活をする集団を「家族」として彼ら自身が、そして外部の人間たちが、「家族」として認識することの困難である。にもかかわらず、彼らが「家族」という言葉にこだわったのは、「家族」が「親密な関係」「かけがえのない関係」を象徴する言葉であったからだろう。戦後家族モデルが解体しつつある時代にあっても、「家族」という言葉に付与されたプラスの意味が失われたわけではないのである。

第二のタイプは、「幸福の物語」の舞台を「家族」とは別の場所に求めようとするものである。「幸福の物語」の家族離れという現象は、「成功の物語」の会社離れという現象と同じく、近代的集団からの離脱・排除（さらなる個人化の進行）を背景としているという意味で、よりポストモダン的な現象である。「家族」とは別の場所で、「親密な関係」「かけがえのない関係」が期待できるとすれば、「友人」や「仲間」を誰もが思い浮かべるだろう（二者関係に比重が置かれる場合を「友人」、集団性に比重が置かれる場合を「仲間」とよぶことにしよう）。チェンバース（Chambers, D.）は述べている。「友情という紐帯は、『共同体』という概念と結びついた社会統合の感覚に取って代わる、ある種の親密性のあらわれとみなされはじめている。（中略）ポスト近代において、関係性の重心が親族と共同体のネットワークから個人的な絆へと移行するなかで、友情は特権的な位置を占めつつある」（Chambers, 2006＝2015：3-4）。「友人・仲間」はほとんどの人が結婚して「家族」をもつ時代でも重要なものであったが、未婚化・非婚化が進行すると共に、長寿化により配偶者に先立たれた後の人生の時間が延長されるなかで、さらに重要性を増しているといえる。「家族」と「友人・仲間」は親密性という点において隣接した領域にあり、それ故、相互に越境的な関係になることがある。すなわち「家族の友人化」と「友人の家族化」である。前者は「友だち夫婦」や「友だち親子」とよばれる対等性が強調された家族関係であり、後者は友人同士での「ルームシェア」や「シェアハウス」のように生活の共同性が強調された友人・仲間関係である。この友人・仲間同士の生活の共同性はルームやハウスといった狭い空間を出て、「地元」という地域社会に拡大することもある。たとえば宮藤官九郎脚本のＴＶドラマ『木更津キャッツアイ』は東京の辺境都市である木更津を舞台に、定職に就かずに家業の床屋を手伝う二〇歳の青年「ぶっさん」と彼のかつての高校野球部の仲間たち（地元仲間）の草野球と酒宴と窃盗ごっこの日々を描いたものだが、ぶっさんはガンで余命半年という設定である。宇野常寛が述べているように、「ここには、『社会や歴史が共同体を裏付けてくれない世の中』＝『ポストモダン状況下での郊外的空間』で、人びとが積極的に選び取った共同体のもつ、意外と高い強度が描かれている。

それは永遠のものでもなければ、超越したものでもない。他愛もない日常の積み重ねであり、しかも一瞬で終わるものだ。だが、こういった『終わりある日常』の『中』にこそ、人を支えるものは発生する──そんな確信が、宮藤の作品には溢れている」（宇野 2011：163）。

第三のタイプは「幸福の物語」から他者を排除し、彼らとの関係のなかにではなく、むしろそこから離脱した時間のなかに「幸福」を求めようとするもの、「孤独である幸福の物語」である。この場合の「幸福」は、「親密な他者」「かけがえのない他者」との関係から生まれるやすらぎ、心の安定（存在論的安心）ではなく、他者から距離をとることで生まれる心の安定であり、集団や組織の拘束からの解放感である。ある意味で個人化を続ける「幸福の物語」の究極の形といえるかもしれない。人里離れた場所で生活することへの憧れは、ソローの『ウォールデン　森の生活』（一八五四年）にみるように、近代の初期からあった。しかし、ここでいう「孤独である幸福の物語」はそうした空間的な分離によって生まれるものであるよりも、仕事の時間や家族の時間からの分離によって生まれるものである。一〇〇％の孤独な生活ではなく、他者とかかわり、集団・組織に組み込まれた普通の社会生活を営みながら、スイッチを切り替えるように、自分一人の孤独の時間をもつことのできる生活である。ポピュラーカルチャーのなかにその典型を求めるならば、TVドラマ（原作はコミック）『孤独のグルメ』（二〇一二年～）の主人公、井之頭五郎のような生活であろう。彼は個人で輸入雑貨商を営んでおり、営業であちこちを回る合間に食堂を見つけて一人飯を楽しむ。毎回、番組冒頭で流れるナレーションに曰く、「時間や社会に囚われず、幸福に空腹を満たすとき、つかの間、彼は自分勝手になり、自由になる。誰にも邪魔されず、気を遣わずにものを食べるという孤高の行為。この行為こそが、現代人に平等に与えられた最高の癒し、といえるのではないだろうか」。主人公が「時間や社会に囚われず、幸福に空腹を満たす」という「最高の癒し」を享受できるのは、彼がサラリーマンではなく（会社の昼食休憩時間からの自由）、独身で（家族時間からの自由）、そこそこの収入があり（数千円の昼食代）、健康だからである（かなりの大食漢）。

彼が入るのは常に初めての店であり、あたかも旅行者のようである。「時間」と「お金」と「健康」に恵まれた主人公が「旅」をするように日常を生きる（食事をする）物語、それが『孤独のグルメ』である。その点では、現代社会における相対的な強者である団塊の世代のシングル女性の老後を「自己努力」「自己救済」の視点から論じた上野千鶴子『おひとりさまの老後』に通じるところがあるといえよう。そこにある孤独は選択した孤独であって、強いられた孤独ではない。強いられた孤独とは孤立とよぶべきもので、「無縁社会」のイメージと結びついている。現代人は孤立に怯えながら、孤独に憧れている。

七　結　論

近代社会は愛情至上主義社会であり、家族中心主義社会であった。愛情至上主義社会とはさまざまな社会的資源のなかで愛情が至上の価値をもち、他の社会的資源、とくにお金との交換をタブーとする社会である。近代社会で愛情がそれほど高い価値をもつのは、産業化にともなって人びとの地域移動が盛んになり、伝統的な地域共同体が衰退し、社会的紐帯が弱くなった社会で、愛情が個人同士のみならず、個人と集団を結びつける接着剤としての役目を期待されるようになったからである（愛国心、郷土愛、愛校心、愛社精神……）。また、家族中心主義社会とは社会に遍在する（ことを期待される）愛情のもっとも濃密な場所として家族が位置づけられる社会である。近代社会で家族がそうした特別の場所とされるのは、家族が労働力としての人間の生産と再生産（ケア）の担い手とされたからである。職業生活や学校生活が競争原理の上で展開する過酷な場所であるからこそ、家族は暖かで心安らぐ場所でなくてはならなかった。

近代社会のこうした特質を考えると、「幸福の物語」の三つのニュー・バージョンは「多様化した家族の幸福の物語」

↓「友人・仲間といる幸福の物語」↓「孤独である幸福の物語」の順にポストモダン的になっていく。「多様化した家族の幸福の物語」では家族（概念的に拡張されてはいるが）と愛情は物語の必須条件である。「友人・仲間といる幸福の物語」では友人・仲間が家族に取って代わる（あるいは家族の比喩として使われる）が，愛情（友情）は依然として大切なものである。「孤独である幸福の物語」では家族であれ友人・仲間であれ他者や集団の姿が消え，愛情はそうした外部に向かう代わりに，内部に，つまり自己へと向かうだろう。ラッシュ（Lasch, C.）が『ナルシシズムの時代』を書いたのは一九八一年のことである。そこで描かれた自己愛の強いパーソナリティは，他者との深いかかわりや，持続的なかかわりを恐れながらも，家族や職場という舞台で「家族を大切にする（家族から愛される）私」や「仕事のできる私」という自己呈示の技法には長けていた。家族や職場がまだまだ強い磁場を有していた時代であったから，自己愛もそこから離脱することは難しかったのである。しかし，現代はもはやそうした時代ではない。家族や職場の磁場はかつての強さを失い，そこから離脱し，あるいは排除された自己愛は，オルデンバーグ（Oldenburg, R.）のいう「サードプレイス」（その典型は「カフェ」である）や，ラッシュの時代にはなかったネット空間に自己呈示の場を求めていくことになるだろう。

「多様化した家族の幸福の物語」，「友人・仲間といる幸福の物語」，そして「孤独である幸福の物語」はいずれもドミナントなストーリーではないが，ドミナントでないゆえに，相互に排他的ではなく，それらを組み合わせて生きることのできる物語である。また，機能不全をおこしているとはいえ，いまだ根強い人気をもつ「戦後家族モデル」を舞台にした「幸福の物語」を生きようとする人びとが，そのモデルの脆弱さをニュー・バージョンの「幸福の物語」を併用することによって補填しようとするかもしれない。現代は新旧の「幸福の物語」が併存する時代であるが，当分の間，どれかが覇権を握る（あるいは奪い返す）ということはなく，人びとは多元化し，複合化した「幸福の物語」を生きていくことになるだろう。

引用・参考文献

Chambers, D.（2006）*New Social Ties: Contemporary Connections in a Fragment Society*, Palgrave Macmillan.（辻大介ほか訳、二〇一五、『友情化する社会』岩波書店）

Giddens. A.（1991）*Modernity & Self-Identity: Self & Society in the Late Modern Age*, Stanford U.P.（秋吉美都ほか訳、二〇〇五、『モダニティと自己アイデンティティ』ハーベスト社）

長谷正人（2012）『敗者たちの想像力』岩波書店

石川啄木（1910＝1978）「時代閉塞の現状」『時代閉塞の現状・喰うべき詩』岩波文庫

岩波茂雄（1942＝1998）「回顧三〇年感謝晩餐会の挨拶」岩波茂雄『茂雄遺文抄人間の記録六七』日本図書センター

カタログハウス編（2002）『大正時代の身の上相談』筑摩書房（文庫）

Maeterlinck, M.（1908）*L'oiseau bleu.*（保永貞夫訳、一九九三、『青い鳥』講談社）

Mills, C. W.（1951）*White Collar: The American Middle Class*, Oxford University Press.（杉政孝訳、一九九六、『ホワイト・カラー』東京創元社）

牟田和恵（1996）『戦略としての家族―近代日本の国民国家形成と女性―』新曜社

野地潤家編（1972）『「野口英世」伝の研究』明治図書

岡田惠和［脚本］・進藤良彦［ノヴェライズ］（2004）『ホームドラマ！』竹書房（文庫）

大久保孝治（2001）「近代日本における人生の物語の生成」大久保孝治編『変容する人生―ライフコースにおける出会いと別れ―』コロナ社、一一―二五

大久保孝治（2013）『日常生活の探究』左右社

Oldenburg, R.（1981）*The Great Good Place*, Da Capo Press.（忠平美幸訳、二〇一三、『サードプレイス　コミュニティの核になる「とびきり居心地のよい場所」』みすず書房）

竹内洋（2005）『立身出世主義［増補版］―近代日本のロマンと欲望―』世界思想社

内田隆三（2002）『国土論』筑摩書房

上野千鶴子（2007）『おひとりさまの老後』（法研）

宇野常寛（2011）『ゼロ年代の想像力』早川書房（文庫）

山田太一（1982）『それぞれの秋』大和書房

山田太一（1985）『山田太一作品集2　岸辺のアルバム』大和書房

山田昌弘（2005）『迷走する家族―戦後家族モデルの形成と解体―』有斐閣

第三章　昭和初期と現代における養育困難な妊娠と養子縁組

――籍から愛へ

白井　千晶

一　問題の所在

養育困難な妊娠をめぐる現況

現代日本社会では、「へその緒がついた新生児が遺棄されているのを発見した」「コンビニのゴミ箱から、生まれて間もないと思われる遺体が見つかった」などの報道が後を絶たない。乳児院や児童養護施設などの社会的養護のための施設で保護されている子どもは、児童虐待で保護された子どもだけでなく、遺棄児や親の死亡、経済的理由など、親が育てられない子どもも含まれている(1)。匿名で乳幼児を「預け」られる私設の施設もある。日本では現在、熊本県の慈恵病院設置の「こうのとりのゆりかご」のみであるが、こうした施設は、韓国、ドイツ、フランス、イタリアなどでは数多く開設されている。アメリカ合衆国では全州で、病院や消防署で赤ちゃんを手渡せば遺棄罪として起訴されずに匿名で子どもを養子に出すことができる。このように、現代社会では、親が育てられない子どもの遺棄とその受け皿のあり方が社会の課題になっている。

産んでも育てられない妊娠（本稿では「養育困難な妊娠」とよぶ）をしたとき、現在日本では、刑法で堕胎罪が規定されているものの、母体保護法により妊娠二二週未満であれば経済的理由等での人工妊娠中絶が認められ、中絶数は年間約一九万件に及ぶ（二〇一三年：衛生行政報告例）。年次検証報告書によれば、虐待死は毎年約一〇〇人弱であるが（心中含む）、二割は出生当日の死亡で、母親が自宅等で出産し殺人または致死に至っている。虐待死の七割は、いわゆる「望まない妊娠」、二割は「経済的困難」で、出産前から養育困難が予測できたと考えられる。乳児院で保護されている乳幼児は三、〇〇〇人前後で、親権を育て親に移行する特別養子縁組は毎年四〇〇件前後しかない。

子どもの遺棄はかつてもあったが（沢山 2008, 土屋 2014）、子どもの遺棄、保護、養育をめぐる制度、さらに養育困難な妊娠や生まれた子どもをめぐる制度は、それぞれの社会、時代によって異なっている。

日本は「人口比では世界でもっとも養子の多い国」といわれたが（『世界大百科事典　第二版』）、相続養子、婿養子がほとんどだと推測される（統計上の区別はない）。かつては、相続養子や婿養子のほか、芸養子、妾養子、芸娼妓養子などもあり、育てられない乳幼児の養子縁組がどの程度あったかは不明である。というのも、「藁の上からの養子」とよばれる、養子縁組を経ず、育て親が実の子として出生を届け出ていた数が相当数あったと考えられるからだ。(2) 後述のように、筆者の産婆への聞き取りだけでも、自ら関わったとする証言が相当数あり、育てられない子を妊娠した場合に、実子として他所に養子に出すことは慣例的だったのではないかと思われる。(3)

一方で、現代社会では、助産師(4)が養子縁組に関わることはなく、(5) 妊婦や生母が養子に出そうとした場合に相談するのは、行政機関である児童相談所か、(6) 民間の相談機関である。

養育困難な妊娠への対処として、堕胎や人工妊娠中絶、嬰児殺し、遺棄（捨て子）、生みの親以外の家族成員（主に生みの親の親）による養育、(7) 児童労働者や里子として他家に入って養育をうける、施設養護や里親など社会的養護、養子縁組などの方法があり、それを取り巻く環境や制度は時代によって異なっている。本稿では、養育困難な妊娠の対処として養子縁組が選択される場合に焦点を当てるが、養育困難な妊娠と養子縁組をめぐる法制度は、表３－１の

表3－1　日本における養育困難な妊娠と養子縁組に関する制度（昭和10・20年代と現代）

	昭和10年～20年代	現　代
人工妊娠中絶	刑法で堕胎罪と規定。医師の病気証明書があれば可（1940年国民優生法以降は困難）[1]。	刑法で堕胎罪と規定。妊娠22週未満ならば経済的理由も可（1949年優生保護法改正により認められ，1976年まで28週未満，1977年から1991年まで24週未満）。
出生届	役所への出生届け出による。1948年戸籍法改正以降出生証明書の添付が義務付けられる。	同左
非嫡出子の民法上の位置づけ	明治民法から1942年民法改正まで子の父が認知した非嫡出子を庶子，認知していない子は私生子[2]。	子の父が認知した子は，嫡出子の2分の1の相続権をもつ（2013年民法改正，相続権は同等に）[3]。
養子制度	明治民法で養子縁組をなすのは戸主または推定家督相続人。家族が養子をとるさいは戸主の同意が必要。長男がある時は男子を養子にとれない。1947年民法改正により，直系卑属でない未成年子の養子縁組は家庭裁判所の許可が必要に。	1987年民法改正により特別養子縁組新設。特別養子縁組は婚姻している夫婦が6歳未満の子を養子とする。実方と子の親族関係が終了し，養子は実子と同等の地位を得る。養親が家庭裁判所に申し立て，審判が必要。
養子の仲介者	仲介を職能とする行政機関や民間機関はない。1947年児童福祉法制定により児童相談所が全国に設置される。	公的機関として左記児童相談所が担う。特別養子縁組の創設により1988年より養子縁組を業としておこなう民間機関・個人は社会福祉法に基づく第二種社会福祉事業として届け出る。

注1）精神疾患，知的障害，ハンセン病患者に対する優生目的の断種（不妊手術），堕胎手術はあった。それ以外の妊婦の場合，生命に危険があって医師による堕胎適用証明を発行しても，さらに警察の証明書が必要だった。

2）庶子の父が戸主のとき，庶子は父の氏を称し，父の戸籍に入る。庶子の父が戸主以外であるとき，戸主の同意があれば戸主の戸籍に，ないときは母の戸籍に入る。私生子は母の戸籍に入るが，私生子も庶子（父に入籍した者を除く）も，母の戸主が同意しない場合は，非嫡出子を戸主とする新たな家を設ける（一家創立）。その場合母の戸籍には非嫡出子を出産した事実は記載されない。

3）認知の有無にかかわらず母と同一戸籍。

ように昭和前期と現代では大きく異なっている。

簡潔に説明すると、一九四九（昭和二四）年まで経済的理由による人工妊娠中絶はできず、多くの場合、妊娠したら産む以外の選択肢はなかった（さらに、表中に含めていないが避妊も難しかった）。妊娠した女性が婚姻していない場合、一九四二（昭和一七）年までは、非嫡出子の法的地位は庶子と私生子にわかれ、女性側の戸主の同意も、女性の相手（子の父）側の同意もえられないときは、子どもは誰の戸籍にも入れず、子を戸主とする一人戸籍を新たにつくることになっていた。子どもの養子縁組は、生みの親から育て親への親権の移行という法的地位の変更をともなうものである。（普通）養子縁組は、戸籍には養子であることや実方が記される。それらが記されない「藁の上からの養子」が、戸籍上、生みの親にも育ての親にも利点があったといえるのはこの点である。また、一九四七年までは養子縁組を業務とする公的機関はなく、私人に任されていた。現代社会では、実子と同等の特別養子縁組が民法に規定され、児童相談所が要保護児童を里親委託し、その子と養子縁組するケースが特別養子縁組の四分の三を占める。残りの四分の一は第二種社会福祉事業として養子縁組仲介を行う民間機関による。

先行研究と本稿の課題

白井（2012）は、明治、大正、昭和期の親に育てられない子どもの養育のありようを資料分析から明らかにした。明治期、大正期生まれで昭和一〇年代~三〇年代に活動した産婆の聞き書き（白井 2013a）からは、彼女たちが行った「藁の上からの養子」や法的手続きをともなう養子縁組仲介のありようが明らかになった。

現代の養子縁組に関する研究として、法制度や福祉分野の研究は枚挙にいとまがないが、当事者の視点からの研究は、養親や不妊当事者の立場からの研究（安田 2012）、養子の立場からの研究（野辺 2011）はあるものの、仲介者の立場からの研究、養子に出す女性の立場からの研究はほとんどみられない。白井（2014）は、養子に出した女性一五人の語りから、社会保障・福祉制度があるなかでさえ、自ら養育できない条件を明らかにした。社会学以外の分野では、社会福祉学で子どもの福祉という観点から（たとえば萬屋 2012）、産婦人科学・助産学・看護学分野では特定妊婦の支援という観点から（たとえば長嶺 2014, 山岸 2015）の研究があるが、「支援」のあり方が論じられていて、なぜ妊婦が養子縁組を選択したかはわからない。欧米では養子に出した女性自身による著書が刊行され（たとえば Dischler 2006）、養子縁組を題材にした映画も多い(8)。

先にあげた白井（2014）では、生母が親からの虐待やマルトリートメントなどによってインフォーマルな支援（たとえば親との同居による共同養育）がえられないこと、性的暴行や風俗による妊娠などフォーマルな支援（たとえば児童扶養手当）があっても養育が難しいことがわかった。白井（2016）では、養育困難な妊娠において、社会的養護、遺棄、人工妊娠中絶ではなく養子縁組を選択したのは、胎児を「何より守るべき命」とみなしていたからだと提起した。しかし、「命」を守ったとして、生みの親である自身が各種支援をうけながら育てるより、親権も移行して、見ず知らずの他者が育てたほうがよいと決断した論理はなんだろうか(9)。母子心中もいとわなかった「母性」規範（田間 2001）に内的変化があるのではないか。

本稿では、昭和一〇年代から二〇年代に「藁の上からの養子」に携わった産婆が養育困難な妊婦や育て親について語ったこと、現代社会で養子に出した女性が語ったことを比較分析することにより、昭和前期と現代における、養子が最善である、それ以外に選択肢はないと考えるそれぞれの論理を明らかにしたい。それは当事者の語りや経験からしか知ることができないことであるし、その論理が社会に共有されて制度化しているとするなら、親子、子ども、生命に関する規範や価値の一端を浮き彫りにすることになるだろう。

表３－２　調査概要

「非血縁的親子関係の形成に関する調査」 「リプロダクションの医療化研究」（10J40128）の一環として，不妊治療でなく養子縁組，里親制度により親子関係を構築した当事者にインタビューを実施した。調査協力者のうち15名が養育困難で養子縁組に託した女性だった[1)]。
「地域社会における助産師の活動に関する調査」 「地域社会における助産師の活動に関する調査」として質問紙調査を実施（2002年），その後インタビューに了承した148人に「リプロダクションの医療化研究」（10J40128）の一環としてインタビューし，昭和期に活動した78人に養子縁組に関わったか尋ねた。

注１）調査は2016年現在継続中である。

調査概要

本稿では、二つの調査データを使用する（表３－２）。ひとつは調査が対象とした時期は現代で、自ら出産した子を養子に出す経験をした女性へのインタビューである。もうひとつは地域社会で活動した大正・昭和一桁生まれの産婆・助産婦に対する聞き取り調査で、養子縁組に関わった経験を尋ねたものである。対象とした時期は、昭和一〇年代～二〇年代における養子縁組の実践である。

二つのインタビュー調査は、二〇一〇年から二〇一三年に、文部科学省科学研究費研究として実施した（10J40128）。インタビューは対象者の自宅や居所等で行い、対象者の同意をえて録音し逐語録を作成した。引用にあたっては、個人情報保護のため骨子に関わらない範囲で内容を変更した箇所がある。

二　現代社会における養育困難な妊娠――「生母」の語り

まず、現代社会における養育困難な妊娠について、当該女性が養子縁組を選択する理由をどのように語っているか検討したい。養子縁組を選択するに至った環境的要因については、白井（2014）ですでに検討したため、環境的要因については必要な場合にのみ記載することにする[(10)]。個人情報保護のためインタビュー年は表記せず、インタビュー時期（産前産後の時期）を記載した。

表３－３　養子に出した女性（2010年代）のプロフィール

A 1	インタビュー時25歳，産後約１週間。妊娠判明は妊娠６ヵ月。派遣社員。子の父は交際男性（アルバイト）。
A 2	インタビュー時20歳，妊娠９ヵ月。妊娠判明は10～12週。求職中。子の父は交際男性（求職中）。
A 3	インタビュー時23歳，産後数日。妊娠判明は７ヵ月。資格勉強中。子の父は交際男性。

「血縁を越える」ストーリー

Ａ１、Ａ２、Ａ３が共通して語っていたのは、「血のつながりは関係なく」（Ａ１）、「育てる人の方が子どものことを考えてくれる」（Ａ２）、自分の子は「よその親と親子になっても幸せ」（Ａ３）、ということであった。つまり、子どもにとって重要なのは親の愛情と環境で、愛情と環境は血縁に関係がなく、自分よりも他の人の方が子どもを幸せにできるから、養子縁組の方がいい、という論理である。

Ａ１は、自分自身が非血縁のさまざまな大人に愛情をうけた一方、母親の再婚相手という法律的つながりをもつ義父とは情緒的つながりを感じられなかったことから、子どもが乳児のときから「温かい家庭」で育つことを希望しており、それは自分たちよりも第三者の方が提供できると考えている。

父の借金が原因で父母が離婚して、母も借金を背負って、働きづめだった。家に誰もいなくて、私は夜中まで知人の家に預けられた。祖父母にも育てられた。いろいろな人に育ててもらった。血のつながらない育てのお父さんお母さんお兄ちゃんがいっぱいいて、今でも可愛がってもらえる。
母が再婚した男性は、好きではない。今もお父さんとは思っていない。今回のことで戸籍を取ったら、父と養子縁組して私は養女になっていた。だから子どもの立場がわかる。物心ついてからお父さんだといわれても無理。
血のつながり関係なく、温かい家庭で育つのがいいと思う。だから養子に出す。（Ａ１）

次のＡ２は、家庭環境から経済的に苦労して退学、そのために就職が決まらず、交際相手と結婚して子どもを育てる選択ができなくなったと考えている。無理をすれば二人で育てられるが、それでは子どもが自分と同じように経済的に苦労すると考え、「今の私たちが育てるより絶対いい環境で育ててあげられる」養子縁組を決めた。そして「自分の子どもではなく育ててくれる人の子ども」だと考えようとしている。

親も若くてでき婚でお金に苦労して。下のきょうだいが進学して、自分の学費が払えなくて、大学を中退した。妊娠は初期にわかって、二人で育てようといっていて、二人とも仕事が決まったら親にいえると思っていた。仕事が決まらなくて、彼の実家に頼りながら一緒に暮らすかと思ったけど、こういうスタートの切り方で幸せにやっていけるのか。乳児院に預けるのは、親に頼るのと同じだし、さらに子どもがかわいそう。

若い時に貯金がゼロから育てるのと、二五歳とかで貯金があって育てるのと違う。お金がなくて、夫婦がギスギスしたら、親が幸せじゃなかったら、子どもも幸せになれない。

血のつながりがあっても駄目になってしまう家族もあるから、血のつながりよりも環境。自分が産んだ子でも、よその親と親子になっても、その子は幸せになれる。今の私たちが育てるよりも絶対いい環境で育ててあげられる。（A２）

子どもは幸せになれるけど、わたしはすごく寂しい。なるべく考えないようにして、気持ちを絶つ。でも忘れ去ることはできないし、会いたいと思う。でも、割り切れなかったら、何の為に養子の選択をしたかわからない。自分たちが育てられる環境になってから（共働きで自分に自信がもてて、貯金もある程度たまって、子どもの高校大学の学費が出せる目処ができてから）、子どもを産む。将来産んだ子には養子のことは話さない。その子も複雑になるし、養子に出した子は自分の子どもではなく、育ててくれる人の子ども。情を感じたら困るのは自分たちなので、私たちも赤ちゃんも安定して暮らせる方法をとるのが一番。

養親は経済的に安定している三〇～四〇歳ぐらい、できれば子どもが一人もいなくて、後からきょうだいを迎える予定がない人がいい。すごく子どもがほしい人だから、でき婚の人より、子どものことを一番に考えてくれる。（A２）

次のＡ３は妊娠がわかって「嬉しかった」と語り、社会で一般に「望まない妊娠」と称されていることとは違って、パートナーとも「妊娠先行型」の結婚を予定していたという。

結婚が頓挫してしまい、精神的に追い詰められていたのだが、「お腹の赤ちゃん」の視点で考えて、自殺しないで赤ちゃんのために生きよう、幸せな家族をうらやむのではなく、こういう家庭に行ってほしいと願うようになったと語っている。そして「この子だったら、どこへ行っても幸せになりそう」だから、自分が一人で育てるのではなく、養子に出そうと決めている。


彼氏と結婚前提に付き合っているつもりで、妊娠して嬉しかった。彼もすごく喜んで。するはずだった結婚がうまくいかなくなって、（地域の偏見の目があって）シングルマザーは無理だと母が養子縁組を見つけてきた。飛び降り自殺する寸前で、お腹の赤ちゃんがすごく動いて吾に返って、赤ちゃんのために生きていこう、死んじゃ駄目だと思った。お腹の赤ちゃんが止めてくれた。

それまでは自分がしんどいからお腹の赤ちゃんのことを考えていなかった。お腹の赤ちゃんのことを優先で考えたら、私が嫌と思うことでも、赤ちゃんにはいいのかもしれない。

私が育てた方が幸せになるかとも思ったけど、親の反対を押し切って、駆け落ち同然で彼と三人で暮らしても、祖父母がいなかったらかわいそうだし、周りの人も子どもを祝福してくれないと。出産の費用もなくて、現実的に無理。妊娠して、親にだけ育ててもらったのではなくて、周りの人も大事だとわかった。

幸せそうな家族をみるとうらやましくて辛かったけど、赤ちゃんのことしか考えなくなってから、赤ちゃんがこういう家族に行ってほしいという気持ちが強くなっていった。ちょっとお母さんらしいことをしてあげよう。子どもをみていると、すごくかわいいから、手放したくない気持ちがやっぱり出てくるけど、養子に出すのは決めているから、この子だったら、どこへ行っても幸せになりそうだと思う。

お金があったら駆け落ちしていて、赤ちゃんを不幸にしていたかもしれない。（Ａ３）

Ａ３もまた「この子だったら、どこへ行っても幸せになりそうだ」と、親子関係は「血縁を越える」と思っている。これらの語りに共通しているのは、自身と他の親を並列に考え、自己の感情よりも「子どもにとって」どの環境がよいかを思案していることである。そこでは、子どもにとっても、育て親にとっても、血のつながりはまったく関係ないことが前提になっている。自己の感情より子どもの環境を優先することが「母親らしいこと」とされている。それは「母という認識」という論点で次に論じる。

「母」という認識

Ａ１は現実的に育てられないと認識していると同時に、出産後も養親に委託したあとも「今でも育てたい気持ちはある」と語っている。「自分の子どもが一番かわいい」「私に似てきた」と子どもへの強い愛着があることを語っている。しかし、乳児院に預けても一緒に暮らせるかわからないから、「最初からかわいがってもらえる家庭で」「家族でいた方が幸せ」なので養子に出すといっている。


最後まで、産んで育てるか養子に出すか悩んだ。

養子縁組機関のサイトで、赤ちゃんが幸せに育っていることがわかった。

自分の子どもが一番かわいい。親ばか。養子に出すけれど、今でも寂しい。育てたくないといったら嘘になる。でも幸せになってほしい。家族でいた方が幸せ。彼と二人ではまだ育てられない。乳児院に入れたら取り戻すのが大変らしい。ならば最初からかわいがってもらえる家庭で。

赤ちゃんもスタート、私もスタート。第二の人生をちゃんと歩いていこうと思う。赤ちゃんの写真が携帯の待ち受け。赤ちゃんに恥ずかしくない親でいたい。子どもの成長を楽しみに頑張るので、成長をみてみたい。（Ａ１）

Ａ３は、結婚が破談になり、親が反対するなかで彼と駆け落ちするのは、周りが祝福してくれない、祖父母がいないとかわいそうだと選択せず、周囲の目があってシングルマザーは無理だと母親が養子縁組を見つけてきたのだが、その母と仲たがいしてでもシングルマザーで育てることは選ばなかった。しかしその母親も後に、「赤ちゃんのために動こう」と決めて養子縁組を探したのだとわかる。Ａ３が自殺を踏みとどまったときも「赤ちゃんのために生きよう」「赤ちゃん目線で」と、子どもを中心に置くことを優先していたが、それが「お母さんらしいこと」だった。子どもへの愛は、手放さないことよりも、子どもの幸せを願って、「血のつながり」と関係なく親を選択することで達成される。子どもが成長した写真は、切なさや後悔で自らを苦しめるのではなく、「いいところに行った」と感謝が湧くもので、「会える日まで恥ずかしくない生き方をして会いたい」といっている。

母は、誰のために動いていいかわからないから、赤ちゃんのために動こうと一番に考えていたみたい。私が泣いていると、赤ちゃんに悪いでしょうと怒られて。（Ａ３）

一人目は養子に出しちゃったけど、同じ間違いがないように、ちゃんと結婚して子どもができて、祝福されて認められるように。そのためにこの子ができたかなという考え方ができるようになった。赤ちゃんの成長を写真でみられるので、ニコニコ笑っているのをみたら、いいところに行ったなと感謝の気持ちが大きいと思う。自分を捨てた親になんか会いたくないといわれたらどうしようと思ったけど、みんないい子に育っているから、会いたいといってくれる子だったらいい。何も変わらなかったら恥ずかしいから、赤ちゃんに会える日までに、恥ずかしくない生き方をして会いたい。自分で育てられないような生活をしてきたのは自分たちだから。（Ａ３）

このように三人の女性は、親子の情緒的つながりや子どもへの愛情は「血のつながり」に関係がなく、「血縁を越えて」親子になれると考えて、養子に出すことを決めていた。その根底にあるのは、自らと他者を比較して最善の「子

表３－４　養子の仲介に関する助産婦インタビュー協力者のプロフィール

ID	生　年	開業年	ID	生　年	開業年
B 1	昭和一桁	昭和 30 年代	B 10	大正 10 年代	昭和 20 年代
B 2	大正 10 年代	昭和 20 年代	B 11	昭和一桁	昭和 30 年代
B 3	大正 10 年代	昭和 20 年代	B 12	大正 10 年代	昭和 20 年代
B 4	昭和一桁	昭和 20 年代	B 13	大正 10 年代	昭和 20 年代
B 5	大正 10 年代	昭和 10 年代	B 14	大正	開業年不明
B 6	大正 10 年代	開業せず	B 15	大正一桁	昭和 30 年代
B 7	大正 10 年代	昭和 10 年代	B 16	大正 10 年代	不明（２人とも）
B 8	昭和一桁	昭和 20 年代	B 17	大正 10 年代	昭和 20 年代
B 9	大正 10 年代	昭和 10 年代	B 18	大正 10 年代	昭和 20 年代

どもの幸せ」を叶えることが、母親としてすべきことだ、という考えである。

三　昭和前期における養育困難な妊娠——産婆の語り

では、昭和前期はどうだったのだろうか。共同体において結節点として、養育困難な妊娠をしている女性の支援と養子縁組仲介を担った産婆・助産婦が語ったありようを整理していく。養子の仲介に関わった産婆は、生母や養親、養子のその後を生き生きと語っている。そこでは、産めない親と生みの親の心情や、産婆・助産婦の心情が語られている。

育てられない理由

まず、育てられない理由について、表３－１にも記載した、非嫡出子の法的地位、「私生子」があげられた。子の父が他の女性と婚姻しているとき、子の父が認知すれば、父の戸籍に入る。子の父が認知しないとき、子の母の戸主が認めれば戸主の家の籍に入るが、認めなければ、母が記載されない子ども一人の戸籍（一家創立）となる。(11)「出生届を出そうとしたら、男がハンコを押さない、まだ離婚していなかったんだ」という状況が判明するなど、女性は窮地に立たされる。そこで、戸籍に産んだ記録が残らない、子どもが養子である戸籍も残らない「藁の上からの養子」は、産む女性にも、養子を迎える夫婦にも、最善の方法と考えられたのである。実際には、第二次世界大戦中の一九四二（昭和一七）年民法改正で庶子と私生子の区別は廃止されたが、家制度と非嫡出子の区別は継続する。戦後、一九四七（昭和二二）年の民法改正後に家制度が廃止されたが、戸籍制度のもとで非嫡出子の身分は現在も継続している（二〇一三年民法改正で相続分は嫡出子と同等になった）。

女中をやってて妊娠した人とか、上司の子を産んだり。出生届けを出すときにまだ離婚していないと、私生子になるでしょ。実家におくか、よそへくれる。（B1）

訳ありはわかる。本妻がいるから、籍入らんもん。子が浮く。（認知して父親のほうに）籍を入れるのは医者ぐらい。普通は籍は入れんわ。私生子だからね、産んだところの親に不始末といわれるから。（B2）

多子や民俗的慣習としてタブー視された双子も、養子に出す理由となった。次の「二人連れてうちに帰れない」は、生んだ当人よりも共同体が双子を忌避したことを想起させるし、「オムツが三人」の多子年子家庭に子どもをくれないかと頼んだ行為からは、多子で養子に出すことがままあることだったことが示唆される。

双子が生まれて、嫁さんが田舎だから、二人連れてうちに帰れないから、何とかしてくれっていわれて。（B3）

子どもができない人に頼まれていて、九人産んで年子の人にほしいといったけど、子どもが多くても子はやれないと断られた。（B4）

次のB5では、私生子ではなくても、「訳あり」で、育てられないことが語られている。女中や仲居など、住み込みで家庭・世帯に入って主人の子を妊娠したり（させられたり）、当時「混血児」とよばれた子どもを妊娠したり、夫が出兵中にできた子だったり、である。

旅館のおなご衆（仲居）が旦那さんの子をはらまされた。もらい手がなければ、子どもは別のところで働かせて、産んだ親は東京に行って顔を隠して、風呂屋のおなご衆になる。（B5）

身元のわかった人の縁組をしてた。いいうちの未婚のお嬢さんが妻子のある人と子どもができて、当時は中絶ができなかったから、わからないように産んだ。（B4）

親が許さなくてできた小学校の教員の子ども。（B6）

ここの大手企業は恋愛（不倫）すると退職になる。養ってくれる人はいないかと。出生届をあけて書いた。（B7）

昔はおろせないから、しくじった子は、ご近所に内緒になるの。だから半年ぐらいうちで一部屋もらって、朝昼晩とお食事を運んだ。当時はみんな訳ありだったの。（B8）

戦争当時だから、よその人とつくってみたり。田舎の親にお金を送れというから東京に来てみたら、学生同士で子どもが生まれていて、親がお産したところに何とかしてくれといってきたり。アメリカ兵のいうこと聞かなきゃなんないから、アメリカの子どもを産んでみたり。（B9）

お母さんが赤ちゃん産むのに入院しているときに、家でお母さんの姉妹と旦那の間でできた子。自宅で産んで、近所に子どもの泣き声が聞こえるから、うちに預かって下さいと連れてきて、家に連れて帰らないの。お産のあとに

姉妹は行かしちゃいけない。（B８）

大学生と女学生といってるけど、違う。二号だったんだ。（B２）

最後の例では、「大学生と女学生」と養親や周囲にはいっているが、実際には「二号」で入籍できない子だったことが語られている。「いいうちの未婚のお嬢さん」のように、養子の評価が下がらない一定の属性があったことを予想させる。裏返せば、その一方に、年長の子、施設の子、浮浪児、「混血」児など、養子として忌避された属性がある（白井 2012）。

養子に出して「喜んだ」女性

現代の女性が、未婚の母という選択肢もあるうえで養子に出しているのと対照的に、「二号さんの子」「親が結婚を許さない若すぎる女性の子」「不倫」などには、自分で育てるという選択肢がない。そのため、養子に出せて生母は「助かった」「安心した」「喜んだ」と語られている。

籍も入れないで連れて行ったから（「藁の上からの養子」にしたから）、もらう方もあげる方も喜んだ。（B４）

産んだ人は泣きながらじゃなくて、根本的には喜んだ。私生児だから助かった。男の籍に入れられない。産んだ子だからかわいいだろうけど、どうにかならないかといっていたから、安心したんだ。（B４）

その背景には、人工妊娠中絶という選択肢がない時代に、育てられない場合には、養子に出すか、産んだ人の家が育てるか、育てないか、という選択肢しかないことがある。次の語りでは、「育てない」という選択肢があったことを示唆している。それに比べて、産む人にも、産婆にとっても、養子に出せたことは喜ばしいことだったのだろうか。

若い娘の妊娠に母親が気づいて。生まれたとき、お母さんの親が私にこうしてくれっていうんですよ。（そばにあったタオルをとって、赤ちゃんの顔にかぶせるしぐさ）口ふさいでくれって。だから、面会に来たときに、赤ちゃんにそんなんされたら困るから、私、（席を外すときには赤ちゃんを診察室に置いておかないで）奥へ連れて行ったの。（B10）

養子に出した女性の「つらさ」

では、養子に出せて女性はただ安堵したのかというと、そうでもない。しばしば養子に出した女性が「泣く泣く離した」と、自らの子に強い愛着を表していたことが語られてもいる。

育てられなくてどうしてもという人があったら。やだね。あんまり好きじゃない。産んだ親の気持ちがかわいそうでね。（B11）

四人目で育てられない人の最後の顔が辛くて。あれは辛い。赤ちゃんが来た方は、両親もその親も喜んで、赤ちゃんがいると明るくなるといっていたけど。（B12）

一方は喜んでみえるが、一方は涙流して別れなさる。実のお姉さんに渡しなさった人も、やっぱり涙ぐみなさった。ああいうお世話は罪やなぁと思って、やるもんやないと思ったねぇ。自分が親の立場でみたら、たまりませんよ。

片一方は喜んでみえる、片一方は走るようにして泣いて行きなさる。（B13）お産になってから飛び込んでくる人がいて、来れば扱った。そうすると子どもを置いていく人もあった。自分でお乳をあげて、一ヶ月みたら子どもは離せない。その子どもを捨てるというのは、よっぽどつらい事情があったんだと思いますよ。（B8）

泣く泣く離しはった。（B10）

ところで現代女性の場合、A1とA2は、自分で養子縁組という方法を探し、親には妊娠出産の事実も知らせていない。A3は結婚を予定していたこともあってか妊娠当初から親に知らせ、養子縁組という方法を最初に提案したのは母親だった。

昭和の産婆・助産婦が語った事例は、妊婦が親に秘密にした例はなく、むしろ親が養子に出すことを決めている。たとえばB10がそうである。人工妊娠中絶を姑が決めた事例でもそうだが（白井 2013a）、妊娠の事実は「家」で共有され、妊娠の結果も「家」で決定される。産婆・助産婦が語る養子に出した女性の悲しみは、「母性」としても、「家」権力のもとで「自己決定できなかった女性」としても語られている。

「血縁を越える」ストーリー

養子に出すつらさが産婆の語りでも、現代の養子に出した女性の語りでも語られていたのと同様に、「血縁を越える」ストーリーも双方で語られていた。「生みの親より育ての親」で、「里子に出した子より養子がかわいい」、「手塩にかけた子がかわいい」、という。

血のつながりじゃなくて、里子に出した子より、養子がかわいいといったものです。結局、手塩にかけた子がかわいい。『次郎物語』（下村湖人）、『しろばんば』（井上靖）は里子に出されて実親になじめなかった話。養子をもらって数年後に子どもができた家では、上の子をかわいがっていたから、下の子の方が自分が養子だと思っていたくらい。（B4）

かわいがって育てるから、それが親だと思うわけ。（B1）

不思議とその親に似るもんなのね。いい息子でさ。（B14）

立派な子に育ったよ。生みの親より育ての親っていうでしょ。（B2）

こうした「血縁を越えて親子になる」ストーリーは、いかにその親子関係が成功裡だったかを語るために、しばしば「養子の成功」でもって語られる。

生みの親に会ってもいいのよといったけど、ここで育てられたから母親はあなただと。今は結婚して子どももいて、いい子ですよ。
大きくなってからの養子縁組だと他人だけど。（B4）

弁護士になるために勉強しているいい子。その人は今でもお中元お歳暮を贈ってくれる。（B15）
遺産ももらって幸せになった。（B3）

助産婦ａ：私が若かったらもらっちゃうなと思っちゃった。かわいい子で、いい子でね。
助産婦ｂ：そういう出される子って、頭はいいし。私が世話してやった人も、すごく親思いで親切な。（Ｂ16）

いいところの大学生同士。質はいいんだよ。もったいないくらい血筋はいい。育てる人は優しい、いい人。お金で売買じゃないから、収入はあんまりだけど、優しいからいいと思ってね。（Ｂ17）

今は立派な看護婦さんになって三人子どもがいるの。（Ｂ18）

このように、養子の成功のキーワードは、看護師、弁護士などの職、親思い、親孝行などである。しかしなかには「血縁を越えられなかった」ストーリーが語られることもあった。生後八ヵ月で子どもを迎えた親は、扱いがわからないのか、人見知りか、返した例として語られた。

女中さんやってて子どもができて、子どもがない人に八ヵ月で渡しなさったけど、よう育てませんってもらった方の人が返しなさる。（Ｂ13）

もう成人したんだから会いに行ってもいいんだよといっても会いたくないって。もらわれたうちの籍に入っていない子は、親に会いたいって。（注：前者は「藁の上からの養子」、後者は生みの親の籍のまま養子になっていない子）（Ｂ15）

Ｂ15では、藁の上からの養子でもなく、養子縁組の法的手続きをして養親の籍に入ってもおらず、生みの親の籍に入ったまま、育て親のもとで育った子どもについて、「養子縁組の失敗」の証拠として「生みの親に会いたいといっている」ことが語られている。一方で、藁の上からの養子は、「生みの親に会いたくないといっている」ことが、養子縁組の成功の証拠として語られている。つまり、生みの親に会わなくてかまわないのは、育て親が唯一の親だと思っており、養子縁組の成功パターンと考えられていることがわかる。現代社会では、生みの親と育ての親、「複数の親」が前提になっていることと対照的である。

仲介者の心情

産婆・助産婦は、養子の仲介は、養子に出した女性、養子を迎えた親、養子本人を助ける「人助け」だと語っていた。なかには一歳近くまで預かった例もあるという。

人助けだから。双方が喜ぶでしょ。法律には反するけど、人間としての幸せにはなるでしょう。お金儲けではないの。幸せのため。（B4）

一歳近くまでうちで預かった子どももいた。別れるときは涙ぼろぼろで別れた。うちの主人が、行くとこなかったら、うちの籍に入れたれや、と。でも、向こうに養子に入れて三ヵ月後に来たら、向こうの親になついてしまって、しらっとして、本当にがっかりした。（B8）

ただし、「命を救った」という表現はなかった。「人助け」の「人」は、妊婦と養親であって、「胎児」ではない。養育困難な妊娠をしている現代女性が「赤ちゃんを中心に置いて」考えることは先に述べたが、その女性たちが相談する養子縁組仲介機関でも、守るべき「命」として胎児を表している。たとえば「小さな　そして大切な命が慈愛に満ちた環境で育まれる事を願って」（命をつなぐゆりかごトップページ表題）、「新しい命の未来、一緒に考えましょう」

（ベビーライフトップページ表題）、「小さな命を消さないで！」（2013/11/27）、「この命守りたい」（2013/5/18）（ベビーぽけっとブログタイトル）などである。[12] しかし産婆の語りでは、胎児は何より優先すべき超越的な存在としては語られなかった。中絶や養育放棄が身近であった社会では、まさに「命を救って」いるのだが、それが語りのなかで「命を救う」という形で焦点化することはなかった。

四　結　論

人助けから命の救済、籍から愛へ

養育困難な妊娠が養子縁組に帰結した場合について、昭和一〇～二〇年代と現代を比較すると、妊娠して困っている人と、子どもが生まれなくて困っている人の「人助け」から、現代では「子どもの幸せ」あるいは「命の救済」へと移行し、子どもは、代替不可能な特別な存在に変わったことがわかる。子どもの命を守り、幸せを願うのが母の役割であり、子どもの幸せをかなえる愛と環境は「血のつながり」と関係がない。それゆえに母親は生活保護を受給したり、周囲と関係を断ち切って産んだ子を育てるのではなく、幸せを願って他者に養子として託すのである。

また、昭和前期にも子どもの幸せに焦点を当てることはあったが、子どもの幸せは「籍（戸籍）」が「うまくいく」かどうかに左右されていた。私生子で一家創立（母の名も載っていない一人戸籍）、私生子で母の家に入籍、父に認知されて父の家に入籍、母の籍のまま育て親の元で養育、育て親と養子縁組、「藁の上からの養子」などの選択肢のなかで、実子関係を偽る藁の上からの養子は、「籍通り（養い親と子どもが実子関係）」で、最善とされたことがわかった。

このように、養育困難な妊娠への対処は「人助け」から「子ども第一（Child First）」へと移行し、子どもの最善は

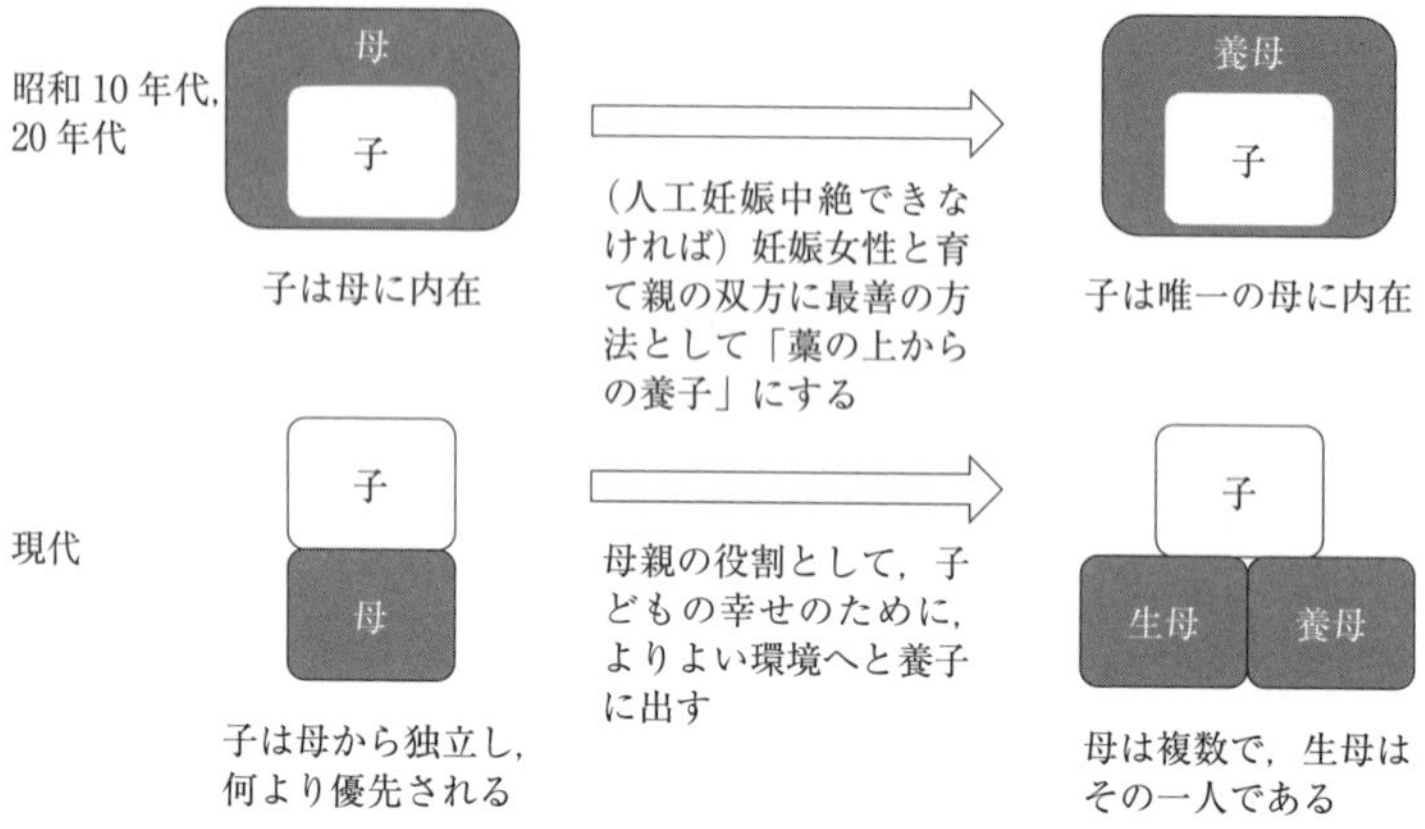

図3－1　養子縁組からみえる母子関係と子ども観

「籍」から「愛」へと移行した。

「血縁を越える」ストーリーと「子どもの幸せを願う生母」

また、昭和前期の養子縁組の親子関係は、生みの親に会いたいというか否かで親子関係の成否が判断されていた。会いたいということは、育て親を「唯一の」親と思えない証拠として認識された。それに対し、現代の女性は、子どもに「恥ずかしくない」「第二の人生」を生きて、子どもに会えること、子どもが幸せで満たされていて「いい子」に育っているがゆえに生みの親に会いたいということを励みに頑張ると語っている。女性が自身の養育と他者の養育を同じ土俵に並べて、最善の養育者を選択したのと同じように、子どもにとっても「生みの親」と「育ての親」が併置されるという「親の複数性」が前提になっている。欧米では養子に出した女性は、Birth Mother（生母、生みの親）という「母」の一人と示される。複数の親のうちの一人であり続けるから、養子に出せるのである。

以上のように、現代社会において養育困難を理由に自らの子を養子に託す女性の語り、昭和期に養子に託す女性の支援を行っていた産婆の語りから、養子縁組を選んだ環境要因だけでなく、養子に出すことが最善もしくは唯一の選択とする内的論理が明らかになった。昭和前期においては、非嫡出子ではなく、嫡出子、しかも藁の上からの養子で、養子でなく実子になることが「籍」の上で最善とされていたが、現代社会では「血のつながり」に関係なく親子関係は構築可能だと考えられ、だからこそ「最善の親」を与えることが「生みの親」の役割だと認識されていた。その背景に、子どもを親の私的所有物とせず、親から独立した存在と考え、それに「命」という絶対的に優先すべき価値を与えていることがあるだろう。これらを示したのが図３－１である。

すなわち、現代の女性は、子は母から独立した存在で、（子を手離す自分のつらさよりも）子の幸せを優先するのが母としてできることだから養子に出すと語っていたが、昭和一〇年代、二〇年代にはそのような論理で選択されたとは語られない。（出生届を偽って）育て親の実子になることが、生みの母にも子どもにも最善だとされた。母親は一人であり、育て親を唯一の親と思って孝行することが「いい養子」だった。一方、現代社会では、母親は複数性が前提とされ、生みの母は、子どもに誇らしく再会できるよう第二の人生を構築すること、また子どもが生みの母に会いたいと思うほど健やかな育て方をしてくれる養親に子どもを託すことが自身の役割だと考えている。

妊娠・出産した子を養子に出すということは、かつても今も、標準的な出来事ではないし、それを経験することは標準的なライフコースではない。しかし稀な出来事である「養子に出す」経験の語りからは、各種資料やテキストからわかるような、プライベートでインフォーマルな「藁の上からの養子」からパブリックでフォーマルな手続きに基づく養子へという法制度に沿った推移だけでなく、昭和前期と現代の母子の関係性、母の役割の違いが明らかになった。その背景には「お腹の赤ちゃん」「子ども」「いのち」の独立性と優先性に基づく生命観の変化、窮地に立たされた時の対処のメカニズムの変化がある。本稿は、社会学において、当事者の語りは、各々の社会で共有されている文化、社会のメカニズムを照らし出す有用な手がかりであり、社会学は社会のメカニズムを明らかにしようとする絶え間ない試みであることの一例である。

付記　本研究は、ＪＳＰＳ科研費10J40128の助成をうけたものです。

注

（1）児童養護施設に措置された主な理由は、虐待の割合がもっとも高く三七・九％、次に父母の精神疾患等一二・三％、破産等の経済的理由五・九％、父母の就労五・八％となっており、父母の行方不明は四・三％である（その他・不詳は一四・九％）（五年おきに実施されている児童養護施設入所児童等調査・平成二五年）。

（2）「藁の上からの養子」は、実子でもなく養子縁組もしていないとして、相続無効を訴える「親子関係不存在確認請求」が数多く申し立てられ、判例では藁の上からの養子は保護されてこなかった。

（3）民法で規定されているのは縁組行為であるため、縁組によって養親となる（口語では養子を取る）ことを「養子をする」といい（第七九二条）、養親は「養親となる者」、縁組後は「養親」という用語が使用されている。養子本人は「養子となる者」（第七九七条）、縁組後は「養子」、養子に出す者は「養子となる者の父母」（第七九七条）、縁組後は「養子の実方の父母」と表されている。本稿では、妊娠・出産して自らの子を他者の養子にする女性に焦点を当てるため、「養子となる者の父母」という表現は適切ではない。家族社会学、文化人類学、民俗学の用語法にならい養子の実方の縁組行為を「養子に出す」、養子の養方の縁組行為を「養子を取る」、養子からみた縁組行為を「養子になる」と表すことにする。

（4）明治期に各府県で定められたのが産婆、法令で助産婦という名称が使用されたのは一九四八年、助産師に改称されたのは二〇〇二年で、本稿では時期に基づいて使い分ける。

（5）民法で特別養子縁組が創設されてから、養子縁組支援は第二種社会福祉事業とされ、都道府県に届出義務をもつ非営利の事業とされた。二〇一五年一〇月時点で二二団体・個人が届け出ているが、助産師個人はない。

（6）母子保健所管の保健センター、子育て支援所管の行政所管課が相談をうけた場合も、子どもの措置は児童相談所が行う。

（7）本稿では詳察を控えるが、生みの親の親が生んだように出生を届け出て、きょうだいとして育てたことも多かったという証言が複数あった。

（8）養子に出した女性の視点から描いた映画で日本で上映されたものとして『愛する人』（二〇一一年日本公開）、『あなたを抱きしめる日まで』（二〇一四年日本公開）など。

（9）白井（2014）では、一五人のインタビューから、【自分が養育しないことを子の最善の利益とみなす】、具体的には、非血縁的親子を肯定すること、自分より他者の養子となったほうが経済上、家族構成上子どもが幸せだと考えることが、養子に出した要素六つのうちのひとつとして抽出された。本稿ではこれを詳細に検討したいと考えている。六つの要素は、【フォーマルな福祉へのアクセス不能・拒否】【インフォーマルな福祉へのアクセス不能】【自分が養育しないことを子の最善の利益とみなす】【人工妊娠中絶の非選択】【養子縁組以外の選択肢の非選択】【若年】であった。

(10)　A1は白井（2014）のID05、A2はID11、A3はID12である。

(11)　昭和二〇年代、時には三〇年代の出来事を語るときにも、当時より前の法制度に基づいた語りをしている。

(12)　これらの養子縁組仲介機関は、キリスト教を基盤とする「プロライフ」団体ではない。

引用・参考文献

Dischler, Patricia（2006）*Because I Loved You: A Birthmother's View of Open Adoption*, Goblin Fern Press; a edition.

長嶺悦子（2014）「医療者として実母を受け止め、寄り添うことの意味」『里親と子ども』九、三一―三六

野辺陽子（2011）「実親の存在をめぐる養子のアイデンティティ管理」『年報社会学論集』二四、一六八―一七九

沢山美果子（2008）『江戸の捨て子たち―その肖像―』吉川弘文館

社会保障審議会児童部会児童虐待等要保護事例の検証に関する専門委員会「子ども虐待による死亡事例等の検証結果等について」（年次報告）

白井千晶（2012）「明治後期から昭和中期における組織・団体の養子縁組への関与」『新しい家族』五五、一三八―一四四

白井千晶（2013a）「昭和期における助産婦の仲介による養親子関係の創設について―とくにいわゆる『藁の上からの養子』について―」『和光大学現代人間学部紀要』六、一五五―一七四

白井千晶（2013b）「第二次世界大戦前・後のインフォーマルな養子仲介のありようについて―産婆・助産婦による仲介を中心に―」『新しい家族』五六、一三六―一四一

白井千晶（2014）「妊娠葛藤・子の養育困難にある女性の養子に出す意思決定プロセスと公的福祉―特別養子縁組で子を託す女性の語りから―」『和光大学現代人間学部紀要』七、五五―七五

白井千晶（2017）「女性の『責任』―『いのちの大切さ』と『子どもの幸せ』の時代に―」松岡悦子編『子どもを産む・家庭をつくる人類学』勉誠出版（近刊）

田間泰子（2001）『母性愛という制度―子殺しと中絶のポリティクス―』勁草書房

土屋敦（2014）『はじき出された子どもたち―社会的養護児童と「家庭」概念の歴史社会学―』勁草書房

山岸由紀子（2015）「医療機関と母子保健・児童福祉の効果的な連携」『助産雑誌』六九（一〇）、八二六―八三二

安田裕子（2012）『不妊治療者の人生選択―ライフストーリーを捉えるナラティブ・アプローチ―』新曜社
萬屋育子（2012）「生みの親から育ての親への橋渡し―赤ちゃん縁組・新生児里親委託の取り組み―」『こころの科学』一六六、四五―五一

第四章　知識と心配の道徳性
——内部被ばく検査の結果報告を語ること／聞くこと

西阪　仰

一　問題の所在

知識と感情は、社会学において重要なテーマでありつづけてきた。たとえば、マルクス（Marx, K. H.）以来、あるいはマンハイム（Mannheim, K.）以来、知識は何らかの社会的条件と関係づけられてきた。感情も、ゴッフマン（Goffman, E.）以来、社会学の重要な課題のひとつとなっている。本稿で考えたいのは、知識および感情の社会的条件というよりは、それ自体の社会性である。とくに、知識をもつこと・感情をもつことの道徳性である。たとえば、デュルケム（Durkheim, E.）が『宗教生活の原初形態』の「結論」において、論理的思考の生成に対して社会生活が果たした役割、あるいは概念の形成と社会生活との関係について思考をめぐらしていたとき（デュルケム 1975）、すでに「道徳的感情」と知識の本質的結びつきが想定されていたにちがいない。また、ガーフィンケル（Garfinkel, H.）は、社会生活の背後に（気づかれていない）さまざまな規範的期待があり、怒りや不安という感情がこの期待と深く関係していることを示した（ガーフィンケル 1989）。

一方、知識の社会性というとき、知識そのもの（知識の内容）の組織自体が社会性を帯びているという主張がある。

数学や自然科学、さらに論理の正しさも、最終的にはそれが他者（もしくは研究者集団）によって受け入れられるかどうかに依存しているという考え方など、である（たとえば、ブルア 1988 など）。あるいは、ガーフィンケルらは、自然科学上の発見がまさに「発見」という資格をえるのは、観察という活動の具体的な（偶発的な）展開に依存することを示した（Garfinkel et al. 1981）。感情についても、一方で、たとえばゴッフマンが、おもに感情の表出が（たとえば、葬式では笑ってはいけない、というように）社会的にコントロールされていることを緻密に観察してきたのに対して（ゴッフマン 1974, 1980 など）、他方で、感情をもつことそのことが、社会的な諸規則に支配されているという考えもある（たとえば、ホックシールド 2000）。あるいは、感情の（自己もしくは他者への）帰属は、そのつどの状況に適切なやり方でなし遂げられなければならないという考え方もある（クルター 1998）。（感情の社会学の包括的なレビューについては、ターナー 2007 を参照されたい。）

本稿では（ガーフィンケルらと近い立場から）、知識と心配（という感情）にどうしようもなくまといついている道徳性に、人びとがどのように向き合っているかを、ひとつの相互行為場面に即して明らかにしてみたい。知識と心配は、概念的に結びついている。ある知識をえること（たとえば、ある人が無事に家に戻ったことを知ること）は、心配の解消につながるし、逆に、ある知識をえること（たとえば、ある人がまだ家に戻っていないことを知ること）は、心配と結びつく。どのような知識によりどのように心配が解消されるべきか、あるいはどのような知識に基づきどのように心配するべきか。この道徳的問いは、社会生活を営むすべての人びとの実践的な問いである。実際の相互行為のなかで、この問いと人びとがどう格闘し、かつ知識と不安というテーマそのものに人びとがどう向き合っているのか。本稿では、このようなことを考えたい。

二〇一一年三月の地震のあとの津波により、原子力発電所が事故をおこし、その結果、多くの放射性物質が空中に放出された。福島県内のいくつかの病院において、体内の放射性物質の量を検査することで、内部被ばくの状況を把握するとともに、住民の心配に応えるこころみがなされている。私の研究室では、二〇一四年に、内部被ばく検査の結果について医師が受検者に説明する場面を、四つビデオに収録する機会をえた。一人の医師と七名の受検者に参加いただくことができた。（ビデオの撮影にあたり調査参加者には文書による研究目的・撮影手順・ビデオデータに対する権利の説明のうえ、同意をえた。また引用に当たっては、人名・施設名・県以下の地名など、すべての固有名を変えてある。）

このビデオから、受検者が自身の心配について語っている部分を切り出し、それをいわゆる「会話分析」（サックス他 2010）の手法により分析した。本稿は、その分析に基づいている。以下、次の二つの問いに答えていきたい。ひとつは、この説明場面において、相互行為参加者たち（医師と受検者）は受検者の心配をどう取り扱っているのか、という問いである。わざわざ内部被ばく検査をうけに来る人たちは、放射性物質に関する何らかの心配を抱えているはずである。この（抱えているべき）心配がどう取り扱われるかを明らかにする。もうひとつは、検査結果を語るということが、この相互行為のなかでどのような役割を担うのか、という問いである。この説明場面は、そもそも内部被ばく検査がきっかけとなっている。参加者たちにとって検査結果は、かれらの相互行為に方向性を与えるものである。このことを示すとともに、それがどのようになされているかを明らかにする。

最初に、知識と心配の道徳性について概観したあと（二節と三節）、医師が検査結果を語ることに関するひとつのパターンを記述する。そのうえで、知識と心配の道徳性がどう絡み合っているかを明らかにする（四節）。ついで、相互行為の展開において、その絡み合いが解除され、知識問題と感情問題が異なる問題として扱われる様子を記述する（五節）。最後に、知見をまとめながら、コミュニケーションの道具としての検査の意味を考察する（結論）。

```
医　師:　　ん::　で　(.h)　↑一応　あの::　nnhn　おかあ↓さん:　放射せい
　　　　　 カリウムって↓知ってます↑:?
来院者:　　(0.4/.pth)
来院者:　　<ちょっと>　<<来るまえには　勉きょう[しては>>　<来たん>↓で=
医　師:　　　　　　　　　　　　　　　　　　　　[ん　ん
来院者　　 =　す[け↓↓ど　なにがなん↓だかさっ↑ぱり[わから↓ないで↓↓す(h)　=
医　師:　　　　[ん　ん　ん　ん　　　　　　　　　　[(°°　　　　　　°°)　=
来院者:　　=　[　.h　e　h　]　　hhhh
医　師:　　=　[(°°　°°)]
```

断片４－１

二　知識の道徳性

知識をもつことは、さまざまなやり方で道徳的に制約されている（Stivers et al. 2011参照）。その道徳性にはいくつかの水準が区別できる。第一に、成員カテゴリー（サックス 1989）と結びつく知識の道徳性がある。たとえば、「社会学者」というカテゴリーによって特徴づけられうる人物は、マックス・ヴェーバーが西欧近代の成立について何を述べたかを知っているべきである。あるいは「母」と特徴づけられる人物は「子」の年齢・誕生日などを当然知っているべきである。

一方、第二に、知識の道徳性は、局所的に相互行為に持ち込まれうる。断片４－１および４－２を検討しよう（断片内の記号については本稿末尾の付録を参照のこと）。断片４－１は、母親（来院者）が子どもとともに受検したあとのやりとりである。医師は、放射性カリウムの知識について質問している。一～二行目の医師の質問は、知識があることが同意になるように組み立てられている。それに対する来院者の答えは、「さっぱりわからない」（六行目）である。が、実際の返答は、かなり複雑に構成されている。単純に否定するのではなく、知識をえる努力「は」行ったことが述べられるとともに（四行目）、七～八行目では、笑いが付加されている。すでに会話分析のこれまでの研究において、同意の返答は端的になされる一方、不同意は、遅延、言い訳、正当化などをともなうことが見出されている（Pomerantz 1984, Sacks 1987, Schegloff 2007 など）。実際の来院者の「勉強はしてきた」という発言が言い訳として聞きうるかぎりにおいて、来院

```
1  医　師：    で::: .hhh えっと:: 例えば たかしさんの結果で言うん
2              だったら↓::, °んん::::° 放射性カリウムって
3              ご存知[ですか?
4  来院者：          [↑ああ はい,
5  来院者：     [<はい>
6  医　師：     [>(カリウムって) ご存知ですか<
7  来院者：    バナナとか:: [(に)入ってるやつですね?
8  医　師：                 [ああ:: >そう, そう, そう, ↓そう<
```

断片４－２

者は、知識のないことを望ましからぬことと扱っている。また、来院者の笑いは、おかしなこと（冗談など）に対する反応ではない。ジェファソン（Jefferson, G.）は、しばしばトラブルを語るとき、笑いにより深刻さの軽減がなされることを指摘している（Jefferson 1984）。来院者の笑いも、知識の欠如を何らかのトラブルととらえていることのあらわれであろう。

　このように、知識の道徳性は、問いの組み立てに組み込まれることもありうる。断片４－２は、この問いに組み込まれた道徳性を別の面から明らかにしてくれる。医師は、別の来院者に対して、ここでも放射性カリウムの知識について質問している。医師の問いは、断片４－１と同様に、知識のあることが同意の返答となるように組み立てられている。来院者は、「ご存知」という表現を聞いたところで、「はい」と答え（四行目）、医師の問いが言い切られたあと、もう一度ゆっくり「はい」と答える（五行目）。この返答は、端的で（どうして知ったか、などの説明をともなっていない）、笑いもともなっていない。しかし、医師は、六行目で（三行目とほとんど同じ表現の語尾を下げた形で）聞き返しを行う。この聞き返しには、何らかの驚きが表現されているようにも思える。実際、続く七行目で来院者は、この聞き返しに対して、端的に「はい」と答えるのではなく、その知識をもつことの実証となっている。ここから次のようにいえるだろう。知識に関する質問の組み立てに知識をもつこの望ましさが組み込まれるとしても、これは、質問者自身の個人的期待を必ずしも反映しているものではない。しかし、この組み立てをもつ質問がいったんなされるならば、返答者の側に知識の道徳性への志向が生じる。だから、知識がない場合

には、返答において、それは望ましからざることのように扱われる。

もちろん、そもそも、知識のあることが同意の返答となるよう質問が組み立てられるということ自体、偶然ではない。もし一般的に知識はないよりももっているほうがよいという期待があるならば、その組み立てはこの一般的な期待にしたがったものといえるだろう（ボイド&ヘリテッジ 2015）。つまり、一般的に望ましいと期待されていることが、同意の答えとなるよう、その質問は組み立てられている。そのかぎりにおいて、この質問の組み立てそのものがすべて局所的に達成されているわけではない。しかし、一方で、「知っているか」と聞くか「知らないか」と聞くかは、この一般的な期待によって決定されるわけでもない。そのかぎりにおいて、右の（問いに組み込まれた）道徳性は、前者の形式の問いが、実際の相互行為のなかで産出されたという、相互行為上の局所的な事実に基づく点は、かわりない（この点については六節［結論］の議論も参照のこと）。

三　心配の道徳性

心配も道徳的に制約されている。一般的に、小さいことでいつも心配する人は、しばしば非難されるかもしれない。一方、心配の道徳性も、局所的に相互行為に持ち込まれうる。たとえば、心配が表明されたあとその理由が問われるならば、その心配が理由説明の必要なものと扱われたと聞かれる場合がある。断片4－3は、その例である。この断片に先立ち、来院者は、自身の母乳内の放射性物質についての心配を表明していた。医師は、一～二行目において、その理由を「どうして」という形で問うている。それに答えるにあたり、来院者は、自分の心配が「変」である可能性に言及している（四行目）。あるいは、心配の強さ（「すごく」）を打ち消すことから始めている。つまり、理由説明を求める問いへの返答において、「すごく心配」であることが必ずしも適切でない可能性への志向、すなわち心配

医　師:　↑ん ん::ん .hhh 結↓こう なんなんだ その< 母乳がすごい心配
　　　　ていうのはどうして しん配だっ↓の↑::?
　　　　(0.8)
来院者:　ああ::-: p す:ごく <しん配って> いったら変なんですけど[:::
医　師:　[°ん::ん_°
来院者:　[あの::
医　師:　[w-b-ぼ- ぼ-母にゅうがとくに心配だっ↓た理由ってとくに
　　　　なんかある↓か[(な)
来院者:　[ああ.hh やっぱり こ- 赤ちゃんってこう(.)な↓んて
　　　　いうんですか↓ね

断片４－３

の道徳的な適否への志向があらわれている。実際、医師は、その志向を見てとり、来院者の発言を遮りつつ（来院者は六行目で「あのー」と何かをいい始めている）、七行目で最初の問いを言い換える。この言い換えは、次の点で特徴的である。最初は「どうして」と問うていたのに対し、今度は「理由ってとくになんかあるか」と尋ねている。すなわち、新たな問いは、理由説明を求めるものではなく、むしろ理由の有無を尋ねるものとなっている。理由の有無を尋ねる問いは、理由説明を求める問いと異なり、理由の存在を前提としない。それは、そもそも「理由がない」という返答を許容する。同じ理由に関する問いであっても、心配の理由説明を求める問いは、その心配が理由説明されるべきものであること、したがって、それが通常のものではかならずしもないことを含意しうるのにたいして、理由の有無を尋ねる問いにおいては、そのような含意は弱められる。実際、言い換えられた質問に対しては、来院者は、理由だけを述べ始める（九～一〇行目）。理由説明の要求により心配の道徳性が相互行為にもたらされうること、このことに医師自身が敏感であるのを、医師の質問の言い換えに見てとることができよう。

心配の道徳性には、そのほか、状況にきっかけをもつものもある。本稿で検討している相互行為の場合、状況とは、受検という状況である。任意での（医師の指示によらない）受検には、何らかの心配が関与していることが規範的に期待されている。このことは、ヘリテッジ（Heritage, J.）らが、一次医療の急患来院における、医者にかかることの正当化問題として考えていたことと、かかわっているだろう（ヘリテッジ

&ロビンソン 2015)。ヘリテッジらによれば、急患来院者は、来院を正当化する十分な症状があることにつねに志向している。来院者は、主訴の提示にあたり、聞かれてもいないのに、しばしば来院の前に自分なりに努力をしたこと(売薬を飲んだけれど治らないなど)、十分待ったこと(二、三日様子をみたけれど改善しないなど)を述べる(ハルコフスキー 2015も参照)。来院が「なぜいまか」という問題は、受検者にとっても問題となりうるだろう。特定の心配をもつことによって任意の受検は正当化されるにちがいない。しかし、その心配は強すぎるものであってはならないだろう。なぜなら、もし強い心配があるならば、もっと早く来院するべきだったことになりかねないからだ。ともあれ、どの程度の心配をもつべきかは、状況によっても制約されうる。

次の節では、受検理由として語られた心配に応接して医師が説明を行うとき、局所的にもたらされる心配の道徳性に対して、検査結果への言及がどうかかわるかを、考察する。そのなかで、知識の道徳性と心配の道徳性が相互行為参加者の志向においてどう交差するかの一端を明らかにしたい。

四　説明の終局としての検査結果

説明場面のビデオを繰り返しみていてもつ印象は、医師にとってこの説明場面は、ある種の「教育」機会となっているのではないかということである。断片4－4にみえるように、医師は、来院者の心配もしくは「気になること」の表明をうけて、まずは「一般的」な説明を行うことがある。断片4－4では、そのあと、医師は検査結果に立ち戻っている。つまり、来院者の心配等の表明に応接するのに、最初に一般的な説明が行われ、この特定の来院者(およびその家族)の個別の検査結果によって、その応接が終えられることが観察できる。断片4－4は、途中を割愛し、4－4－1と4－4－2に分割して提示する。断片4－4－1の直前で、来院者は、野菜等の産地が選べていないた

医　師:　ま' いちおうね:: あの:: まあ- あの:[::#::#=
来院者:　[°°°ん°°°
医　師:　=[さん地がどうこうみたいな はな↓しって:: あの:
来院者:　[°°°ん°°°
医　師:　いろいろ- いろんなことゆう人[いると思うけど:
来院者:　[は:い
医　師:　ちょっと一般的なはなしだけ ちょっとしとくと::
医　師:　.hhh あの:#::# ↑放射性セシ↓ウムって:: こう
↑どろとすごく強くくっつくんです↓よ
来院者:　はい
医　師:　べったっ[↓て
来院者:　[んん::↓ん
(.)
医　師:　で:#::# y- ぎゃく: 言うと: ･･･

断片4－4－1

医　師:　まあ普通の野菜類ってもう ほ↑とんど検出しな:い
来院者:　ああ:::::
医　師:　だから: (.) あの::: お母さんとおんなじような結果に
なって:: (.)
医　師:　だから- 要は いま:_ 母乳もないし お母さんから
も [出ないってことは=
来院者:　[はい
医　師:　=いま::の 食生活でほとんど食べてないってことでしょ?
来院者:　.TSh なん- あ そうですね:: あの:: .hh その 先生が
言われるまで その ま- >私も< 地元産てゆう その括り:?
その (0.2) その[:: 泥がどうだ[なんて わからないんで::
医　師:　[ん ん　[gh GHn ((咳払い))
来院者:　地元産ていう括りだけだったんですけど::
.hh なんか そう言われるとちょっとほっとしました.

断片4－4－2

めに、内部被ばくに関する心配が生じていることを訴える。産地が選べないことは心配の十分理解可能な理由であるだけでない。紙幅の都合上具体的なやりとりは引用しないが、来院者は、その訴えのなかで、これまで子どものことに手がかかり検査をうけることが難しかったことも語る。もちろん、医師は、なぜ検査にもっと早く来なかったかの理由を尋ねたりしてはいない。にもかかわらず、来院者があえてその理由(「なぜいまか」)に言及するのは、前節で述べた「状況にきっかけをもつ」心配の道徳性への志向のあらわれにほかならない。一方、断片4－4－1で開始される医師の説明は、来院者の訴えに、すなわち局所にきっかけをもつ。断片4－4－1で医師は、福島県産の野菜の摂取がどのような影響をもちうるかについて、説明しようとしている。七行目では、そこから始まる説明が「一般的なはなし」であることが明らかにされる。

さらに、一行目では、以下の「はなし」が、必ずしも、この場面設定（検査結果の説明という設定）にとって必然的なものではないことが、たとえば「一応ね」（一行目）という表現により示される。あるいは、七行目の「ちょっと」「だけ」という表現とともに、以下の「一般的なはなし」は、主要な話題の外にあるものであることが示される。

断片4－4－2は断片4－4－1の数分後である。一～二行目では、まだ「一般的なはなし」の続きがなされている（福島県産の野菜類では放射性セシウムがほとんど検出されないと述べられる）が、五～六行目で、ふたたび来院者（「お母さん」）の具体的な検査結果が述べられる。そのとき、医師は、説明の本来の軌道に戻って来たように聞こえる。それだけでなく、ここにおいて、現在進行中の医師の説明は、終局にいたりつつあるものと聞くことができる。実際、当人たちがそのような捉え方をしているようにみえる。医師は、五～六行目で来院者の検査結果に言及したあと、八行目でこの検査結果の解釈を提示する。そのとき、その解釈の提示は、同意を求める形（「ってことでしょ？」）を取っている。それに続く来院者の応答も、まずは次の点で特徴的である。医師が一般的な説明を行っているあいだ、来院者は、医師の発話の（文としての）区切りにおいても、「はい」「んん」「ああ」という最低限の応答のみを繰り返す（断片4－4－1の一〇行目や一二行目、あるいは断片4－4－2の二行目）。すなわち、そのようにして、あくまでも説明がまだ続いているという理解を示している。あるいは、説明の受け手であることを続けているといってもよい。それに対して、（断片4－4－2の）八行目で同意が求められたあと、ここでも「そうですね」という同意表現により最低限の応答のみを産出することができたにもかかわらず、同意を示す表現を一切用いることなく、医師の説明全体に対する総括的なコメントを行っている（4－4－2の九行目以下）。すなわち、直前の同意の要求に応えるのではなく、むしろ、これまでの説明全体に応えることで、来院者は、説明そのものがここで終わったという理解を示している。このように、一般的な説明のあと検査結果が言及されるならば、相互行為参加者自身がそこに説明全体の終局を見出していることがわかる。

来院者は、総括的コメントとともに、医師の説明により安心したことを表明する（「ほっとしました」一四行目）。心配が道徳的に制約されているのと同様に、安心も道徳的に制約されている。つまり、安心することも、しばしばその理由説明（なぜいま安心したのか）を必要とする。実際、断片4－4－2における来院者は、自身が安心したことの理由を述べているだけでなく、その理由を、心配の理由と明確に結びつけている。すなわち、来院者は「地元産という括り」という表現を用いることで、放射性物質の摂取と食物の産地とを関係づけていたことこそ、自分の心配の原因であったことを明確にしている。いいかえれば、そうでないと知ること（医師の説明は、産地がどこかよりも野菜の種類のほうが重要だというものだった）が安心の理由であるとわかるように、来院者の九行目以下の発話は組み立てられている。さらに、一一行目で「わからないんで」という表現を用いることで（つまり、来院前はわからなかったと明確に述べることで）、安心したことを、新しい知識をえたことと明確に結びつけている。

このように、来院者は、心配の道徳性だけでなく、安心の道徳性（理由説明の必要性）への志向をも明かにしている。一方で、局所的に出現した心配の理由（産地を選べなかったということ）に明確に結びついた安心の理由を述べることにより、他方で、その安心の理由を（心配の理由を否定する）新たな知識の獲得と明確に結びつけることにより、来院者は、まさにその安心の理由を、この相互行為の局所的な秩序において十分合理的と理解できるものとして提示する。次の節では、知識と感情が二つの異なる問題として分離してしまう事例を検討することで、この節とは別のレベルにある、知識の道徳性と感情の道徳性との関連について、考察しよう。そこでは、知識と心配は、先に述べたような「概念的な関係」にあるだけではない。いずれがいま（この、相互行為のこの、時点において）問題なのかが、相互行為参加者自身にとって問題となりうる。

五　知識問題と感情問題の拮抗

次の断片（断片4－5）に先立ち、来院者は、いろいろ調べてみると情報が多様すぎるということを述べていた。医師は、来院者に「たとえば、どのような情報が気になる」かを尋ねると、来院者は、放射性物質の摂取基準に関する、ヨーロッパと日本の違いをあげた。「たとえば、ドイツとかヨーロッパでは、子どもの摂取は三か四ベクレルくらいだったと思いますけど、一キロあたり、その野菜とかなんとかで。日本だと、一〇〇じゃないですか」。それに対して、医師は、まず、「三か四ベクレル」に制限するべきだといっているグループもあると応じる（一～三行目）。はじめに大雑把な流れを確認しておこう。この医師の（一～三行目の）発言に対して、来院者が四行目で、新たな情報をえたことを（「ああ」という表現を用いることにより）主張する。そのあと、医師は、五～八行目で、福島県における放射性物質の摂取に関する一般的な状況の説明を行う。続く一〇行目から一七行目において、放射性物質の摂取と検出との一般的な関係を述べたあと、一九行目において、来院者の具体的な検査結果に言及する（「これ出てない」）。ここでも、断片4－4と同様の、一般的説明から個別の検査結果へという説明の軌道が観察できる。

このやりとりからは、いろいろなことが分析的に引き出せる。第一に、来院者自身の個別の検査結果に言及することは、現在進行中の説明が終局にいたりつつあることと理解できる。とりわけ、二〇－二一行目の医師の発話の組み立ては、この点で特徴的である。一九行目の「出てない」という検査結果から、「っていうことは」という表現により、その検査結果の意味を説明しようとしていることが明確にされる。そしてその（明らかにされる）意味は、「あなた

医　師：　ん:::ん あの .hh ドイツだと三か四だといってるのは
あれは: 三か四にしたほうがいいといってるグループが
いるんです[よ
来院者：　　　　[あ(Hh) は(hh) ああ::: ああ::[::
医　師：　　　　　　　　　　　　　　　　[それは
医　師：　あの 実際に .h で ま その百ベクレルって
いってますけど: 実際に いまの福島で: <一にち> セシウムを
<一ベクレル> 食べてる人も ほとんどいません.
来院者：　あh あ:: ああ:::[:
医　師：　　　　　　　[あの- (.) 要は 一ベクレル食べてる
と: あの:: さっきのこの小さいやつで検出しちゃうん
ですよ.
(0.8)
来院者：　あ そうなん[ですか.
医　師：　　　　　[はい
医　師：　で:_ みなさんが二ベクレル食べてたら: 一日 二ベクレル
食べてたら これでだいたい出ます:. [tp
来院者：　　　　　　　　　　　　　[ほん::んん::[んん:ん
医　師：　　　　　　　　　　　　　　　　　　[これ 出てない
っていうことは: あなたは たぶん 一日に 二ベクレルは 食べて
ないです.
来院者：　ほんん:::んん:::ん
医　師：　°ん:ん° ていうことは 言えます. だから百ベクレル パー キロ
っていう基準があるかもしれないけれど: .hh その基準 関係なく
あなたは 二ベクレルも食べてない[です:
来院者：　　　　　　　　　　　　[ふ:::ん んん んん
医　師：　°ん° ていうことは 言えます=データ的にはね?
(0.4)
来院者：　(じゃ') 国の: 公に決まってるってわけじゃないんですか:
あれは.
(.)
医　師：　ん?
来院者：　そのドイツとかヨーロッパで:: [(　　　) とか:

断片4－5

は……一日に二ベクレルは食べてない」というものである。これは、来院者の現在の食生活に問題がないという結論と聞けるかぎりにおいて、説明全体の終局と聞けるだろう。さらに、（一六行目から引き継がれている）「二ベクレル」という表現は、来院者が最初に日本の「百ベクレル」という摂取基準に対してヨーロッパにおける摂取基準として提示した「三か四ベクレル」という数値表現と関連付けて聞くことができる。つまり、来院者が最初に「気になること」として語ったことに含意されうる来院者の心配に対する「解決」（来院者の放射性物質摂取量は、ヨーロッパで主張されている「摂取基準」と比較しても十分低い値であるという「解決」）として、聞くことができる。

第二に、にもかかわらず、断片4‐4の場合と異なり、検査結果を含む医師の発話（一九〜二一行目）のあと、来院者は、医師の説明全体に対する応答を行うことはない。それまでと同様、新たな情報をえたことの主張のみを、「ふーん」という間投詞の使用だけにより行い（二二行目）、どのような情報をえたかを具体的に示すこともない。いわば、いまだ医師の説明が続いているかのように、よき聞き手であることのみを行っているようにみえる。

それに対する医師の発話（二三行目）がきわめて特徴的である。医師は、小さく来院者の応答を受け止めたあと（「ん」）、「ていうことは言えます」という文法的に不完全な（「ていう」という、文法的には文頭に来ることのできないはずの表現から始まっている）発話単位を産出する。すなわち、この発話単位は、来院者の応答以前の、医師自身の発話にいわば「寄生的」（林 2005）に組み立てられている。だから、この発話は、それまでの説明の続きを行っているというよりは、むしろ、いったん終わったはずの説明をいま一度完了するものというべきだろう。また、二三〜二五行目の発話順番全体は、「あなたは二ベクレルも食べてないです」という、医師自身の二〇〜二一行目の応答に先立つ）発話部分（「あなたはたぶん一日に二ベクレルは食べてないです」）とほぼ同じ表現で終えられている（とくに、日本語ではほとんど用いられない二人称代名詞〔「あなた」〕も同じように繰り返されている点も特徴的である）。このように、二三〜二五行目の発話順番全体は、あくまでも、本来二一行目の時点で終了していたはずの説明をもう一度終えるために産出されたものと聞くことができるだろう。

それに続く来院者の応答（二六行目）も、二二行目の応答とほぼ同じ形を取っている（「ふーん」の強調された形が用いられている）。それに対して、医師も、二三行目と同じ表現（受け止めと「ていうことは言えます」）を用い、再度、終了しなおすことを試みる。

たしかに、二三～二五行目の再終了の試みにおいては、「百ベクレル・パー・キロっていう基準があるかもしれないけれど」という表現が加わることで、来院者の最初の「気になる」情報についての発言との関連づけが、より明確にされている。二七行目における二度目の再終了の試みにおいても、「データ的にはね」という表現により、一九～二〇行目の「これ出てないっていうことは」の解説がなされている。つまり、いずれの再終了の試みにおいても、新しい説明が加わることはないものの、一九～二一行目における元の終了の試みに対して、なんらかの明確化の操作が加えられている。ここから、この二つの再終了の試みにより、医師は来院者からの、（本来あるべき）説明全体への応答を追求しているといえよう。そのかぎりで、医師は、検査結果を述べることが説明の終わりを含意するものであること、とりわけ、その検査結果がそのつど特定の来院者の個別具体的な状況について「問題なし」を含意するかぎり、検査結果が述べられたあと、説明全体に対する（心配が解消されたなどの）実質的な応答が期待されること、このことへの強い志向を示している。

第三に、このようなコンテクストにおいて、一八行目と二二行目における来院者の情報の受け止めは、期待された応答を産出することに対する、ある種の「抵抗」とみなされよう。それが何に対する抵抗であったかは、二度目の再終了の試み（適切な応答の追求）のあとの、来院者の発言より明らかとなる。二九～三〇行目で来院者は、医師の（一～四行目における）放射性物質摂取に関する一般的説明以前の発言、すなわち、来院者が「気になること」を語ったことに直接応接する発言（子どもの放射性物質摂取基準を三か四にしたほうがよいといっているグループがあるという説明）の内容について、確認を求めている。しかも、「じゃ」という表現により、この点こそ、医師の説明全体の要点であるかのように語っているようでもある。つまり、来院者は、医師の説明の要点を、心配無用という感情問題から、ヨーロッパと日本の摂取基準の違いに関する知識問題へと差し戻している。来院者の「抵抗」は、医師の説明の内容に対する不同意ではなく、むしろ、個別の検査結果への言及が含意しうる感情問題への抵抗だったというべきだろう。

この来院者の発言のあと（三二行目）、医師は、「ん？」ともっとも「開放的な」形で聞き返しを行っている（シェグロフ他 2010）。この聞き返しの形式は、直前の発話に関してなんらかのトラブルがあったことを示すが、それがどのようなトラブルであったか（聞き取りのトラブルであったのか、理解のトラブルであったのか、など）は、何も示さない。にもかかわらず、続く三三行目の来院者の発言より、来院者自身、そのトラブルを聞き取りのトラブル以上のトラブルとみなしていることがわかる。なぜなら、来院者は二九行目の発話を単に繰り返すだけでなく、現在の発言を自分の最初の発言と明確に結びつける表現（「ドイツとかヨーロッパで」）を用いて、発言全体を言い直しているからである。つまり、来院者自身の次の理解、二九行目の自身の発言が、二七行目までの医師の説明の展開とうまく接合していないという理解（それが医師のトラブルであったという理解）が、三三行目の言い直し方にあらわれている（Drew 1997 参照）。

なぜ来院者は、感情問題に抵抗し、知識問題にことさらこだわっているのか。これは、このやりとりからだけでは、わからない。しかし、ひとつの可能性として、次の点を指摘しておくことはできるだろう。すなわち、感情問題を回避し知識問題のみに応接することは、心配の道徳性に対処するひとつのやり方でありうる。心配の解消（安心）への傾きをもつ特定の新情報が与えられたとき、それでも心配を表明し続けることには、道徳的な負荷がかかる。だから、もしなおも心配を表明しなければならない事情があるとき（もしくは、安心を表明できない事情があるとき）、さらに心配がることを避けるひとつのやり方として、感情問題から知識問題を切り離し、後者のみに応接するというやり方が利用可能であろう。ともあれ、心配と知識は概念的に関係し合いながらも、具体的な相互行為の展開のなかで、両者は切り離されこともある。本節において示したことは、まずはこのことである。

六　結　論

冒頭で述べたように、知識と感情の道徳性は、社会学の重要なトピックのひとつである。しかしながら、それが具体的な活動のなかで人びとにとってどのような問題となりうるか、とくに両者が具体的な活動のなかで人びとによってどう関連付けられるかについて、実際の相互行為の分析による経験的研究は、ほとんどなされていない。一方、このような経験的研究は、社会学的研究が取り逃がしてきた、人びとが実際に行っていることの詳細を、再発見する試みでもある。社会はそもそもこのような詳細の積み重ねのうえにしか成り立ちえないことを、思い出しておこう(Garfinkel 1967)。本稿ではおもに二つのことを論じてきた。第一に、知識と感情は、一方で、概念的な道徳的制約をうけると同時に、他方で、相互行為の局所的な秩序においても道徳的制約をうける。人びとの分類にかかわる概念(「医師」や「教員」、「子ども」や「親」など)と知識と感情のあいだに、あるいは感情と知識のあいだに、概念上の規範的な関係がある。しかし、他方で、相互行為の具体的な展開のなかに、そのような概念的な関係は持ち込まれ、相互行為内の特定の位置において、特定の知識もしくは感情をもつことが適切で理にかなったこととなる。概念的な制約は、人びとの具体的な行動を決定するものではない。どのような概念的な制約が相互行為の局所的秩序にもたらされるかは、あくまでも相互行為の内側の組織にかかっている。また、概念的な関係は、「取り消し可能」(Hart 1965)である。たしかに、「社会学者」であれば「西欧近代の成立についてマックス・ヴェーバーがどう語っているか」を当然知っていると期待できるとしても、そのことは、しかるべき理由(「社会学といっても、社会心理学に近い領域で研究しているので」など)が用意されるかぎり、そのような知識をもたない「社会学者」の存在を排除しない。あるいは、たしかに、(検査結果の通知場面のような)特定の状況において、「いろいろな情報があってどの情報を信用してよいかわからない」と来院者が語るならば、それは、当然、それゆえに自分の現在の状態が本当に大丈夫なのか不安だという含意をもちうる。しかし、その含意された不安に医師が対処しようとしたとき、自分が気になっているのは、あくまでも情報の真偽であって、とくに不安があるわけではないと、その含意を取り消すことも可能である。

自分がいまどのような者として相互行為に参加しているのか、この相互行為はどのような状況として特徴付けられるのか、いまどのような知識や感情をもつべき、あるいは表出するべきなのか。これは、相互行為に参加する当人たち自身の問いである。相互行為参加者たちは、取り消し可能なさまざまな概念的な関係を、相互行為に動員しつつ、この問いに答えようとするだろう。このような作業をとおして相互行為は展開していく。

第二に、本稿で扱った事例は、ある特殊な技術的環境である。ひとつには、内部被ばく検査という、二〇一一年以前にはあまり聞くことのなかった、特殊な検査が、相互行為の前提となっている。放射線には、とくに、漫然とした不安がまといつくと同時に、「正しい知識をもつべきである」「正しい知識をもたずに不安だけをもつべきでない」というように、知識の道徳性とも直接にむすびつきやすい。その意味で、本稿の扱った相互行為場面（内部被ばく検査結果の通知場面）は、知識と感情の道徳性にまつわる複雑な概念的および相互行為的関係を考察するうえで、「見通しを与えてくれる場面」（Garfinkel 2002）といえよう。

しかし、ここで注目したいのは、検査のための装置はもはや、そこにはなく、その痕跡が数値としてあるいは図表として手元にあるという、そういう環境の特殊性である。本稿で明らかにしたのは、個別具体的な来院者とまさにこの手元の検査結果との結びつきが、相互行為の展開にとって重要な意味をもつということだった。つまり、特定の来院者の具体的な検査結果に医師が言及するとき、それは、進行中の説明が終局にいたりつつあることを含意する。この含意は、実際に、医師および来院者により志向されていた。断片４－４では、来院者は、検査結果が言及されたあと、聞き手であることをやめ、説明全体に対する応答を行っていた。断片４－５では、検査結果が言及されたあと、来院者は情報の受け止めだけを行い、説明全体に対する応答を行わなかった。しかし、そのときには、医師は、説明を再終了する試みにより、説明全体への応答を促していた。このように、個別の来院者の具体的な検査結果に言及することは、相互行為の展開のための方向付けとして働いていた。

それだけでなく、個別の検査結果は、説明の終局において言及されるとき、心配や不安の道徳性に対処するための「土俵」を設定する。検査結果は、来院者の個別の状況に関する新たな情報を来院者にもたらす。そして、この新たな情報は、一般的説明のもたらす一般的情報と重ねられて、感情の道徳性を局所的に再編する。医師の説明の終局において個別の検査結果が言及されたとき、断片4-4の来院者は、「理にかなった」安心の表明を、その正当性の根拠の提示とともに行っていた。逆に、断片4-5の来院者は、医師の説明のもつ、感情の道徳性に関する含意を、むしろあえて取り消すことを、行っていた。

物理学者の早野龍五は、乳幼児用の内部被ばく検査装置を開発した（Hayano et al. 2015 を参照）。早野自身、いろいろなところで述べているように（たとえば、早野・糸井 2014）、体内に残っている放射性物質は大人のほうが（体内に残留しやすいため）検出されやすい。そうである以上、親とともに生活している乳幼児は、親から放射性物質が検出されなければ、あえて内部被ばく検査を行わなくてもよいはずである。にもかかわらず、検査を望む親たちがいる以上、乳児用の装置もやはり必要なのだと早野はいう。さらに、次のように述べている。「実際、稼働させてみてわかったのは、この機械はものすごいコミュニケーションツールなんだということです。……［子どもを検査に連れてくるお母さんたちと］話してみると、お母さんたちが何を心配しているのか、ということが具体的にわかります」（早野・糸井 2014：122-123）。本稿で明らかにしたことは、乳幼児用の装置であれ、一般の装置であれ、そこからえられる個別具体的な検査結果への言及が、相互行為の組織にとってどのような働きをしているかということだった。もちろん、検査結果への言及がこのように働くためには、そもそも本稿で扱ったような丁寧な説明のためのセッションが用意されていなければならないだろう。それでも、このような説明のセッションにおいて、一方で、技術（検査結果）はコミュニケーションの組織に対してどのように働き、他方で、技術はコミュニケーションのなかでどのように語られ、どのような意味を与えられているか。本稿では、技術とコミュニケーションの相互作用の、少なくとも重要なひとつの側面を明らかにすることができたと思う。

引用・参考文献

ブルア D. 著、戸田山和久訳（1988）『ウィトゲンシュタイン―知識の社会理論―』勁草書房

ボイド E. & J. ヘリテッジ著、川島理恵訳（2015）「病歴に関して問うこと」J. ヘリテッジ & D. メイナード編『診療場面のコミュニケーション』勁草書房、一九一―二三三

クルター J. 著、西阪仰訳（1998）『心の社会的構成』新曜社

Drew, Paul (1997) 'Open' class repair initiators in response to sequential sources of troubles in conversation, *Journal of pragmatics*, 28(1), 69-101.

デュルケム E. 著、古野清人訳（1975）『宗教生活の原初形態』（下）岩波文庫

ガーフィンケル H. 著、北澤裕・西阪仰訳（1989）「日常活動の基盤」G. サーサス、H. ガーフィンケル、H. サックス & E. A. シェグロフ著『日常性の解剖学』マルジュ社、三一―九二

Garfinkel, Harold (1967) *Studies in ethnomethodology*, Englewood Cliffs, NJ: Prentice-Hall.

Garfinkel, Harold (2002) *Ethnomethodology's program: Working out Durkheim's aphorism*, Rowman & Littlefield.

Garfinkel, Harold, Lynch, Michael & Eric Livingston (1981) The work of a discovering science constructed with materials from the optically discovered pulsar, *Philosophy of the social sciences*, 11(2), 131.

ゴッフマン E. 著、石黒毅訳（1974）『行為と演技』誠信書房

ゴッフマン E. 著、丸木恵祐・本名信行訳（1980）『集まりの構造』誠信書房

ハルコフスキー T. 著、岡田光弘訳（2015）「病気であると気づくこと」J. ヘリテッジ & D. メイナード編『診療場面のコミュニケーション』勁草書房、一〇五―一四二

Hart, H. L. A. (1965) The ascription of responsibility and rights, Anthony Flew ed., *Logic and Language* (1st Series), Doubleday-Anchor, 145-166.

Hayano, R. S., Tsubokura, M., Miyazaki, M., Ozaki, A., Shimada, Y., Kambe, T., Nemoto, T., Oikawa, T., Kanazawa, Y., Nihei, M., Sakuma, Y., Shimmura, H., Akiyama, J. & M. Tokiwa (2015) Whole-body counter surveys of over 2700 babies and small children in and around Fukushima Prefecture 33 to 49 months after the Fukushima Daiichi NPP accident. *Proceedings of the Japan Academy, Series B*, 91(8), 440-446.

早野龍五・糸井重里（2014）『知ろうとすること』新潮文庫

林誠（2005）「『文』内におけるインターアクション」串田秀也・定延利之・伝康晴編『活動としての文と発話』ひつじ書房、一―二六

ヘリテッジ J. & J. D. ロビンソン著、黒嶋智美訳（2015）「受診について説明すること」J. ヘリテッジ & D. メイナード編『診療場面のコミュニケーション』勁草書房、五三―一〇四

ホックシールド A. R. 著、石川准・室伏亜希訳（2000）『管理される心』世界思想社

Jefferson, Gail (1984) On the organization of laughter in talk about troubles, J. M. Atkinson, & J. Heritage eds., *Structures of Social Action: Studies in Conversation Analysis*, Cambridge: Cambridge University Press, 346–69.

Jefferson, Gail (2004) Glossary of transcript symbols with an introduction, Gene H. Lerner ed., *Conversation analysis: Studies from the first generation*, Amsterdam: John Benjamins, 13–23.

Pomerantz, Anita (1984) Agreeing and disagreeing with assessments, Atkinson, J. M. and J. Heritage eds., *Structures of Social Action*. Cambridge: Cambridge University Press, 57–101.

Sacks, Harvey (1987) On the preferences for agreement and contiguity in sequences in conversation, Button, G. & J. R. E. Lee eds, *Talk and Social Organisation*, Clevedon: Multilingual Matters, 34–69.

サックス H. 著、北澤裕・西阪仰訳（1989）「会話データの利用可能性」G. サーサス、H. ガーフィンケル、H. サックス、E. A. シェグロフ著『日常性の解剖学』マルジュ社、九三―一七四

サックス H.、シェグロフ E. A. & G. ジェファソン著、西阪仰訳（2010）「会話のための順番交替の組織」『会話分析基本論集』世界思想社、五―一五三

Schegloff, Emanuel A. (2007) *Sequence organization in interaction*, Cambridge, England: Cambridge University Press.

シェグロフ E. A.、ジェファソン G. & H. サックス著、西阪仰訳（2010）「会話における修復の組織」『会話分析基本論集』世界思想社、一五七―二四六

Stivers, Tanya, Mondada, Lorenza & Steensig, Jacob eds. (2011) *The morality of knowledge in conversation*. Cambridge, England: Cambridge University Press, 3-24.

ターナー J. H. 著、正岡寛司訳（2007）『感情の起源』明石書店

〈付録〉断片において用いられている記号一覧

引用されている断片は，ジェファソンが開発したトランスクリプション・システム（Jefferson 2004）に依拠している。以下は，おもな記号の説明である。

（詳しくは，http://www.augnishizaka.com/transsym.htm を参照。）

[	複数の参与者の発する音声が重なり始めている時点は，角括弧（[）によって示される。
[　]	重なりの終わりが示されることもある。
=	2つの発話が途切れなく密着していることは，等号（=）で示される。1つの発話において，語と語が途切れなく密着していることは，その間に等号を挟むことで示される。さらに，音の重なりを書き取ったがゆえに，1つの発話が，間の1行（もしくは2行以上）により分断されることがある。このとき，この分断された発話が1連なりの発話であることも，分断された両端に等号（=）付すことで示される。
(　)	聞き取り不可能な個所は，(　　)で示される。空白の大きさは，聞き取り不可能な音声の相対的な長さに対応している。
(言葉)	また聞き取りが確定できないときは，当該文字列が(　　)で括られる。
(n.n)	音声が途絶えている状態があるときは，その秒数がほぼ0.2秒ごとに(　　)内に示される。
(.)	0.2秒以下の短い間合いは，(.)という記号によって示される。
::	直前の音が延ばされていることは，コロンで示される。コロンの数は引き延ばしの相対的な長さに対応している。
言-	言葉が不完全なまま途切れていることは，ハイフンで示される。
#言葉#	声のかすれなど発声に変調のある部分は，シャープ記号により囲まれる。
h	呼気音は，hh で示される。h の数はそれぞれの音の相対的な長さに対応している。
.h	吸気音は .hh で示される。h の数はそれぞれの音の相対的な長さに対応している。
言(h)	呼気音の記号は，笑いを表わすのにもちいられる。とくに笑いながら発話が産出されるとき，そのことは，呼気を伴う音のあとに(h)を挟むことで示される。
<u>下線</u>	音の強さは下線によって示される。
言<u>葉</u>:	強勢のおかれた場所は音が高くなりがちである。発話の区切りなどで音が少し高められたあと，すぐにもとの高さに戻るといったことが，しばしば観察される。このような発声は，最後の文字に下線を引き，そのあとに下線のない「引き延ばし」記号（コロン）を付すことで示される。

言葉_:	強調を伴いながら末尾が少し上がるようなやり方で区切りがつくこともある。これは，「引き延ばし」の部分にのみ下線が引かれることで示される。
斜体	音がとくに大きいことは，斜体によって示される。
° °	音が小さいことは，当該箇所が° °で囲まれることにより示される。相対的な音量に応じて°の数が増える。
. , ?	語尾の音が下がって区切りがついたことはピリオド（.）で示される。音が少し下がって弾みがついていることはカンマ（,）で示される。語尾の音が上がっていることは疑問符（?）で示される。
↓↑	音調の極端な上がり下がりは，それぞれ上向き矢印（↑）と下向き矢印（↓）で示される。
> <	発話のスピードが目立って速くなる部分は，左開きの不等号と右開きの不等号で囲まれる。
< >	発話のスピードが目立って遅くなる部分は，右開きの不等号と左開きの不等号で囲まれる。相対的なスピードに応じて不等号の数が増えることもある。
言葉<	語末尾が急激に終えられたことは，右開きの不等号で示される。
(( ))	発言の要約や，その他の注記は二重括弧で囲まれる。

II部

ライフコース

キーワード

第5章
沖縄戦
戦争サバイバー
縦断的研究
ライフコース分析
出生コーホート
家族キャリア
死別出来事
成人期への移行
生活史

第6章
社会変動とライフコース
閉山離職者
ライフコースの再形成
産業転換（職業転換）
社会移動（職業転換と地域移動）
石炭産業収束過程
石炭政策
炭鉱閉山
再就職受け皿

第7章
職業意識
パネルデータ分析
収入重視
大卒者
職業キャリア
意識
失われた十年

第8章
組織フィールド
キャリア
労働
能力形成
フランス
ガストロノミー
移民
ゲストワーカー
職業教育

第五章　戦争研究へのライフコース分析の可能性
――沖縄戦サバイバーの家族との死別出来事を中心に

安藤　由美

うちの子育てというのはね、「学校から来たら、すぐ畑に来なさいよ」これが口癖だった。「勉強しなさい」とはいわなかった。山羊もいるしね、豚もいるしね。芋担がせたり、葛担がせたりした。／お金があったら長男も高校まで行かせることができたかもしれない。今は後悔します。今だったら、この子たちは学校出したらよかったと思うが。食べること（のため）にはね、子どもたちは犠牲になっています。（筆者によるインタビュー）

一　問題の所在

戦争体験とライフコース

冒頭の語りは、一九四五年の沖縄戦のさなかに、一家で防空壕に退避中に艦砲射撃の被弾によって夫を、さらに本島南部への避難中に夫の両親をも失い、戦後女手で三人の子を育て上げた、ある戦争未亡人（一九一三年生まれ）の戦後の人生を象徴するものである。本稿の目的は、一九四五年の沖縄戦での家族員との死別を事例として、戦争が人びとの家族と人生に対して及ぼした長期的影響を記述することを通して、戦争研究へのライフコース分析の可能性を探ることである。沖縄戦に限らず、いつの時代の、どこの国や地域でも、戦争は、一度に多くの人間をお互いに殺戮しあい、社会インフラ施設を広範囲に破壊し尽くし、身体的・精神的傷病者、家族や仕事仲間や友人を亡くした人びとを大量に生み出してきた。そして、人類史上初の近代的総力戦となった第一次大戦を経て、先の大戦で、戦争のもたらす破壊の痕跡は極大化したといえよう。戦争は、歴史の時間の流れからすれば、一瞬の出来事であるかもしれない。しかし、その広汎かつ甚大な一撃が、戦争後の社会構造や人間の生き方に長期的な影響を残さないはずはないだろう。そういった問題意識から、内外の社会学でも、戦争を社会学として対象化し、体系的に解明しようとする動きが近年活発化しつつある（福間他 2013）[1]。

後述のように、家族発達やライフコースの行動的研究でも、欧米では縦断的な人生研究の展開のなかで、戦争と個人の人生過程に関するいくつか際だった業績があるが、全体的にみればこうした問題への取り組みは決して多いとはいえない。戦争の研究には、生き残った人びとつまり戦争サバイバーのその後（aftermath）を丹念に追う作業が不可欠であろう。なぜならば、社会のある部分に生じた変化は、そこにかかわる人びとの人生上での経時的過程を介して、ある種の構造的遅滞（structural lag）をともないながら波及していくと考えられるからである（Riley et al. 1972）。それが戦争体験当事者のライフコースを超えて、後続世代にまで及ぶこともあろう。

一九七〇年代に米国を中心に始まったライフコース研究では、個人の人生の縦断的なデータセットの利用と相まって、これまで戦争や恐慌といった歴史的事件の人生への影響の解明に取り組んできた。とりわけ、本稿の課題に関係する、戦争のライフコースへの影響については、主に男性の軍役経験の後続人生への影響が、ひとつの研究トピックを形作ってきたといえる。そこで明らかになったこととして、たとえば、第二次世界大戦に従軍したコーホートは、帰還後、英雄扱いをうけたのに対し、ベトナム戦争に参加したコーホートは、反戦の世論のなかで冷遇され、戦場での心身障害も加わって、社会復帰に際し困難を経験した（Elder 1987 : Elder & Clipp 1989 : Elder, Shanahan & Clipp

1994）。また、戦争の人生に対する影響というものは、必ずしもこうしたネガティブなものばかりでなく、仲間を大切にする価値観を醸成したり、復員兵援護法によって労働者階級出身者が大学進学を果たしたりした例のように、その後の人生にとってプラスになったといえる影響もある（Elder 1974 ; Elder, Pavalko & Hastings 1991）。日本では、一九八〇年代に森岡清美が率いるＦＬＣ研究会による静岡調査のデータに基づいて行われた男性の兵役経験のライフコース分析が、この領域に先鞭をつけたものといってよい（島内・北村 1987、池岡 1987）。近年では、森岡清美による、戦中派コーホートの参戦とそれがもたらしたと考えられる人間類型の研究（森岡 1990、同 1993）は、戦争とライフコースの内的経験の過程を明らかにした数少ない業績であり、森岡はさらに今後取り組むべき仮説群を提示している（森岡 2013）。

このように、戦争のもたらした人生への影響研究は、軍役などの直接の戦争参加（あるいは動員）を経験した人びとに限られている。逆に、戦闘体験はないけれども、戦争に巻き込まれた人びとのライフコースは、正面からライフコース分析の俎上に載せられたことはないのではなかろうか。そこで、本研究は、ここに焦点をあててみる。幸い、第二次世界大戦末期の沖縄戦体験者のライフコースに関する回顧データがえられているので、これを事例としながら、戦争体験がその後の人生過程にもたらした影響を追跡してみたい。

沖縄戦

昭和期の戦争（日中戦争～太平洋戦争）が人びとの生命および人生に及ぼした影響は甚大であったが、とりわけ太平洋戦争末期の沖縄地上戦による住民の犠牲は、その規模においてその人口構造を大きく変形させるほどであった。周知のように、第二次大戦末期の一九四五年四月以降の連合国軍（実質上、米国軍）の総攻撃によって、沖縄諸島は戦場となり、この戦闘は同年六月二三日の現地司令官らの自決によって終結したとされる。その結果、将兵だけでなく、一般住民の多くが戦禍の犠牲になった（沖縄県援護課推計値九四、〇〇〇人）。そして、住民にとっての戦後は、食糧難による栄養失調やマラリアに苦しみながら、生活の再建・復興に明け暮れる日々であった。というのも、激しい戦闘によって、家屋、耕地、家畜などが破壊し尽くされ、残ったのは人間だけというありさまであったからである（川平 2011：173）。

そして、その生き残った人口構造も、おおぜいの壮年男子の死亡により、いびつな形状にゆがんでいた。当時の沖縄群島政府がまとめた統計によれば、男性の労働力人口は、終戦前から戦後（一九四五年一二月）にかけて、どの年齢階級でも三分の一まで減少し、国内および海外からの引き揚げが本格化した翌一九四六年でも、終戦前の三分の二までしか回復しなかった。つまり、戦後の沖縄の復興も、老人や子どもの生活も、女性たちの肩に重くのしかかっていたのである（川平 2011：161）。もちろん、壮年男子だけでなく、男女関係なく、あらゆる年齢層で沖縄の人口の多くが失われたことはいうまでもない。

要するに、こうした人口構造の変化をとってみても、沖縄戦の破壊的影響が戦後も長く続いたことは容易に想像できよう。したがって、それをある程度長期的に追跡しない限り、その解明作業は完了したことにならないということになろう。戦争によっていちじるしく変形させられたマクロな人口構造としてあらわれた、人びとの人生や家族のミクロなライフコースは、いったいどのような実相で展開していたのだろうか。戦争によって生じた大きな生活変動は、その後の発達過程をどのように形づくったのだろうか。沖縄の社会や人びとに対する戦争の影響を論じるためには、こうした問いに答える作業が不可欠だといわなければならない。そこで、本稿では、縦断的な視点で、しかも、人びとの行動の次元から、沖縄戦の生き残り者（サバイバー）のライフコースを追うことで戦争の痕跡を浮き彫りにしようと試みるものである。

このように、戦争の影響を体験者のライフコース上で後々まで追跡することが、はたして戦争研究の一部をなすのかという、基本的な疑問はあるかもしれない。つまり、それは戦争そのものではなく、単なる帰結を扱っているのであると。しかし、これは定義の問題ともいえる。本稿では、戦争によってもたらされた帰結も、広義において、戦争現象に含めて考えている。というのも、一般に戦争によるさまざまな被害も、あるいは戦争によってもたらされたプラスの効果も、戦争とは何であるかを解明するための研究対象であることに異論を差し挟む余地はないだろう。だとすれば、戦後長く生きられた人生、そして、たとえ後続の世代までも、そこに何らかの戦争の痕跡が認められる限り、戦争研究の対象となるであろう。要するに、本稿の分析は、戦争を社会学的に研究するひとつの重要な作業として位置づけることができよう。

こうしたライフコース展開のなかに戦争の痕跡を追っていく作業は、戦争の社会学的理解に対して、一定の貢献をなしうるだろう。このような学問的作業は、人口、経済、社会諸制度といったマクロ水準の事象と個人史というミクロ水準との弁証法的関係の理解を目指すという、社会科学の来たるべき理論的志向と方法（正岡 1996）を戦争研究に適用することを意味している。さらに、より個別的な問題設定としては、本稿の分析は、個人のライフコースという観点から家族発達（White 1991）を論じるという研究分野にも深く関連している。本研究は、こうした一般的および個別的なねらいを視野に入れつつ、戦争体験の個別歴史的な記述にまずは取り組みたい。

二　ライフコース分析

ライフコース・アプローチ

本稿では、人生上での出来事経験を時系列的に分析するライフコース・アプローチに依拠し、沖縄戦での家族員との死別出来事の、その後の家族出来事への関連を、おもに量的分析から明らかにする手続きをとる。ライフコース・

アプローチによれば、人生の展開過程を理解するのに、歴史的・社会的文脈（コンテクスト）と、出来事経験の時機（タイミング）とが決定的に重要である（Giele & Elder 1998）。ここで、ライフコースとは、年齢別に分化した役割と出来事を経つつたどる道（Elder 1975）である。本稿では、定位家族員および生殖家族員との死別出来事、成人期への移行出来事、親なり、子の自立出来事などから、ライフコースをとらえる。また、分析を家族生活上の出来事の継起に限定する意味で、これを家族キャリアとよんでおく。

ライフコース・アプローチに依拠して、沖縄戦のライフコースへの影響を理解するためには、第一に、それをいつの時点（時機）でどのように経験したかを知ることが重要である。操作的には、それは異なる出生コーホート間の比較から析出される。加えて、同じ時機であっても、社会的属性によって経験内容も異なってくる。すなわち、出生コーホート内の下位集団間の違いとして、それはとらえられる。

本稿では、沖縄戦と家族および人生をつなぐ出来事として、死別に限定している。そのような方法を採る理由は、第一義的には用いるデータの制約にあるが、しかし、より積極的には、記述および説明のシンプルさというメリットがあるからである。戦争の経験というものは、そこにどのようにかかわったかによって多様であろう。家族関係への影響に限ってみても、一様ではない。ただ、死別という出来事（それがどのような状況であったかにかかわりなく）は、それだけで人生や家族への多大な影響を想定するのに十分かつ、記述可能（調査での回答可能性も含めて）であることはいうまでもない。理論的には、家族との死別出来事は、ライフコースとそれをとりまく歴史的社会的事件とをつなぐ結合子（linkage）概念でもある（Elder 1974）。このような観点に立って、本稿では、死別経験のコーホート間およびコーホート内の多様性を記述することが分析課題のその一ということになる。

ライフコース・アプローチの立場から戦争経験が人生・家族にもたらした影響に迫る際の方法論として二番目に重要なのは、先行する経験の差異が後続のライフコースの差異とどのように関連しているかを検証することである。親や配偶者、子といった近しい親族との別れには、別れの時の本人の発達段階（年齢、役割保有状況）によって、後の家族キャリア展開にどのような違いがもたらされたのかが分析の焦点となる。そこで、具体的には、沖縄戦（一九四五年）およびその前後の死別出来事の有無と、後続出来事の有無および年齢との関連を探ることが二つ目の分析課題である。

データと分析方法

使用するデータと分析方法について述べておこう。データは、筆者が行った沖縄の二つの出生コーホートを対象としたライフコース出来事調査の結果を用いる。調査の形式は、一九九四～一九九五年に沖縄県中頭郡西原町・島尻郡南風原町および旧豊見城村で行った、住民基本台帳からの無作為抽出標本に対する個別面接法による統計的調査であり、サンプル規模は三四六名である（有効回収率五六・九％）。加えて、この統計的調査のフォローアップとして一九九六～一九九七年に行った、半構造化面接による生活史調査の結果も一部用いている。

ここで分析の対象となる二つの出生コーホート集団のライフコースと時代背景について素描しておこう。それぞれのコーホートの出生年は、ひとつは一九一四～一九一八（大正三～七）年であり、もうひとつはこれより一〇年若い一九二四～一九二八（大正一三～昭和三）年である。本稿では、便宜上、前者を年長コーホート（C1と表記）、後者を年少コーホート（C2）とよんでおく(2)。

それぞれの出生年代をみれば明らかなように、これら二つのコーホートは、思春期から成人期初期までの人生段階を一九三七年の日中戦争勃発から一九四五年の太平洋戦争までという戦争の時代に過ごしている。本稿の分析に深く関係する、一九四五年の沖縄戦および終戦を迎えたのは、年長のC1が二七～三一歳、年少のC2が一七～二一歳となる。C1は、男女ともにほとんどが仕事を開始（男女とも三分の二が初職は農業を含む自営）し、経済的に独立し、結婚し、子をもうけていた。つまり、成人期への移行は完了し、成人初期の人生段階にあった。一方、C2は、初離家、親からの経済的独立といった、成人期への移行期の真っ最中に、沖縄戦を含む、戦争がもっとも激化した戦争末期を過ごした。このように、二つのコーホートが戦争の時代を過ごした人生段階は出生年代の違いに応じて大きく異なっていたことを確認しておく。

次節以下では、まず、家族員との死別出来事を、出生コーホートごと、およびコーホート内の下位集団ごとに、経験時機の分布を統計的に比較し、共通性と差異を記述する。その際、集団ごとの分布（代表値と散布度）を中央値ないしパーセンタイル値といった、ノンパラメトリックな記述統計量で把握する。(3) 取り上げるのは定位家族員との死別、および生殖家族員との死別である。量的分析の後半では、死別出来事のその後のライフコース出来事経験と時機への影響を検討する。最後の節では、ある戦争未亡人の事例をもとに、夫との死別が戦後のライフコースにもたらした帰結について質的なデータからの考察を行いたい。

三　沖縄戦での家族との死別出来事経験

定位家族員との死別

本節では、戦争による家族との死別出来事の経験を、時機の出生コーホート間およびコーホート内の共通性および差異に着目して記述する。その際、まず親、きょうだいといった定位家族員との死別を取り上げ、次に、配偶者、子といった生殖家族員との死別を扱う。ライフコースと戦争という歴史時間の接点としては、沖縄戦のあった一九四五年を中心とした死別出来事の分布を検討していく。

図5－1は、定位家族員のうち、父母ときょうだいとの死別の年次別累積経験率を表したものである。なお、きょ

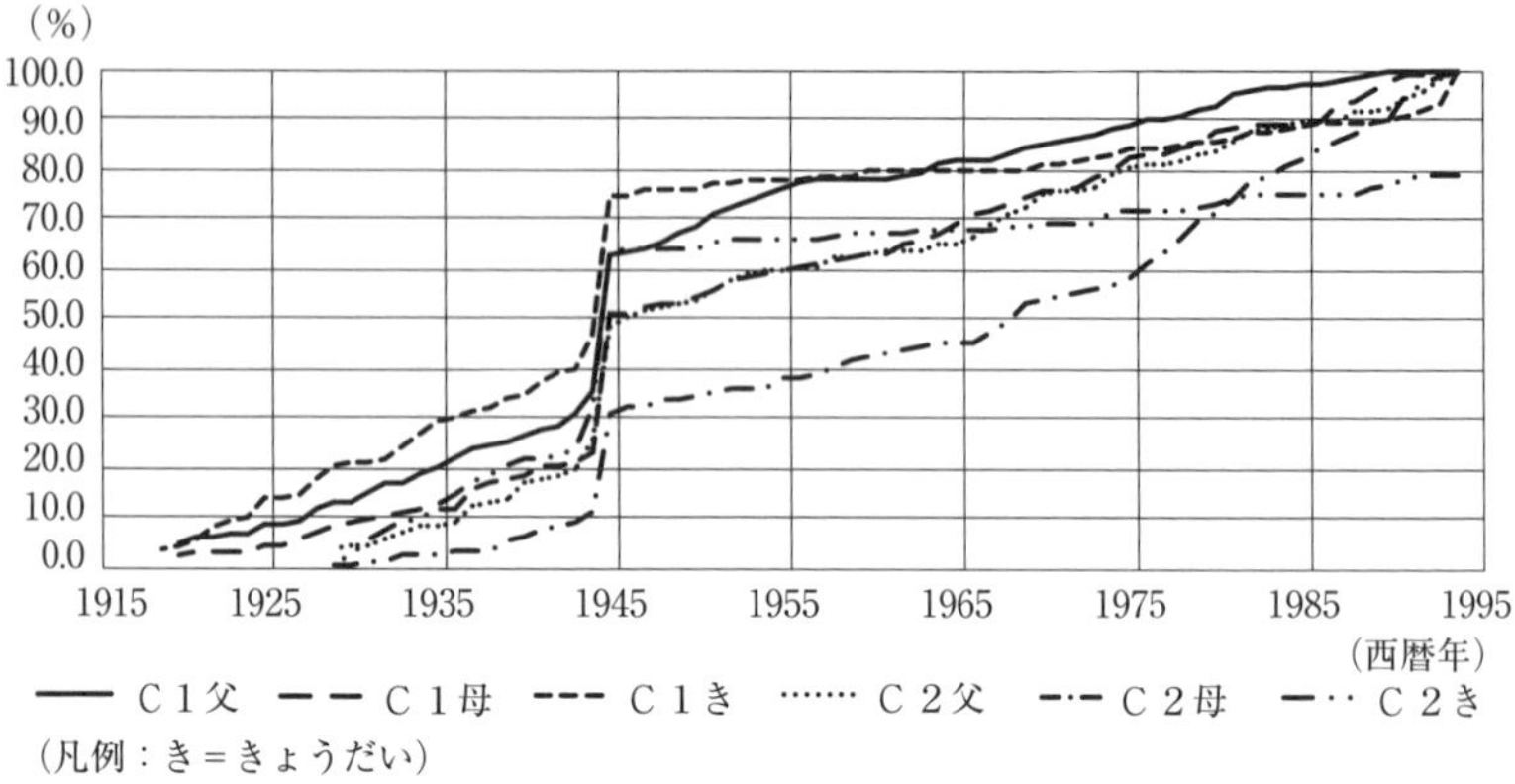

図5－1　定位家族員との死別の年次別累積経験率

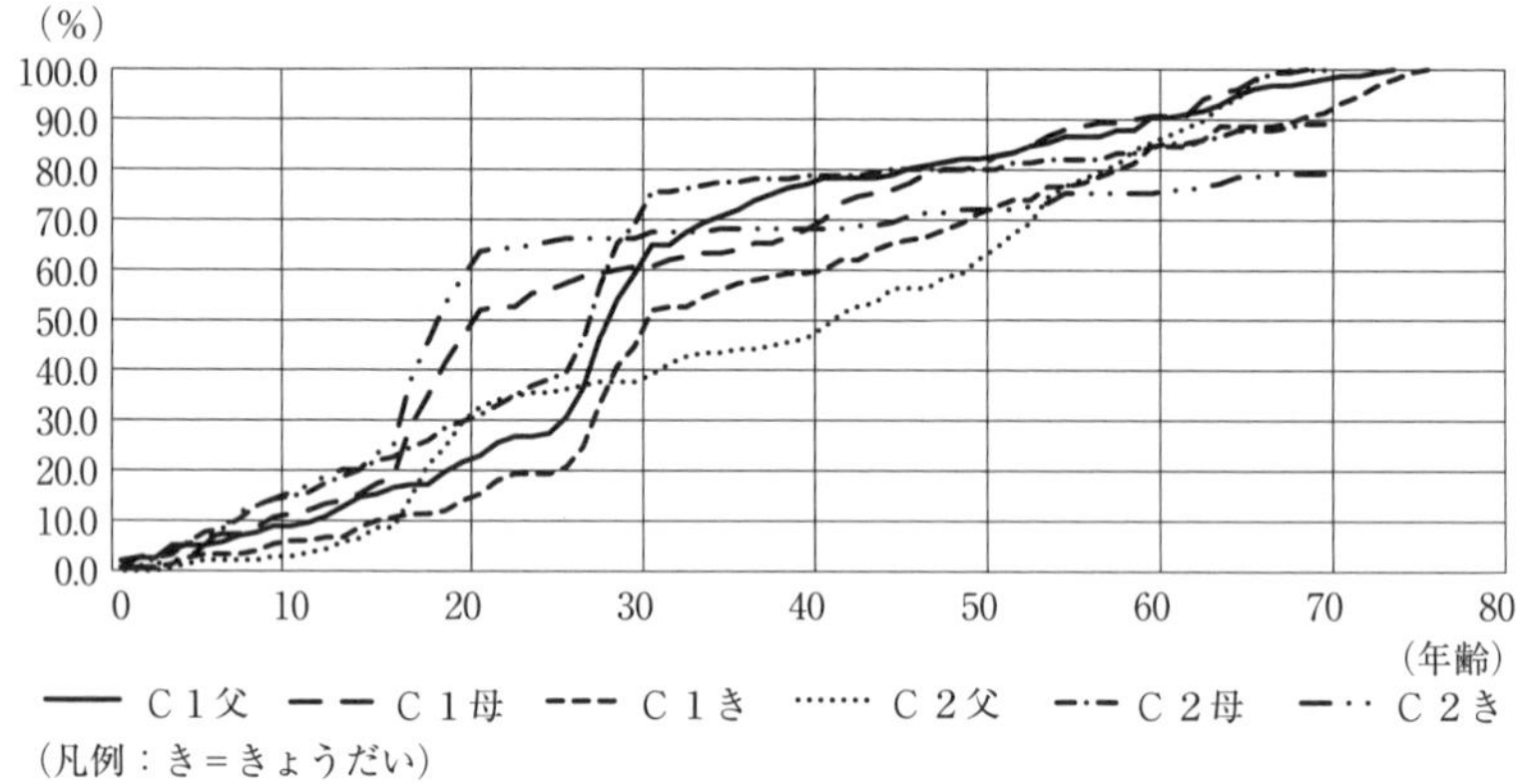

図5－2　定位家族員との死別の年齢別累積経験率

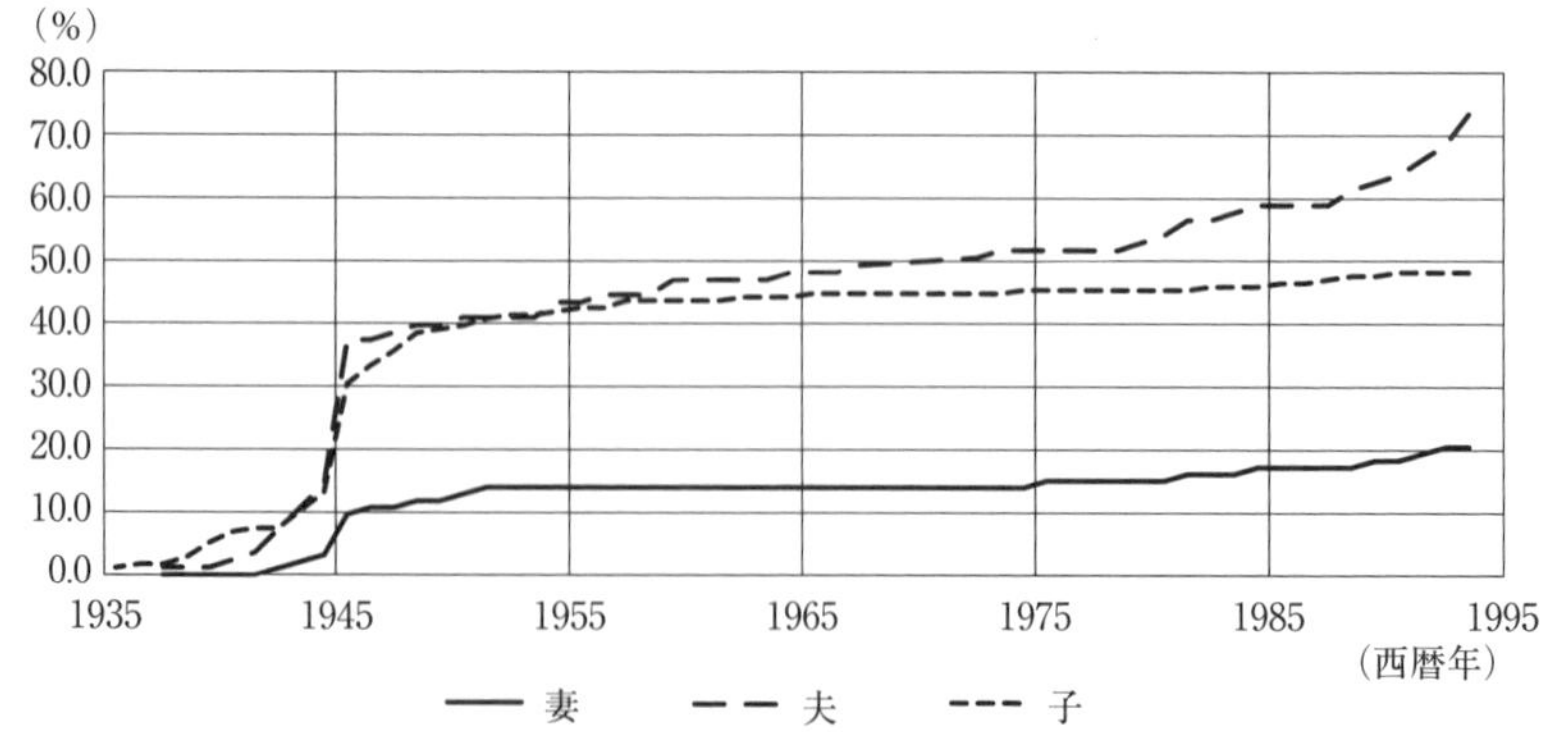

図5－3　生殖家族員との死別の年次別累積経験率（C1）

表５－１　両親の死亡年パターン

	両親とも'45年以外	どちらか'45年	両親とも'45年
C1　(n＝142)	57.7	28.2	14.1
C2　(n＝126)	69.0	19.0	11.9
全体 (n＝268)	63.1	23.9	13.1

(単位：%, $p<0.05$)

うだいの死別は、最初の経験を表している。二つのコーホートの、それぞれ三つの続柄（父、母、きょうだい）の合計六本の線の形状をみると明らかなように、いずれにおいても、一九四五年における経験率のいちじるしい上昇がみてとれる。あらためて、沖縄戦にまつわる死別出来事への時代効果の大きさは顕著であることがわかる。

図には掲載していないけれども、一九四五年の死別経験率について、関係別に詳しく数値をあげるならば、父親との死別では、C１が二七％、C２が二三％、母親との死別では、C１が二八％、C２が二〇％であった。きょうだいとの死別では、親よりも少し多く、C１が二八％、C２が三一％であった。以上からわかるように、沖縄戦のあった一九四五年に、父母、きょうだいといった定位家族員と死別した割合は、四分の一から三割まで上っており、死別経験がいかに広汎であったかがわかる(4)。

次に、両親との死別に限って、父ないし母との死別が、両方とも一九四五年であったのか、それともそうでなかったのかをみておこう。表５－１に表したように、両親を一九四五年になくした人の比率は、C１で一四％、C２で一二％と、必ずしも多いわけではないが、どちらかの親をなくした比率を加えると、C１が四二％、C２が三一％となり、単一年次での経験率はかなり突出したものになる。すなわち、両親ないし一方の親を一九四五年に亡くしたのは三～四割にのぼることがわかる。

このように、出生年代が異なる二つのコーホートのどちらにおいても一九四五年における定位家族員との死別経験が多いということは、これら二つのコーホートの、死別経験年齢は当然大きく違うはずである。このことを確かめるために作成したのが、図５－２である。ここに示されているように、C1が沖縄戦を経験したのは二〇代終わり、一方のC2は一〇代終わりであり、ここに親きょうだいとの死別が集中している。沖縄戦があった一九四五年という歴史的時点によって、親きょうだいとの死別を、異なる出生コーホートは異なる時機で経験したのであり、それがコーホートに固有の歴史的属性を付与することになったのである。

生殖家族員との死別

次に、生殖家族員との死別時機について検討しよう。ただし、年少のC2には一九四五年までに生殖家族員との死別を経験した人が三人（男一、女二）しかいなかったので分析から除外し[5]、C1のみについて取り上げる。図5－3では、配偶者との死別は男女別に、子との死別は男女合算して掲載している。子との死別は、最初の経験をたずねたものである。念のためにいえば、「妻」の累積線は男性対象者、「夫」は女性対象者の経験を表している。

この図に明らかなように、子との死別ならびに女性の対象者の夫との死別は一九四五年で突出している。具体的な数字をあげておくと、一九四五年の死別経験率は、夫との死別が三七％、子との死別が三〇％にのぼった。男性の妻との死別は一〇％であった。子との死別をもう少し詳しくみるならば、一九四五年以降の経験も若干、ほかの年次よりも多い。これは、戦争が終わったあとも、栄養不良や病気などで乳幼児をなくしたケースがあったと推察される。

一方、男性対象者の妻との死別は一九四五年で上昇しているが、そもそもライフコースを通して、配偶者との死別の経験率は女性に比べてかなり低い。とりわけ、戦争期の男女間の経験率の違いは、戦争を二〇歳代で経験したコーホートの死亡率の男女差を反映しているといってよいだろう。

一九四五年に集中していることが観察された、C1女性の夫および子との死別の年齢は、資料は割愛するが、二〇歳代半ばの一〇％台から三〇歳代はじめにかけて四〇％台に急上昇していた。あとから詳しくみるように、夫と死別した女性は、再婚したケースをのぞき、三〇歳にかかろうかという年齢で子の出産が終了し、夫なしに子を育てることになったのである。

以上みてきたように、沖縄戦によると思われる家族員との死別は、沖縄の人びとにとって広汎に経験された、きわめて時代効果の強い出来事であったことがデータからも示された。ただし、その経験内容は、二つの出生コーホート間および性別によって異なっていた。もっとも激烈な死別を経験したのは、一九四五年に二〇代終わりに達していて、すでに生殖家族をもっていたC1女性であり、親、配偶者、子といった近しい親族を複数失った人が四分の三はいた。C1男性も、半数強が定位家族ないし生殖家族のメンバーを誰かしら失っていた。一方、まだ一〇代終わりで、ほとんどが結婚するに至ってなかったC2では、親やきょうだいとの死別にとどまったが、それでも三割が親族の誰かしらと死別した。このように、同じ沖縄戦という歴史的事件も、出生コーホートならびにその下位集団間に、経験した時機の違いを介して、異なる結果をもたらしたのである。では、こうした家族との死別出来事のパターンの違いは、戦後のライフコース展開にどのような差異をもたらしたのだろうか。本稿の第二の分析課題であるこの問題について、節をあらためて検討しよう。

四　家族との死別の家族キャリア出来事経験への影響

親との死別の世代間関係キャリア出来事経験への影響

本節では、戦争期の家族員との死別の時機によって、後続のライフコース経験（出来事の有無・時機など）がどのように異なるかを、家族キャリア上の出来事からみていこう。以下では、定位家族員との死別の影響を前半で、後半で生殖家族員との死別の影響を分析する。

まず定位家族員との死別についてであるが、本稿ではデータ上の制約からきょうだいとの死別は除外し、親との死別の影響をみる。影響を検討する出来事としてここで取り上げるのは、成人期への移行（Modell et al. 1976, Hogan 1981）の指標としての初離家、親からの経済的独立、親への経済的、同じく非経済的援助の四つに加えて、直系世帯形成を告げる出来事である、結婚後の親との同居（男性のみ）の、合計五つである。沖縄では長男が親とともに直系世帯を形成する規範意識が強いとされる（玉城 1997）。実際、われわれのサンプルでも、初婚時に親が存命だった長男またはあととり予定男性（義務教育修了時）のどちらの場合でも、C1の約八割、C2の約九割が親との同居を経験していた（安藤 1998）。これらをふまえて、沖縄戦による親との死別が、この行動に及ぼした影響を検討する。本稿ではこれら五つをまとめて、世代間関係キャリア出来事とよんでおく(6)。

親との死別の影響を評価する方法として、ここでは沖縄戦のあった一九四五年における親との死別有無によって上述の五つの世代間関係キャリア出来事の経験率に違いが生じたかどうかを比較検討する。その際、ここでの関心は、こうした出来事を経験する機会が戦争によって奪われたかどうかにあるので、当該出来事を経験する前の親との死別経験すなわち非該当の比率にとくに注意を払う。親との死別年は、「両親とも一九四五年以外」、「どちらかが一九四五年」、「両親とも一九四五年」の、合計三カテゴリーとした。なお、本稿の目的からすれば、ここで出生コーホート別の傾向を提示するべきであるが、残念ながらそのための十分なサンプル規模を確保できていないので、ここではそれは差し控えたい(7)。

図5－4に、はじめの四つ、すなわち成人期への移行に関する出来事をまとめて示してある。まず、（A）親元からの初離家（以下、初離家）と（B）親からの経済的独立（以下、経済的独立）からみていこう。「全体」がそれぞれ一〇・五％、一一・九％という値から逆算できるように、どちらの出来事の経験率は全サンプルでは約九割ときわめて高い。しかしながら、（A）初離家については、親の死亡年が「両親とも一九四五年以外」だったサンプルに比べて、

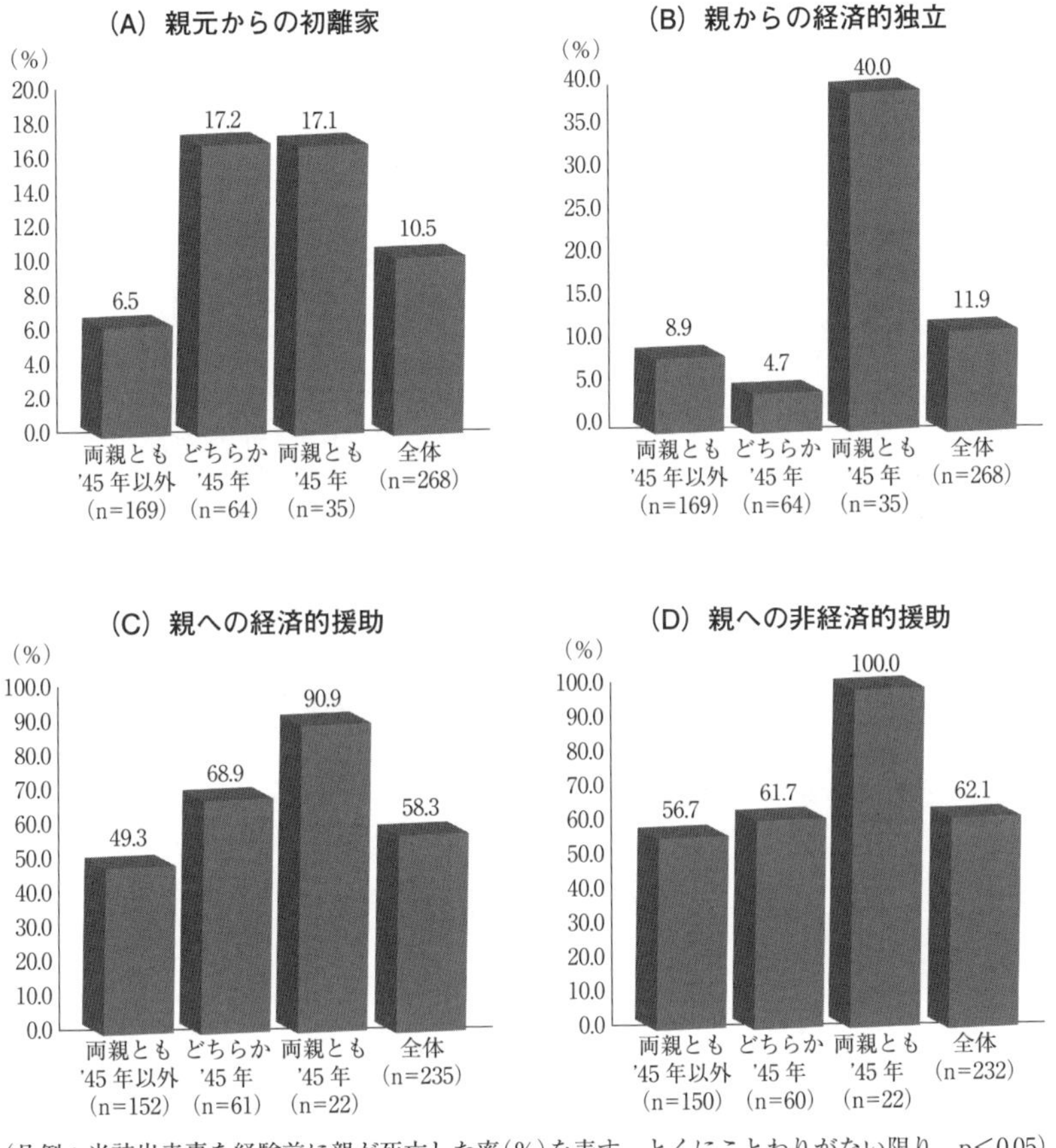

（凡例：当該出来事を経験前に親が死亡した率(%)を表す。とくにことわりがない限り，$p<0.05$）

図５－４　親の死亡年パターン別，成人期への移行出来事経験

「どちらか一九四五年」もしくは「両親とも一九四五年」に亡くしたサンプルのほうが、この出来事を未経験のまま終わった傾向が若干強い（それぞれ約一七％）。また、（B）経済的独立では、父母のどちらも一九四五年に亡くしている場合には、未経験すなわち独立する前に親と死別したケースが四割と、ほかの二つカテゴリー（いずれも一割未満）と比べて圧倒的に多い。つまり、両親を共に四五年に亡くしたことによって、初離家ないし経済的独立という出来事を経験せずに子役割を喪失した可能性が高く、その傾向は初離家に比べて経済的独立の

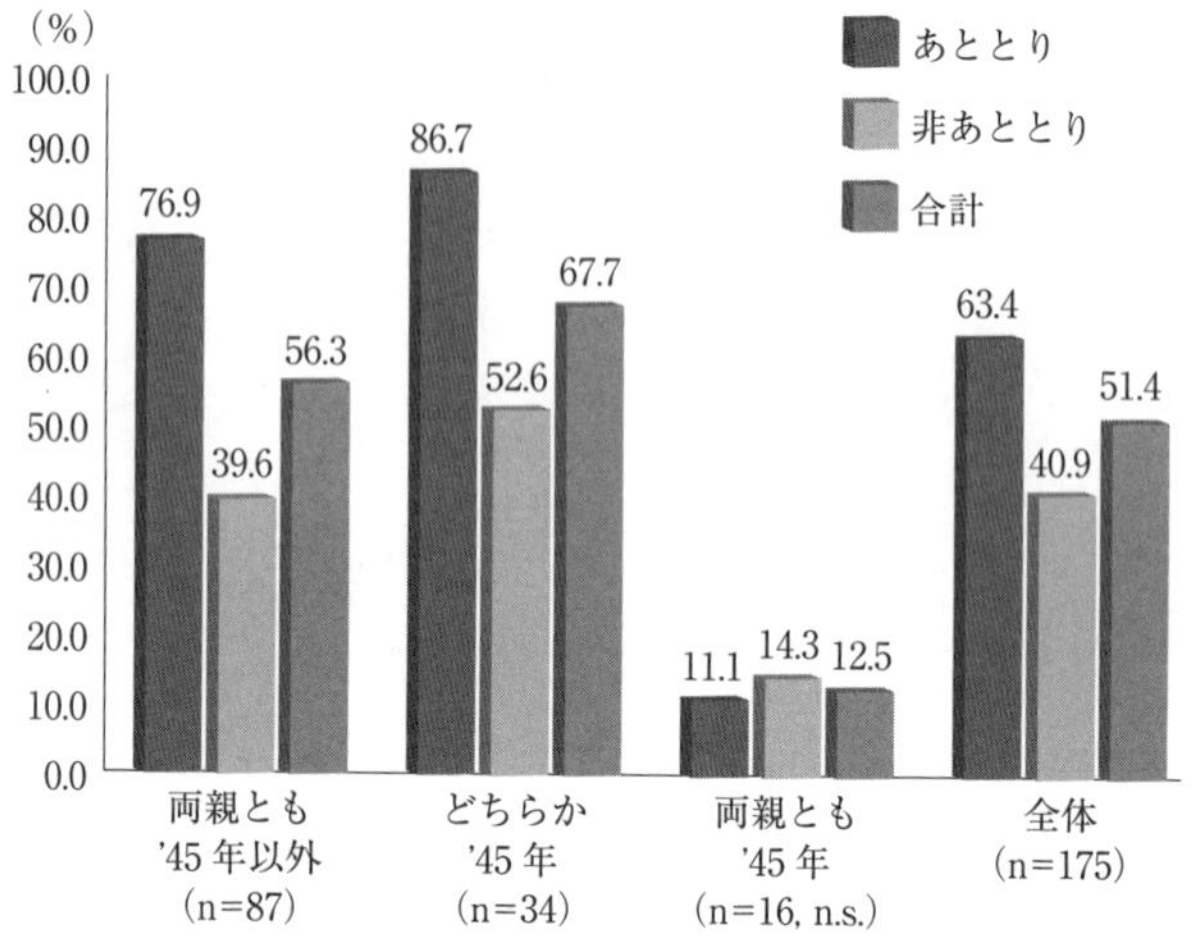

（凡例：当該出来事を親が存命中に経験した率(%)を表す。とくにことわりがない限り，p＜0.05）

図５－５　親の死亡年パターン別，結婚後の親との同居経験

ほうが強かった。

次に、経済的独立を果たしたサンプルに限定して、（C）親への経済的援助（以下、経済的援助）と（D）親への非経済的援助（以下、非経済的援助）の経験有無をみよう。どちらの出来事も、両親が一九四五年に死亡した場合は、非該当すなわち援助する機会がなかったケースがそれぞれ九〇・九％および一〇〇・〇％とほぼ全数である。これに対し、親のどちらかが一九四五年に生存していた場合の非該当率はこれらよりも低く、しかも、どちらかが生存、両方とも生存の順に、非該当率は下がる。具体的には、（C）経済的援助では、「親のどちらかとの死別が一九四五年」では六八・九％、「どちらも一九四五年以外」では四九・三％となっている（非経済的援助も同様の傾向が認められる）。つまり、ここでもやはり、沖縄戦の年に親と死別したことで、親に対して経済的・非経済的援助を行う機会が減じられたということができよう。

最後に、男性のみについて、結婚後の親との同居経験への影響を検討しよう。ここでは、上でふれたように、長男またはあととり予定者の同居率がきわめて高いことをふまえて、この属性の有無別にみる。図５－５は、長男、または義務教育修了時点であととり予定であった者（以下、両者をまとめて「あととり」とよぶ）と、そうでない者（以下、「非あととり」）別に、結婚後の親との同居経験率を、親の死亡年で比較したものである。なお、ここでの同居には妻の親との同居は含まない。また、出来事の非該当率を表示していた、さきの図5－4とは表示内容が逆であることに注意されたい。

あととりと非あととりの同居経験率をみると、その差は歴然としている。両親ともに一九四五年以外の死亡の場合、あととりの同居経験率は非あととりのおよそ二倍である（七六・九％対三九・六％）。これは、沖縄戦での親の死亡という攪乱因子が作用することなく、結婚後の親との同居が出現した確率を表す数値だとみなせよう（その意味でこれを基準カテゴリーとよんでおく）。

ところが、両親とも一九四五年に死亡した場合、あととり、非あととりの別なく、同居経験率は一割台に下がる（一一・一％および一四・三％）。しかも、それぞれの基準カテゴリーからの差は、非あととりよりもあととりのほうが大きい（あととり七六・九％↓一一・一％、非あととり三九・六％↓一四・三％）。ここに、沖縄戦による死別の影響をみてとれる。つまり、一九四五年という歴史時間の固有の時点に親が不慮の死を遂げたことにより、もしそれがなかったならば親との同居を果たしていたはずの人がその機会を剥奪されたと推察されるのである。ところで、興味深いのは、片親のみ一九四五年に死亡した場合の同居率は、両親一九四五年死亡の場合よりも高いばかりか、両親とも一九四五年以外の場合よりも高率となっていることである（あととり八六・七％、非あととり五二・六％）。このことから、戦争で寡夫あるいは寡婦となった親と早めに同居する戦略を採る傾向にあったと推察される。

以上みてきたように、一九四五年の親死亡は、初離家、親からの経済的独立、親への経済的・非経済的援助の機会を一定程度剥奪した。また、両親をともに一九四五年に亡くしたことによって、結婚後の親との同居の機会が失われたけれども、逆に、親を片方だけ亡くした場合は同居のチャンスをわずかに高めた。つまり、沖縄戦によってそうした親との世代間関係キャリアは大きく影響を被ったといってよいだろう(8)。

夫との死別の生殖家族キャリアへの影響

続いて、沖縄戦による生殖家族員との死別の影響を、戦争期までに結婚して生殖家族キャリアをスタートさせていたC1女性の夫との死別経験について検討しよう。被説明変数としてここで取り上げるのは、出産児数に加えて、親なり終了（末子誕生）、子の卒業終了、子の結婚終了、子からの経済的援助開始、既婚子との同居開始の五つの出来事経験年齢である。なお、戦争による夫との死別の影響を推し量るのに際し、ここでは、死別年を一九五〇年以前と、一九五一年以降（死別経験なしを含む）に分けて、これら二カテゴリー間の比較を行う。図5－3でも示されていたように、前者のほとんどが第二次世界大戦中の死別であるので、以下では便宜上、このグループを戦争期での死別ありのケース、後者のグループを死別なしのケースとよんでおく(9)。

まず、夫との早い別れは、当然親なり（出産）の早期打ち切りをもたらすことは容易に想像できよう。そこで、C1女性の平均出産児数をみたところ、戦争期（一九五〇年以前）の死別者は三・二人で、これは戦争期の死別がなかった場合（一九五一年以降もしくは死別未経験）の五・九人と比べて、約半数といってよい水準であった（資料割愛）。これは結婚、出産といった生殖家族出発期がもろに第二次大戦にあたったC1女性の特異性を如実に表している数値だといえよう。

このことは、表5－2で（A）末子出生年齢をみるとよりはっきりする。戦争期での死別では中央値（50%ile）で二八・〇歳、第3四分位数（75%ile）でも三〇・五歳で親なりが終わっているのに対し、死別が一九五一年以降すなわち戦争期での死別がなかった場合には中央値で三八・五歳、第3四分位数にいたっては四一・〇歳まで出産期が続いた。

このように出産が早く終わった（打ち切られたというべきだろう）ことによって、子の成長、自立を親として経験する時機も影響をうけた。同じく表5－2に示したように、戦争期の死別経験者の、（B）子の卒業終了中央値は、

表５－２　夫との死別時機別，生殖家族出来事の経験時機分布（C1 女性）

夫との死別			(A) 末子出生年齢	(B) 子卒業終了年齢	(C) 子結婚終了年齢	(D) 子からの経済的援助開始年齢	(E) 既婚子との同居開始年齢
1950 以前	n		33	32	31	33	31
	パーセンタイル	25	24.5	41.0	51.0	55.0	49.0
		50	28.0	44.0	54.0	99.0	54.0
		75	30.5	50.8	63.0	99.0	75.0
1951 以降/なし	n		44	45	44	46	46
	パーセンタイル	25	36.0	55.0	64.0	67.0	51.8
		50	38.5	58.0	67.0	99.0	67.5
		75	41.0	61.0	93.0	99.0	99.0

注：未経験者には 99 歳を代入

死別なしの五八・〇歳に対して四四・〇歳、以下同様に、（C）子の結婚終了は六七・〇歳に対して五四・〇歳となっている。夫が戦後まで生きた場合には、子の出産は四〇歳近くまで続いたことで、子の卒業、結婚の終了も五〇代終わりから六〇歳代にまで分布した。これに対し、夫を早くなくした場合には、四〇歳代で子の卒業、ほぼ五〇歳代で結婚が終了した、つまり子育てが終わったのである。他方、（D）子からの経済的援助の開始は、調査時点で半数が未経験であったが、第１四分位数（25%ile）値で比較する限り、やはり早期死別経験者は五〇歳代に始まっているのに対し、夫が健在な場合は六〇歳代後半までずれ込んでいる[10]。

最後に、既婚子との同居経験率と同居開始年齢を取り上げよう。というのも、定位家族キャリアで取り上げた親との同居の場合と同様、今度は自らが寡婦になったことで、既婚子と早めに同居する戦略を採ることが予想されるからである。資料は割愛するが、まず同居経験率は、戦争期の死別女性の八割が既婚子との同居を経験していた（戦後まで夫が健在だった場合は六割）。そして、表５－２（E）で同居経験開始年齢を中央値でみると、戦後まで夫が健在だった場合は六七・五歳であったのに対し、戦争期の死別した場合は五四・〇歳と、いちじるしく早かった。前者の場合、まだ四分の一が既婚子との同居を経験していなかった（75%ile が「未経験」を表す九九・〇）。

以上みてきたように、夫との死別は、デモグラフィックな帰結として、再生産キャリアの早期打ち切りと少子をもたらした。ひいては、子の成人期への移行完了（学卒、結婚）を相対的に早く経験した。戦争未亡人となったことで、既婚子との同居は若干促進され、時機も早まった(11)。

では、こうした統計的な分布の背後にある、沖縄戦で家族を失った人びとの、その後の出来事経験にまつわる主観的な受け止め方やコンテクストはどのようなものだったのだろうか。次節では、生活史に関する比較的豊かな情報がえられている年長コーホートの女性について、夫との死別とその後の家族キャリアを事例に、質的記述を試みたい。

五　質的データからみた死別出来事とライフコース

量的調査のフォローアップとして行った生活史インタビューでは、合計六名の、夫と死別したC1女性の語りがえられたのであるが、彼女のたちの人生回顧には、女手で生活を支えながら子どもを育ててきた苦労と、父親がいなくても子たちがしっかり育つよう頑張った結果、子たちが立派に成長したといった成功体験が共通して登場する。このようなナラティブは、夫が健在だった五ケースにはみられなかった。ここでは、戦争未亡人の典型ケースともいえる、冒頭でも紹介した女性（仮にAさんとよぼう）のライフコースを取り上げる。

Aさんは、一九三四年（一九歳）に馬車引きの夫と結婚し一九四四年までに二男一女をもうけていた。沖縄戦で夫とその両親を失いながらも、幸い、三人の子は無事だった。しかしながら、育ち盛りの子たちを抱えながら生計を立てていくのは困難を極めた。農業、養豚、豆腐づくりなどをして一家を支えたが、睡眠時間も三〜四時間に削り、早朝から深夜まで働いた。畑仕事では、近隣の人たちとの共同作業（ユイマール）で、男たちがやるような力仕事も行った。模合（沖縄で頼母子講に相当する私的金融システム）で融通したお金で農地も増やした。子どもたちも学校が終わったら畑に来させて一緒に働かせた。もちろん、それは一家総出で暮らしを立てていくためではあったが、もう一方では、父親がいないからといって曲がった育ち方をしないようにするための、彼女なりのしつけ方針であった。

お父さん、お母さんがいたらね、子どもたちはどんな自由に遊ばせてもいいがね。女手ひとつで育てるのはね、まじめな人間に育てるためにはね、夜遊びなんか絶対させなかったんです。

しかし、反面、息子たち、とくに長男を高校に進学させてやれなかったのを今では悔やんでいることは、冒頭の語りでも紹介したとおりである。

とはいえ、そうしたAさんの一家の主としての気概と働きによって、子たちは立派に成人した。長男は中学卒業後、会社員になった。次男はやはり中卒後、大工になった。長女だけは、おそらくは家計の状況もよくなり、高校へ進学し事務職についた。子の卒業終了は一九六三年（四八歳）、子の結婚終了は一九六八年（五三歳）で経験した。長男の結婚と同時に一九六三年（四八歳）から同居を開始した。

この事例を含む、夫と死別したほかのC1女性へのインタビューからも、畑仕事や豆腐の製造販売などで一家を支えつつ、子たちをしつけ、一人前に育て上げるといった、一人で父親と母親の二人分の役割をこなした苦労が、子の自立過程（卒業・結婚）と既婚子との同居といった、相対的に早く、一見安定的な家族周期を下支えしていたことがうかがわれた。ここで紹介したのは、戦後大変な辛苦を経験したけれども、働きながらも子どもたちをきちんと育て上げることができた、いわば成功事例であることは確かだろう。戦争未亡人たちが皆同じようなライフコース展開をたどったとは限らないだろうが、少なくともひとつの典型パターンを示していることは確かである。

六　結　論

戦争とライフコースの関連について本稿で明らかになった知見は、きわめてシンプルである。すなわち、定位家族からの自立過程ならびに生殖家族の形成期といった、要するに成人期への移行過程が戦争期にあたったコーホートの人びとは、親や配偶者との死別という出来事によって、ライフコース発達に関与する重要な他者たちを喪失した。そのことによって、自立過程は不完全なまま中断し、自身の生殖家族の形成・発達は、死別の痕跡を長く残すことになったというものである。

では、こうしたライフコース上の喪失ないし剥奪の出来事は、その人生を生きた人びとにとって、どのような意味をもっていたのだろうか。今回用いたデータでそれを明らかにすることはかなわないが、今後取り組まれる課題としての意味合いも込めて、最後に若干の考察を加えておこう。まず、親との死別は、親からの経済的援助、そしてそれに続く親への経済的・非経済的援助という世代間関係を未完結のまま打ち切る結果となった。ただでさえ、成人初期に親を失う喪失感は大きいはずであるが、加えて戦争状態のなかでそれを経験したことは、対象者たちを人生の大変な苦境に陥れたことだろう。とりわけ、まだ生殖家族を形成しておらず、定位家族との結びつきが強かったであろう年少のコーホートにとって、より大きな苦難をもたらしたことだろう。また、戦争で夫と死別した女性たちは、子たちが父親を失ったハンデを克服しようと人一倍の努力を傾けて戦後を生きてきたことがうかがい知れた。と同時に、そのような母親の背中をみて育った子たちも、早く経済的に自立し、長男は結婚後、母親と同居して、少しでも楽をさせてやりたいと思ったことだろう。

本稿で明らかにした戦争とライフコースの関連が、必ずしも沖縄だけに固有のものだと主張するつもりはない。沖縄以外の日本でも先の大戦によって家族を失った人びとは大勢いただろうし、外国でもそれは同じだろう。ただ、沖縄戦では、狭い島で繰り広げられた戦闘の量と質が他の地域を圧倒し、逃げ場のなかった一般住民が多数犠牲になった。今回のデータで明らかになった、死別経験の普遍性がそのことを如実に示している。たとえば、戦争未亡人が同一コーホートに占める割合が、少なくとも日本の他地域に比べてはるかに大きかったということである。おそらく、彼女たちの多くが戦後、再婚せずに未亡人としての人生を生きざるをえなかった要因のひとつには、冒頭でも確認したように、多数の住民を巻き込んだ沖縄戦で再婚相手になりうる若い男性人口が失われたこともあったと考えられる。

沖縄のケースにおいて、戦争の圧倒的な破壊・変形が人びとの人生や社会にもたらしたインパクトが、ひとつの社会の大部分を覆うものであったならば、そうした経験を刻み込んだライフコースおよび家族の発達が、今度は社会に波及していった効果がどのようなものであったかをわれわれは追跡してみなければならないだろう。たとえば、戦争未亡人とその家族の動向は、沖縄社会のジェンダー関係、子世代の社会移動、家族観への影響、そして、戦争の社会的記憶とも関連があると予想される。その意味で、本稿が行った分析の先にある課題は、個人のライフコースという観点から家族発達の歴史的変容をとらえることにより、戦後沖縄の家族変動を解明することだろう。そのための、戦争をはじめとする歴史の諸過程をライフコース上のミクロな経験を通して記述・説明していく作業をわれわれは急がなければならない。

方法論的には、本稿ではデータ上の制約から、出来事の時機関係といういわば状況証拠をあげることにとどまったという限界がありながらも、歴史的文脈と人生経験を結びつけるライフコース分析を採用することで、沖縄戦が異なる出生コーホートの人びとのライフコースに違った帰結をもたらしたことが明らかにできたと考える。また、そうした沖縄戦による死別経験の違いが、後続するライフコースに異なる展開をもたらしたことが、ライフコースの視点を採用することを通してあらわになった。その意味で、人生過程および家族発達へのライフコース・アプローチの有効性は活かされたということができよう。ただ、本稿の分析のみならず、戦争体験を含むライフコース研究の現状は、戦争がライフコースを構造化する水準に焦点をあてており、個々人の人間行為力 Human Agency（Giele & Elder 1998）が集団や組織や制度に変容をもたらしていく水準を十分に理論化できていないといえる。歴史・制度・集団・個人（White 1991）といった異なる次元の時間の相互連関を基本的な視点に含むライフコースの理論がどれほど突破口となりうるだろうか。われわれは、その理論的・方法的挑戦をやめるわけにはいかない。

注

（1）二〇一五年九月二〇日に開催された第八八回日本社会学会大会において、シンポジウム「戦争をめぐる社会学の可能性」が企画され、戦争を社会学の対象として扱うための視点と方法が模索された。ここに特別コメンテーターとして登壇した正岡寛司は、自身の体験をふまえつつ、戦争現象とこれまでの社会学理論との関連づけを行った上で、社会学による戦争研究の向かうべき途を示唆した。

（2）本稿で、出生年代に間隔がある二つの五年出生コーホートを対象としている理由についてふれておきたい。上述の調査は、必ずしも戦争体験のライフコース分析に特化したものではなく、大正・昭和期を生きた人びとのライフコースの基礎情報を多面的にとらえる目的をもったものであった。また、いささか変則的なコーホート設定は、モデルとなった先行調査（正岡他 1990）との比較を意図し、その調査で用いられた五歳年齢階級幅で設計されたコーホートをそのまま採用した。したがって、沖縄戦を含む第二次大戦とライフコースの関係を調べるという本稿の目的に照らすと、いろいろ制約もある。しかし、現時点で、沖縄のライフコース分析に堪える縦断的データとしては、管見の限り、ほかには存在しない。調査の詳細については、安藤（1998）並びに安藤（2000）を参照されたい。

（3）このような手法は、Modell らの歴史人口学や、Hogan（1981）らの社会学的ライフコース分析でつとに用いられているものである（Modell et al. 1976, Hogan 1981, 森岡・青井 1987, 正岡他 1990 & 1991）。

（4）祖父との死別は、半数が沖縄戦より以前に経験済みであったが、残りの半数は一九四五年に集中していた。祖母にかんしては、コーホートの違い、すなわち出生年にかかわりなく、戦争期に祖母を亡くしている。したがって、すでに高齢期を迎えていた生存祖父母の死期が早められたことは確かであろう。ただ、祖父母の死亡時機は不詳が多いので、今回の分析対象からは除外した。

（5）参考までに、除外した三人の内訳は、四五年に妻と子を同時に亡くした男性一人と、同じく四五年に夫を亡くした女性二人である。

（6）このほか、成人期への移行に関する出来事として取りあげられる初婚、初就職についても検討したが、親の死別との時機的な関連は見出せなかった。

（7）前掲の表5－1には各セルの実数は表示していないが、たとえば一番比率が小さい、親の両方を一九四五年に亡くしたカテゴリーのサンプル規模は、C1が二〇人（一四・一%）、C2が一五人（一一・九%）と小さく、さらに、コーホートごとの傾向を知るためにこれらの数値を基数にクロス集計を行うのは無理と判断した。

同様に、サンプル数の制約もあり、本稿では、ここで取りあげた成人期への移行出来事（のいずれか）を一九四五年以前に終えていたサンプル（C1に多い）も含めている。生存分析を行うのであれば、このようなケースは観測期間より前に発生した出来事として除外されるべきだろう。しかし、本稿では、人生上のどこかで、そうした親との相互作用の出来事を経験する機会があったのかどうかを知ることに焦点を合わせているので、このようなデータの処理が分析のロジックを大きく損なうことはないと考える。

（8）参考までに、本節で行った五つの出来事と親との死別タイミングとのクロス集計を、サンプル規模の小ささのために結果が不安定になるのを承知でコーホート別ならびに男女別でも行ってみたところ、これらの属性間で大きな違いは認められなかったことを付け加えておく。とくにコーホート間の差異がさほどなかったとしたら、それ自体、沖縄戦当時すでに成人期への移行を終えていたC1と、それの真っ最中であったC2それぞれの歴史的文脈を考えると、さらに詳しい精査が必要な問題であるといえる。

（9）こうした分割を行った理由のひとつは、分析のためのサンプル規模を確保したいという、データ上の制約によるところが大きい。ただ、方法論的なメリットとしては、調査で夫の死亡理由は得られていないので、一九五〇年までの死別を戦争期の死別とみなすことで、夫との死別が一九四六年以降に判明したケース（実際にわれわれのサンプルに存在した）も含められるだろう。

（10）定位家族キャリアの分析と同様に、子からの非経済的援助の開始についても検討したが、夫との死別時機による違いは見出せなかった。

（11）早くから母子家族となったことで、夫との死別経験者は、そうでない者に比べて結婚後の就業率が高いかどうかを確かめたが、農業者が多い今回のサンプルでは、早く夫を亡くしたことがとくに就業の継続性を高めたとは認められなかった。また、子の地位達成（教育程度）についても調べたが、負の効果は認められなかった。

引用・参考文献

安藤由美（1998）『激動の沖縄を生きた人びと』早稲田大学人間総合研究センター

安藤由美（2000）『沖縄におけるライフコースの出生コーホート比較研究』（科学研究費補助金研究成果報告書）
Clausen, John A.（1993）*American Lives: Looking Back at the Children of the Great Depression*, University of California Press.
Elder, G. H., Jr.（1974）*Children of the Great Depression: Social Change in Life Experience*, University of Chicago Press.（本田時雄ほか訳、一九八六、『大恐慌の子どもたち』明石書店）
Elder, G. H., Jr.（1975）"Age differentiation and the life course," *Annual Review of Sociology*, 1, 165-190.
Elder, G. H., Jr.（1987）"War mobilization and the life course: A cohort of World War II veterans," *Sociological Focus*, 2, 449-472.
Elder, G. H., Jr. and E. Clipp（1989）"Combat experience and emotional health: Impairment and resilience in later life," *Journal of Personality*, 57(2), 311-341.
Elder, G. H., Jr., Shanahan, M. and E. Clipp（1994）"When war comes to men's lives: Lice course patterns in family, work, and health," *Psychology of Aging*, 9, 5-16.
Elder, G. H., Jr., Pavalko, E.K. and T.J. Hastings（1991）"Talent, history, and the fulfillment of promise," *Psychiatry*, Vol.54.
福間良明・野上元・蘭信三・石原俊編（2013）『戦争社会学の構想』勉誠出版
Giele, J.Z. and Elder, Glen H., Jr. eds.（1998）*Methods of Life Course Research*, Sage.（正岡寛司・藤見純子訳、二〇〇三、『ライフコース研究の方法』明石書店）
Hogan, D.P.（1981）*Transitions and Social Change: The Early Lives of American Men*, New York: Academic Press.
池岡義孝（1987）「兵役体験とライフコース」森岡清美・青井和夫編著『現代日本人のライフコース』日本学術振興会、一五二―一七八
川平成雄（2011）『沖縄　空白の一年　一九四五―一九四六』吉川弘文館
正岡寛司他編（1990 & 1991）『昭和期を生きた人びと―ライフコースのコーホート分析―』早稲田大学人間総合研究センター
正岡寛司（1996）「ライフコース研究の課題」井上俊編著『岩波講座現代社会学9　ライフコースの社会学』岩波書店、一八九―二一一
正岡寛司・藤見純子・嶋﨑尚子（1999）「戦後日本におけるライフコースの持続と変化」目黒依子・渡辺秀樹編『講座社会学2　家族』東京大学出版会、一九一―二二七
目黒依子（1987）「男子のライフコースと戦争」森岡清美・青井和夫編著『現代日本人のライフコース』日本学術振興会、三二七―三四三
Modell, J., Furstenberg, F. F. and T. Hershberg（1976）"Social change and transitions into adulthood in historical perspective," *Journal of Family History*, 1, 7-32.

森岡清美（1990）「死のコンボイ経験世代の戦後」『社会学評論』一六一号、二―一一
森岡清美（1993）『決死の世代と遺書（補訂版）』吉川弘文館
森岡清美（2013）「戦争社会学と戦中派経験」福間良明・野上元・蘭信三・石原俊編『戦争社会学の構想』勉誠出版、三―二二
森岡清美・青井和夫編著（1987）『現代日本人のライフコース』日本学術振興会
沖縄群島政府統計課（1950）『沖縄群島要覧』
Riley, M. W., Johnson, M. and A. Foner eds.（1972）*Aging and Society, Vol.3: A Sociology of Age Stratification*, Sage.
玉城隆雄（1997）「伝統と変革の間で揺れる沖縄県の家族」熊谷文枝編著『日本の家族と地域性［下］西日本の家族を中心として』ミネルヴァ書房、一八九―二一〇
島内憲夫・北村薫（1987）「兵役と成人期への移行」森岡清美・青井和夫編著『現代日本人のライフコース』日本学術振興会、一三七―一五二
White, J. M.（1991）*Dynamics of Family Development: A Theoretical Perspective*, The Guilford Press.（正岡寛司・藤見純子・西野理子・嶋﨑尚子訳、一九九六、『家族発達のダイナミックス』ミネルヴァ書房）

第六章　炭鉱閉山と労働者・家族のライフコース
——産業時間による説明の試み

嶋﨑　尚子

一　問題の所在

炭鉱閉山という大規模で、強制的かつ即時的な産業転換が生じた際に、個々の労働者・家族は、どのような状況に直面し、どのような課題・選択を強いられ、それにどのように対処したのだろうか。本論はこのリサーチ・クエスチョンから始まる。この問いの背後には、以下の認識がある。「各産業部門に大転換が発生するたびに、つねに大量の解雇者や離職者が発生してきた。しかし、産業間にわたる転職を迫られた人びとの離職と転職、あるいは失業の記録はひとつの点としてのみ残されるだけであり、その点でさえもやがて歴史のなかに呑み込まれ消え去っていくのが常である。それゆえ、後の時代の者にとっては、彼らの苦しみや悲しみも、そして憤りや奮闘の軌跡も知るすべはない」(正岡 1998：288)。この軌跡、すなわち産業構造の転換による人びとの社会移動メカニズムを記述し、説明し、後世に継承することは、われわれ研究者の使命である。

いうまでもなく、本論の問いは、ライフコース研究における「社会変動とライフコース」という壮大なテーマへの挑戦である。この長大かつ困難なテーマは、マクロ現象とミクロ現象の相互連関を動態的にとらえることを必須とし、これまでに社会学、心理学、歴史学の視点から多くの実証研究が試みられてきた。ひとつの有用なアプローチは、具体的に劇的な社会変動（場合によっては革命的な変動）を取り上げ、それが人びと、家族、地域のライフコースにおよぼした衝撃を、横断的ならびに縦断的に記述し、多元的に説明する方法である。たとえば、グレン・H・エルダーJr.の『大恐慌の子どもたち』（一九七四年）や『困難な時代と家族』（コンガーとの共著 一九九四年、アイオワ青年と家族プロジェクト）、タマラ・K・ハレーブンの『家族時間と産業時間』（一九八二年）、マーティン・ダイワルドらによる『ベルリンの壁崩壊のあと』（二〇〇六年）があげられる。そこでは、大恐慌、農場危機、繊維産業の衰退と紡績会社の倒産、ベルリンの壁崩壊と東西ドイツ統合という歴史的出来事が、人びとのライフコースに大転換を強いた衝撃の様子、人びとがそれに懸命に立ち向かう姿、さらに長期にわたって継続する影響が描きだされた。歴史変動の近位ならびに遠位の効果を実証的に説明する枠組みであり、その際、社会変動（マクロ現象）とライフコース（ミクロ現象）のインターフェース（連結子）は、主要にはコーホートと親族上の世代、つまり歴史変動に遭遇した際の個人のタイミングに据えられた。

さて、炭鉱閉山を歴史的出来事として取り上げた正岡・藤見・嶋﨑・澤口による『炭鉱労働者の閉山離職とキャリアの再形成』研究（一九九六―二〇〇六年）も、この枠組みによる研究である。炭鉱閉山によって生じた膨大な数の閉山離職者が、いかにライフコースを再形成したのかを、一九七一年の常磐炭礦磐城鉱業所の閉山離職者四、七〇〇名超への全数追跡調査から明らかにしている。そこでは、ライフコースの再形成過程が、閉山に遭遇した際の年齢（出生コーホート）や階層から説明された。また、貝島炭礦を対象に同様の追跡研究も実施されている（髙橋・高川 1987）。そのほか、文書資料や行政記録をもとに、炭鉱閉山離職者の再就職過程に関する知見が蓄積されている（児玉 2001、浜 2004、嶋﨑・須藤 2013、嶋﨑 2015）。

ところで、炭鉱閉山は、一回性の出来事ではなく、連続性をもった出来事とみなせる。日本の場合、一九五五年以降二〇〇二年までの五〇年間に、九次にわたる石炭政策が継続し、この間に九二八にもおよぶ炭鉱が閉山し、二〇万人を超える閉山離職者が発生した。たとえば「スクラップ・アンド・ビルド」政策下では、一方で中小炭鉱がスクラップ（非能率炭鉱の買収）され、他方では有望炭鉱がビルド（補強）の対象となった。それに呼応して後述のとおり、炭鉱労働者たちは炭鉱間を移動したのである（嶋﨑 2013）。この五〇年にわたる一連の炭鉱閉山は、連続体として、あるいは閉山「群」としてそれ自体が、石炭産業の収束過程の構成要素であった。この点で、大恐慌やベルリンの壁崩壊とは決定的に異なる。閉山離職者のライフコース再形成の過程は、一連の閉山群を含む石炭産業収束過程というメゾ水準の産業時間を導入することではじめて、動態的な把握・説明が可能になる。本論ではその枠組みを検討し、社会変動（マクロ水準）とライフコース（ミクロ水準）研究への社会学的接近として一石を投じたい。

むろんこの挑戦は容易ではない。ここでは、閉山後の再就職（産業転換）と地域移動に焦点を限定し、メゾ水準の主要説明変数として再就職の受け皿（再就職先）の構造を据える。そしてこの構造が、横断的視点では、石炭産業の特性（炭鉱労働の特性、地域特性と企業特性）を反映して炭鉱間や労働者間で分岐すること、縦断的視点では、一連の閉山過程（石炭産業の収束過程）上で変動することを仮定した説明枠組みを提示する。具体的事例として、ライフコース・データによる研究知見が豊富な常磐炭礦閉山を主軸にすえ、同時期の二つの炭鉱閉山（貝島と雄別）、その後の産業終焉局面での四つの炭鉱閉山（三井芦別、三井三池、池島、太平洋）を比較する方法で、この枠組みの有用性を検討したい。

本論に先立って、日本の石炭政策を概観しておこう。石炭産業の構造転換政策は、一九五五年の石炭鉱業合理化臨時措置法によって始まった。一九五七年の深刻な不況から合理化閉山が相次ぎ、政府は、生産コストの引き下げと競争力の強化を目的としたスクラップ・アンド・ビルドに着手した。一九六三年から第一次石炭政策として具体化し、以後二〇〇二年まで九次にわたって政策変転を繰り返しつつ継続した。各次政策の内容は、本論中で適宜指摘するが、炭鉱閉山は、一次政策下の一九六二・六三年にピークとなり、その後一九八六年からの八次政策を契機に「なだれ閉山」が生じるなど、局面ごとに特徴的に発生した。

閉山にともなう炭鉱離職者の失業・再就職問題は、合理化臨時措置法以前から九州筑豊を中心とする失業多発地域（「黒い失業地帯」）で深刻化していた。一九五九年に炭鉱離職者臨時措置法（離職者法）が成立し、一九六三年の同法改正で炭鉱離職者求職手帳制度（通称「黒手帳制度」）が創設された。この制度は、事業吸収方式（緊就事業及び失対事業への紹介）から手帳による手当方式への切換えであった。有効期間は三年と明示され、二〇〇二年三月末日まで、四〇余年にわたって機能したのである。

二　炭鉱労働者の特性と移動性

炭鉱労働の特性

はじめに、炭鉱労働（者）の特性を三点から整理し、閉山離職者（あるいは求職者）の条件・特性を確認しよう。第一に、作業・業務の多様性がある。石炭産業は、「総合産業」ともいわれるほど多岐にわたる業務・部門からなっており、かつ一九七〇年代以降急速に機械化されるまで、労働集約的な生産体制をとっていた。生産事業では、掘進、採炭、仕繰、運搬（坑内、坑外）、機械、電気、測量、試錘、通気、選炭とつづく。さらに、鉱業所事業は、技術部門、事務部門（資材、原価管理、経理、人事、労務、総務）、計画部門、保安監督部門等からなる。その結果、鉱業所は、発電所を含む一大プラントを構成し、労働者の作業・業務内容もおのずと多岐にわたる(1)。当然のことながら、賃金体系・待遇等は、作業内容に応じて階層化され、それが閉山後の再就職を左右した。中堅職員として働き、閉山後に就職相談を担当した元炭鉱マンの次の言葉は、その様子を端的に示している。「炭鉱というところは、あらゆる層の人を、それぞれに合った仕事や作業で雇ってきた。読み書きのできない人も一人前として働くことができた。しかし、閉山を機にそのベールをはがさねばならず、それは実に切ないものだ」（太平洋炭礦ＯＢインタビュー）。

第二は、就労形態である。ほとんどの炭鉱は二四時間操業し、労働者は三交代制就業を基本とする。こうした就労形態は、労働者とその家族に、生産施設（坑口）に近接した炭住区での集住を強いる（山口 1942）。第三の特性はこの生活形態である。集住は、労務管理・外勤制度をとおして、ときに炭鉱労働者を過度に囲い込み、圧制へと通じた。他方で、大規模炭鉱では、住宅施設を福利厚生施設として位置づけ、インフラ整備等の充実を図り、労働力確保場面でのインセンティブともなった(2)。そして、炭鉱最盛期には、ヤマの仲間意識や「一山一家」精神が涵養された。

こうした炭鉱労働の特性を反映して、炭鉱閉山後の再就職対策においては、炭鉱で身につけた技術の特殊性、雇用条件の特殊性（請負給の賃金体系、採炭業務での相対的高賃金）、両義的な労働者エートス（勤勉さや協調性の強調と、粗暴性の強調）、労働者家族固有のライフスタイルの四点が認識されてきた。

炭鉱労働者の移動性と世代間継承

閉山後の移動を考える前提として、石炭産業に「労働力流動化政策の端緒的・原型的」形態・実態があった点に言及したい（戸木田 1989）。つまり炭鉱労働者は、そもそも移動性や流動性が高いのである（髙橋 2002）。ほとんどの石炭層が都市部から離れた地域に存するため、産炭地の多くは、炭鉱開業にともなって開基された（内陸型炭鉱）。産業の興隆期には、大量な単純労働者が移住し、ヤマを切り開いて、短期間のうちにコミュニティが形成された。また、生産が進むなかでは坑口自体も移動する。終掘すれば、他の炭層を目指して、新たな坑口やヤマが開かれる。この形態は、一所での定住を前提とする農業とは非常に対照的である。頻繁な移動を支える仕組みとして、明治・大正期には飯場制度や納屋制度があり、「渡り鉱夫」が存在し、自助ネットワークの「友子制度」が広く機能した。

戦後になると、労働者の移動は、労働力需給の変動に呼応して発生した。敗戦直後の増産体制下で「炭鉱に行けば仕事と飯にありつける」と、大量な引揚者や復員者が北海道や九州の産炭地を目指した（永末 1973）[3]。また同時期の農業政策下での農村の窮迫化によって、農村からの移動も促され、下層農民にとどまらず中間層も炭鉱へ流入した（戸木田 1989）。その結果、産炭地には、さまざまな年齢、学歴、職歴をもつ労働者が集まったのである。しかし、増産体制は坑内環境の改善等にはつながらず、労働者の賃金等は低下し、労使関係の悪化、労働者意識の高揚、激しい労働運動、闊達な文化活動が生まれた。この動きは、一九五〇年のレッドパージで一時的労働者（高学歴者等）が流出するまで続いた。

その後の朝鮮戦争による「黒ダイヤブーム」は、労働者の定着・定住を促し、ヤマの生活は相対的に安定へと転ずる。種々の資格取得を介した企業内異動（昇進や職制への登用）は、とりわけ若年炭鉱労働者のモチベーションを高めた。職制への登用は、勤務形態・賃金にとどまらず、住宅を含む広範な生活水準の上昇を約束するものであった。このように、ある程度の世代内移動も可能であった。

また、大手炭鉱を中心に、安定的な労働力確保と世代間継承を前提とした採用制度（たとえば三井田川では一九四六年から親子交代方式）や、子弟を対象とする企業学校（鉱業・鉱山学校）、子会社を活用した訓練制度（太平洋炭礦）が設けられた。こうした「子弟優先採用」は、労働力需給の変動が激しく、かつ固有の労働文化を有する石炭産業にあっては、企業側の雇用調整手段として機能した。しかし労働者側からは、炭鉱労働の世代間継承は、あくまでも緊急手段的もしくは最終手段にとどまった。興味深いことに、どの炭鉱でも炭鉱労働者は「炭鉱は自分の代だけでよい」、「自分の代で終わりにしたい」と考えていた[4]。子どもたちも、「坑内には入りたくなかった。恐ろしかった」といっている。炭鉱労働に誇りをもち、「ヤマの灯を消すな」と炭鉱存続を叫びつつも、炭鉱労働の前近代的な特性、危険度、産業の先行きの不明瞭さは、彼らに他産業への職業転換・移動の志向性を内在化させたのである。

表６－１　閉山離職者の再就職受け皿と社会移動

受け皿	産業転換	地域移動	特　性
第二会社	なし	なし	将来性は低い
系列・グループ会社	あり	抑制	第三次政策以降，大手を中心に活発化する
誘致会社	あり	抑制	産炭地域振興事業団によって推進，しかし十分には機能しなかった
一般企業（広域職業紹介）	あり	あり	製造業を中心に拡大，集団就職もある
炭鉱復帰	なし	あり	北海道炭鉱離職者雇用援護協会が中心となって斡旋する

移動の受け皿

本論での主要な説明変数である閉山離職者の再就職受け皿は、五つに大別できる（表６－１）。第一は、第二会社である。炭鉱会社は、いったん閉山し閉山交付金等をうけて従業員を解雇する。そのうえで規模を縮小した新規会社を設立し、離職者の一部を再雇用し、生産を継続した。第二会社への再就職は、斡旋側（会社・労組・職安）からすると、時間的・経済的猶予をえられるというメリットがある（高橋 1992）。離職者には、社会移動を最低限にとどめる選択肢である。ただし、雇用の安定性と将来性は望めない。第二会社は、スクラップ・アンド・ビルド期ならびに縮小均衡期にあっては、受け皿として大きく機能した。ただし、求職側では地元滞留の高年層が希望する傾向と、求人側では経営強化にむけて若年層を求める傾向があり、両者のミスマッチが大きい。

第二の受け皿は、系列・グループ会社である。この場合、産業転換はともなうが、地域移動は抑制される。炭鉱会社に対しては、第三次政策以降、事業の多角化が推奨されてきた(5)。系列会社が受け皿として大きく機能するのは、財閥系と大手炭鉱である。また財閥系大手では、全国のグループ会社での受け入れが、とくに産業転換が困難である職員層を出向・配転という形態で吸収する場合もある。

第三の受け皿は、産炭地への誘致会社である。系列会社と同様に、産業転換をともなうが、地域移動は抑制される。産炭地域振興は、離職者対策と並行して一九六一年から産炭地域振興臨時措置法（産炭法）として進められ、一九六二年に産炭地域振興事業団が設立、一九六九年からは産炭地域振興臨時交付金制度によって企業誘致が促進された[6]。具体的には、事業団が造成した工業団地への工場進出等であったが、その成果は限定的であった（石岡 2012）。

第四の受け皿は、広域職業紹介、移住を前提とする一般産業会社である。高度経済成長期には、製造業を中心とした一般産業界は、拡大路線に進み、旺盛な吸収力をもっていた。一般産業会社への就職は、前述の炭鉱開基を契機にコミュニティが形成された内陸型炭鉱の場合には、中核的な受け皿であった。

最後に、第五の受け皿は、「炭鉱復帰」である。この場合、産業転換はなく地域移動のみの再就職である。北海道内では、石炭政策による閉山・合理化によって離職者が発生すると同時に、ビルド鉱は慢性的な労働力不足に陥るという複線的様相を呈していた。そのため、石炭各社と労組とで、斡旋機関として北海道炭鉱離職者雇用援護協会を設立した（嶋﨑 2013）。同協会は「道内の炭鉱離職者の石炭鉱業への復帰と、併せて定着促進に関する援助を行うことを目的」（規約第二条）に、一九六八年四月に設立された。炭鉱復帰を重点とする施策は、一九八二年北炭夕張新鉱の閉山を機に、炭鉱復帰が現実的でなくなるまで継続した（北海道炭鉱離職者雇用援護協会 1978, 1988）。道内での炭鉱復帰の実態については、嶋﨑（2013）に詳しいが、以下の点は強調しておく必要がある。炭鉱復帰は、同会社の別炭鉱へ就職するといった系統的な移動ではなく、求職者個人の意向を反映した移動である。黒手帳制度での求人・求職手続きに則った再就職であった。それゆえ、第五の受け皿と位置づけられる。

なお、職業訓練も閉山離職者の受け皿として重要であるが、ここでは再就職に限定し、対象からは除く。

三　炭鉱閉山と離職者の再就職

対象炭鉱と閉山のプロフィール

では、炭鉱閉山を石炭政策上に位置づけ、受け皿の構造に着目した説明を試みよう。前述のとおり以下では、第四次石炭政策下での閉山炭鉱として、常磐炭礦を主対象に据え、その比較対象として同時期の貝島（福岡）、雄別（北海道）と、石炭政策最終局面「ポスト八次石炭政策」下での四炭鉱（三井芦別、三井三池、池島、太平洋）を取り上げる。七炭鉱閉山の概要と再就職・就職先は表6－2のとおりである。簡単に常磐炭礦ならびに比較対象の六炭鉱のプロフィールを紹介する。

福島県いわき市の常磐炭礦は、本州東部最大の炭鉱である。炭質は低いが、経済地理的条件に恵まれた都市型炭鉱であり、常磐炭田で最大規模の生産を誇った。財閥系の入山採炭と磐城炭鉱とが一九四四年に合併して設立され、地場産業としての特性を有する。中村豊社長を頂点とする「一山一家」精神が象徴的である。閉山によって結果的に国内最大の離職者を生じた。その数は四、七〇〇名を超える。福岡県の貝島炭礦は、常磐と同じく非財閥系の地場大手炭鉱である。また創業者貝島一族による温情主義的な経営風土も特徴である。一九六六年に閉山し、二、〇〇〇名近い離職者を生じた。北海道の雄別炭鉱は、一九六九年度からの第四次石炭政策による企業再編策（閉山交付金単価の引き上げと特別閉山交付金を新設）をうけて、一九七〇年に戦略的に雄別三山（雄別・尺別・上茶路）の「企業ぐるみ」閉山した。山間の谷沿いに開基にされた典型的な内陸型炭鉱である。閉山から五〇年を経過して、現在は跡形もない荒野と化している。

ポスト八次石炭政策下での最初の閉山が、北海道の三井芦別炭鉱である。戦後国内で最初の労働組合を設立した炭鉱であり、かつては組合運動も盛んであった。内陸型の炭鉱である。芦別市は、最盛期には五山を擁し、石狩炭田で

表6－2　炭鉱閉山と閉山離職者の再就職過程

炭鉱名	貝島	雄別	常磐	三井芦別	三井三池	池島	太平洋
石炭政策	第3次石炭政策	第4次石炭政策		ポスト8次石炭政策			
閉山時期	1966年11月	1970年2月	1971年4月	1992年9月	1997年3月	2001年11月	2002年1月
地域	福岡県	北海道	福島県	北海道	福岡県・熊本県	長崎県	北海道
情報時点	9ヵ月後 1967年3月末現在	12ヵ月後 1971年2月末現在	16ヵ月後 1972年8月末現在	8ヵ月後 1993年5月末現在	50ヵ月後 2001年5月末現在	35ヵ月後 2003年12月末現在	36ヵ月後 2005年1月末現在
解雇者数			4,702				
離職者数 （求職者数）	1,923 （職員・鉱員・臨時） 求職者＋移転者	2,328 （職員・鉱員・組夫）	4,288 （職員・鉱員） 求職者＋移管者	356 （職員・鉱員）	1,553 （本体，一次，二次 下請，子会社含む）	1,214 （下請関連含む）	1,066 （下請関連を除く 鉱員・職員）
純求職者	1,839	1,925	4,171	355	1,317	954	1,031
就職者	1,687	1,836	3,802	296	1,065	474	753
就職率	91.7%	95.4%	91.2%	83.3%	80.9%	49.7%	77.9%
就職先内訳	以下N＝1,624 4ヵ月後の情報	以下N＝1,836	以下N＝3,974のうち不明を除く3,951	以下N＝175 2ヵ月後の情報	以下N＝617 （福岡県分のみ）		以下N＝753のうち不明を除く681
第二会社	932（57.3）	—	993（25.0）	—	産業別 製造業200(32.4) 建設業155(25.1) サービス 74(12.0) 運輸・通信 59(9.6) その他129(20.9)		364（53.5）
系列・グループ会社	115（7.1）	—	369（9.3）	134（76.6）			13（1.9）
誘致会社	118（7.3）	—	372（9.4）	13（7.4）			—
一般産業：地元		—	1,087（27.5）				205（30.1）
一般産業：市外	415（25.6）	1,534（82.3）	1,130（28.6）	22（12.6）			99（14.5）
炭鉱復帰	44（2.7）	302（16.2）	（他炭砿は数名）	6（3.4）			—
道内・県内	1,165（71.7）	840（45.1） *すべて雄別外	2,821（71.4） *2,819は市内	154（88.0）	669（96.0） （福岡・熊本）		641（94.1）
道外・県外	459（28.3）	996（53.5）	1,130（28.6）	21（12.0）	28（4.0）		40（5.9）

出所：貝島：高橋・高川1987より算出，雄別：尺別炭鉱労働組合1970，常磐：嶋﨑2004，三井芦別：嶋﨑2015，三井三池：児玉2001より算出，池島：浜2004，太平洋：須藤2015より算出。

は最大の市域をもった。一九九二年の三井芦別の閉山は、三井三池に集約するねらいもあり、三井鉱山の北海道からの撤退であった。

一九九六年時点で、三井三池炭鉱、池島炭鉱、太平洋炭礦の三炭鉱が残った。興味深いことに、この三炭鉱は、異質な属性をもつ。福岡県と熊本県にまたがる三池炭鉱は、原料炭を中心に生産し、日本国内で最大・最良とされた都市型炭鉱である。しかし一九五九・六〇年の三池闘争とその過程での組合分裂、一九六三年の三池炭じん爆発事故、一酸化炭素中毒者の発生など、半世紀にわたって苦闘を続けてきた。最終的に一九九七年に閉山した。三池の閉山と前後して、国はエネルギー政策を転換し、「高度技術の海外移転」をとおして石炭の安定確保を目指した。離島型炭鉱である長崎県の松島炭鉱会社池島炭鉱は、最終的にはこの技術移転事業を担いつつ採炭を続けてきたが、ポスト八次政策の最終年度二〇〇一年一一月に閉山した。最後の太平洋炭礦は、道東の中核都市釧路の三大産業のひとつとして存続した。とくに機械化や近代的労務管理等で知られた都市型炭鉱である。池島と同じく一九九六年以降、技術移転事業に着手した。二〇〇二年一月に閉山後、市民炭鉱として釧路コールマイン社が設立され、国内唯一の坑内掘採炭を続けている。

就職率と再就職決定時期

これら七炭鉱の閉山離職者たちがどのように再就職したのか、具体的にみていこう。図6－1は、閉山後の再就職決定過程を月単位で示している。この図と前掲表6－2を用いて、就職率と決定時期を概観する。常磐炭礦では、求職者四、二八八名中九一％が、失業保険期間中（閉山一六ヵ月後まで）に再就職を決定している。高い就職率である。しかし、その進展は比較的緩やかであった。これに対し、貝島の場合には九ヵ月後時点ですでに九二％と、常磐以上のスピードで決定した。さらに雄別の場合には、一二ヵ月後に九五％と、三炭鉱のなかでもっとも高く、早かった。

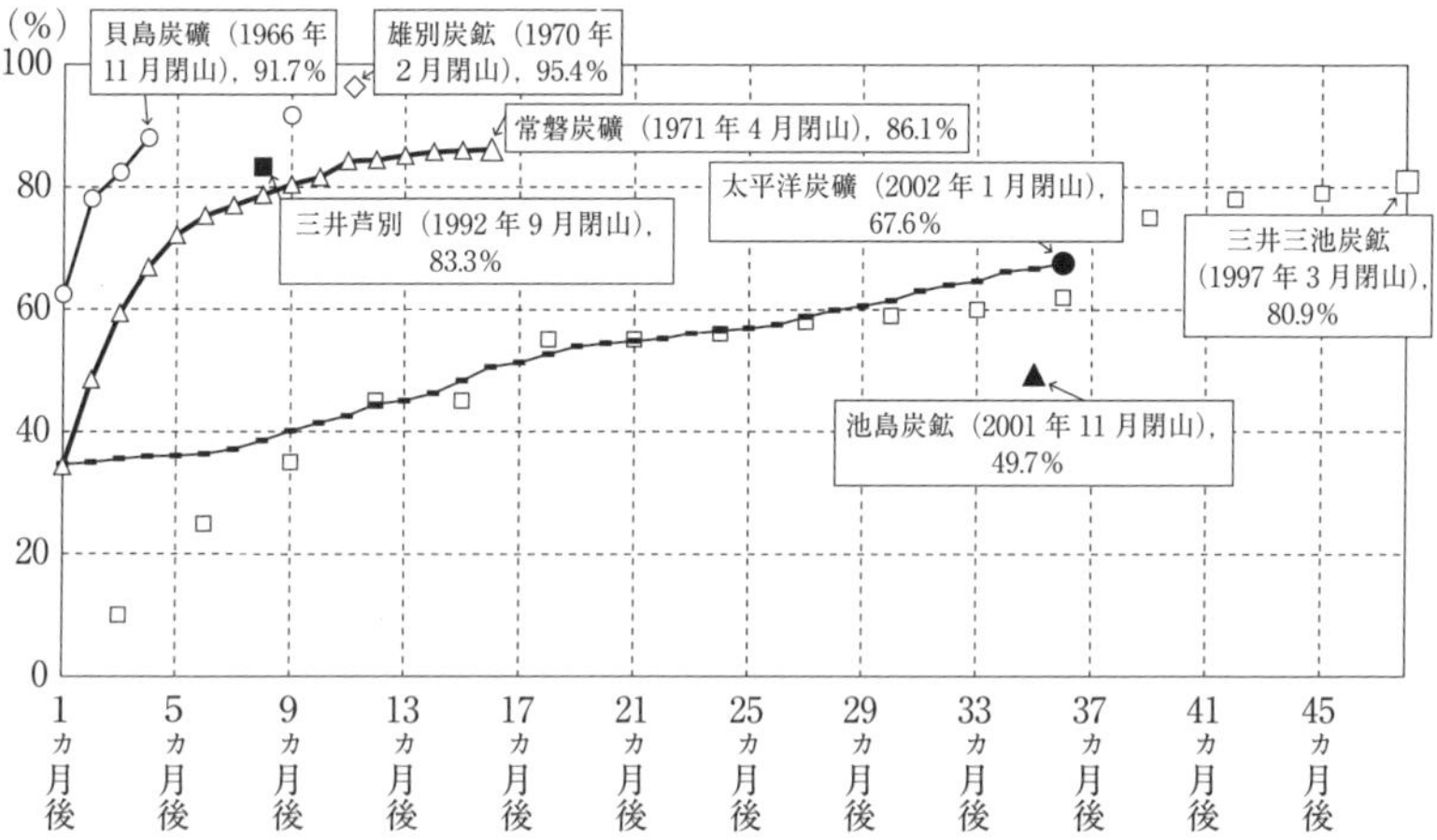

注）就職決定率＝就職決定者数／(黒手帳発給者－移管者) × 100

図６－１　閉山後の再就職決定経過

出所：貝島：高橋・高川 1987，第 8 表，第 10 表，第 12 表，第 16 表，雄別：尺別炭鉱労働組合 1979，常磐：白井 2000，三井芦別：嶋﨑 2015，三井三池：児玉 2001，池島：浜 2004，太平洋：嶋﨑・須藤 2013

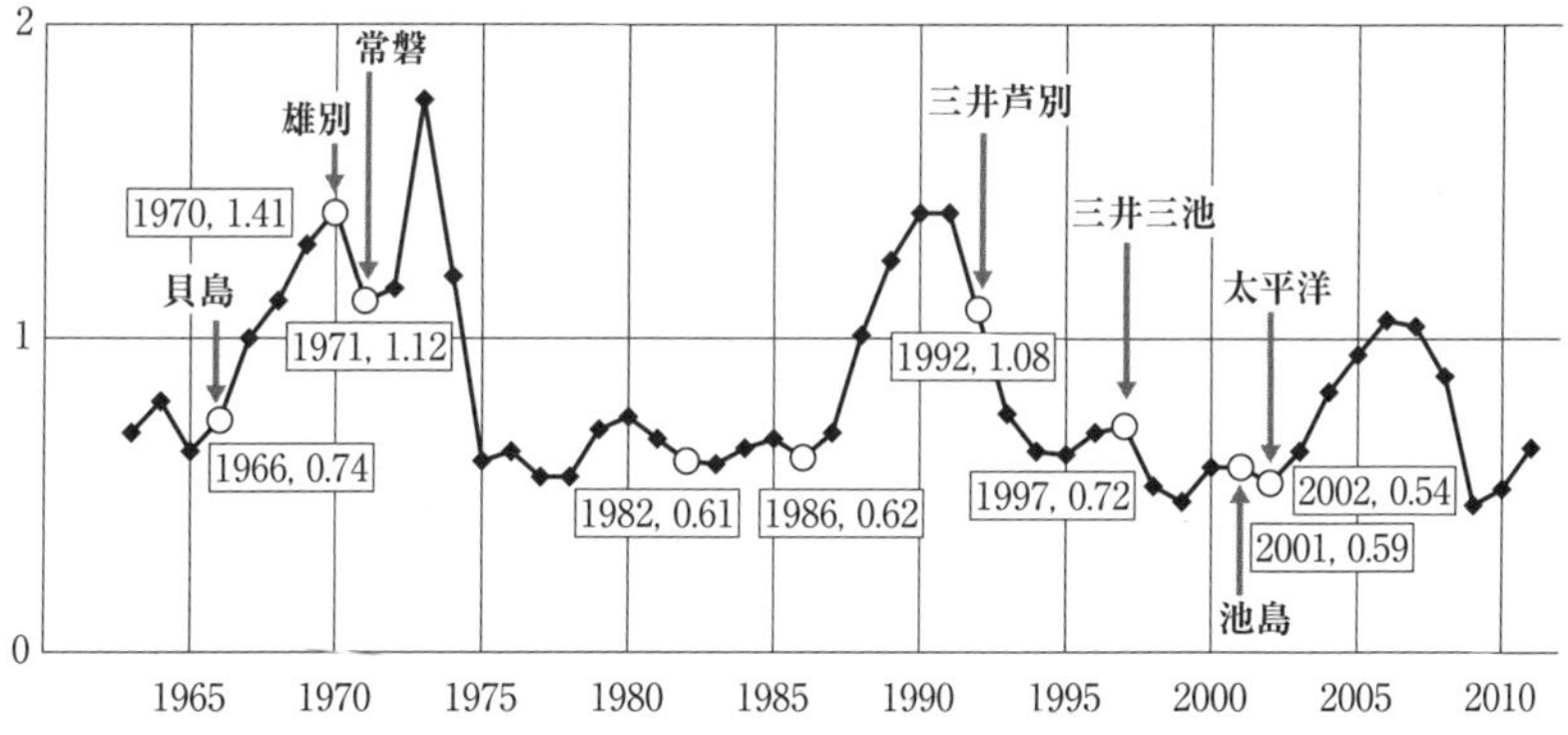

図６－２　炭鉱閉山タイミングと有効求人倍率（全国，年平均）

出所：厚生労働省 2012『職業安定業務統計』(労働市場関係指標　第 9 表）より作成

表6－3　炭鉱閉山タイミングと有効求人倍率（都道府県，年平均）

	全国	北海道	福島県	福岡県	長崎県
1966	0.74	0.88	0.47	0.21	0.35
1970	1.41	0.87	0.94	0.43	0.63
1971	1.12	0.75	0.69	0.37	0.66
1992	1.08	0.70	1.45	0.77	1.13
1997	0.72	0.54	0.87	0.54	0.64
2001	0.59	0.48	0.54	0.45	0.43
2002	0.54	0.47	0.45	0.41	0.42

出所：厚生労働省 2012『職業安定業務統計』（労働市場関係指標　第9表）より作成

他方で、ポスト八次政策下での四炭鉱の場合には、全体に進行速度は遅い。とりわけ最終三炭鉱の就職率と進展は、総じて鈍い。この点は、経済状況からの説明が可能である。図6－2ならびに表6－3は、各炭鉱閉山年における有効求人倍率（年平均）を示している。常磐・貝島・雄別の三閉山は、高度経済成長期にあたり、有効求人倍率は総じて高い。比して、最終三炭鉱にあっては、九〇年代の構造的経済不況を反映して、有効求人倍率はきわめて低い。かつ表6－3の産炭道県別の有効求人倍率によれば、当該炭鉱のおかれた状況がとりわけ厳しいことは一目瞭然である。労働市場の動向を反映して、黒手帳期間の長期化等を講じたが、その効果はきわめて小さかった(7)。

再就職先と地域移動

つづいて前掲表6－2から、再就職先と地域移動をみよう。就職先内訳は、情報未収集の池島を除く六炭鉱では、大きく内容が異なっている。常磐炭礦の場合、第一の受け皿「第二会社」（西部炭鉱）への就職が二五%を占める。ついで、第二の受け皿「系列会社」に一割が就職している。常磐炭礦が閉山した一九七一年時点で、親会社の常磐興産社は「オール常磐」二二社を擁しており、そのうち二〇社に三六九名、九%が再就職した。さらに、第三の受け皿「誘致会社」二四社に九%、合わせて四四%にのぼり、吸収力は大きかった。再就職先は八五五社にのぼる。第二会社、系列二〇社、誘致二四社、その他は、「いわき市内」四八九社、市外一五社、県外三〇六社である。このように、常磐の場合には、地元いわき市の吸収力が強く、結果として、市内就職者は二、八一九名（七一％）に達した。県外就職者は一、一三〇名、千葉三三七名、東京二一一名、茨城一九一名、神奈川一四九名、四都県で八六％を占める（嶋﨑 2004）。

貝島の場合、第二会社大之浦炭鉱への就職は、閉山九ヵ月後時点での再就職者一、六八七名中九三七名、五六％を占めた。常磐以上に「第二会社」の吸収力が大きい。そのほか第四の受け皿「市外一般産業」が四分の一を占める。結果、常磐と同水準の七一％が県内での再就職となった。同時期の閉山でも、雄別は対照的である。第四の受け皿「市外一般産業」が八二％と圧倒的である。さらに「雄別外の北海道内」と「道外」とが半々である。

最終局面の炭鉱では、三井芦別では第二の受け皿「系列会社」が七七％で大方を吸収しており、道内再就職比率が非常に高い。また、三井三池の場合には、第二の受け皿は小さく、第三・第四の受け皿でほとんどを吸収している。その結果、閉山離職者はほぼ全員が福岡県内で再就職を実現した。福岡県内の労働市場規模が功を奏したのである。太平洋炭礦は、常磐・三池と同じく都市型炭鉱であるが、固有の特性を示す。第一に「第二会社」釧路コールマイン社によって半数が吸収されている。第二の受け皿「系列会社」が受け皿としてはまったく機能せず、第三の「市内一般産業」でかろうじて残りを吸収した。また、三井芦別、三井三池と同じく市内就職率が高いが、これは、同炭鉱が四〇年にわたって持ち家制度を推進し、離職者の持ち家率が他山と比して非常に高いことが、他出を抑制したとみてよい（嶋﨑・須藤 2013）。

四　産業収束過程と再就職受け皿の構造――横断的説明と縦断的説明

産炭地域属性と受け皿――高度経済成長期の炭鉱閉山

以上のように七炭鉱のみの比較からも、閉山後の再就職に標準形はなく、各閉山で用意された受け皿の構造に応じて異なることは明らかである。まず、横断的な説明として同時期の産炭地域属性別にその構造をみよう。本論では、大規模炭鉱閉山のみを取り上げているため、次節でみる企業属性と産炭地域属性の効果は交絡する。そこでここでは、受け皿となる雇用創出の可能性の指標として、都市型、内陸型、離島型という炭鉱の経済地理的特性から接近する。

常磐炭礦は都市型炭鉱であり、かつ京浜・京葉工業地帯との近接性から、第二の受け皿「系列会社」である「オール常磐」の拡張が可能であった。その出発として、常磐興産社を炭鉱会社の親会社化し、常磐ハワイアンセンター（現スパリゾートハワイアンズ）を設立した。観光業への転身である。また、第四の受け皿「一般産業」では、京浜・京葉地帯から相当数の求人を得ることが可能であった。さらに、第三の受け皿「誘致会社」も、常磐地域に限ってはある程度機能した。たとえば、一九七〇年時点での誘致企業は、全国産炭地域進出企業連合会編『産炭地域進出企業名簿』から、全容を捕捉できる。登載企業は六四八社で、九州三七七社、山口七七社、北海道一一五社、常磐七九社である。全体にこの数値は、常磐炭礦閉山時の求人企業総数七〇三社（嶋﨑 2004）と比しても、いかにも少ない（詳細は別稿）。そうしたなかで、常磐地域での七九社は、炭鉱会社規模からすると、受け皿として充分な規模であったと判断できる。

一方、内陸型の雄別炭鉱は、対照的な受け皿の構造である。端的にいえば、第一、第二、第三の受け皿は存在しない。内陸型炭鉱の閉山直後の様子を詳述しよう。雄別三山（雄別・尺別・上茶路）は、釧路炭田の山間の谷筋に炭鉱マチが形成された炭鉱である。一九七〇年二月末に「企業ぐるみ閉山」し、三山で常磐につぐ三、七〇〇名もの閉山離職者を生じた。しかし、再就職決定は非常に早く進み、三山全体で一八ヵ月後には九七％に達している（尺別炭鉱労働組合 1970）。そこには、ヤマの街自体が消滅するという切迫感があった。実際に、生活基盤となるインフラは閉山後、急速に撤廃された。たとえば、その中心である雄別鉄道は、釧路―雄別間の営業を、閉山から二ヵ月も経たない四月一五日限りで廃止した。それに先立ち、雄別炭鉱小学校・中学校は、三月末をもって閉校した。閉山半年後には、ヤマ全体が他出を強いられたのである。ちなみに、短期間での他出は、離島の場合により顕著である。「軍艦島」として知られている三菱端島炭鉱は、一九七四年一月一五日に閉山したが、わずか三ヵ月のうちに島民二、五〇〇名全員が他出した。三月末に小学校・中学校閉校、四月一七日に端島支所閉所、そして四月二〇日高島―端島航路が閉鎖され、端島は無人島となったのである（坂田 1994：14）。

内陸型・離島型炭鉱の場合、閉山離職者の再就職と離職者対策・支援は、地域移動を前提に、急速に進められた。実際、異様な求人の様相を呈したという。一九七〇年四月発行の『アサヒグラフ』に「閉山をねらい撃ちする求人合戦　北海道・雄別」という一〇頁にわたる特集記事が掲載されている。「三、七〇〇人の離職者という餌を求めて求人のカラスが群がる。さながら〝通夜のにぎわい〟」とある。記事によれば、道外企業の求人は全体で約九〇〇社、三三、〇〇〇人、約九倍の求人となったという。その結果、道内就職者一、四一四名、道外（一七都府県）就職者一、五五二名となった（尺別炭鉱労働組合 1970）。また、彼らの社会移動・地域移動は、石炭政策初期の広域就職と同様に、多くが集団移住の形態をとった。

企業属性と受け皿――石炭政策進行と財閥系炭鉱の閉山対策

他方で、受け皿構造は企業属性ごとにも異なり、その特性は、地域属性以上に石炭政策の進行と関連する。非財閥系炭鉱の場合、前節のとおり地域属性から強く規定される。そこで以下では、財閥系炭鉱の受け皿構造が、石炭政策の進行と呼応して変動する様相を確認する。

石炭政策の初期におけるスクラップ・アンド・ビルド期から縮小均衡期には、大手ビルド炭鉱は、労働力需要を高め、第五の受け皿「炭鉱復帰」を用意した。雄別炭鉱閉山での「炭鉱復帰」（三〇二名）はその典型である。行き先は、道内一六炭鉱にわたり、住友赤平（七七名）、三菱南大夕張（五九名）、三井芦別（四八名）、住友奔別（四三名）と続く（尺別炭鉱労働組合 1970）。その後の合理化対策では、財閥系炭鉱は、稼働炭鉱の集約を進めた。たとえば住友石炭鉱業は、一九七一年に歌志内・奔別の二山を閉山し赤平一山に集約したが、その際二山の離職者四、七一六名のうち五七五名が赤平に炭鉱復帰した（ちなみに炭鉱復帰総数は九八八名）。この選択肢が再びの閉山離職へとつながることは自明であるが、それでも、中年以上の離職者には魅力的な移動先であった。つまり、石炭年金受給開始までの残り年数を考えると、産業転換を回避し、それまでの職の保障となったのである。

その後、一九八七年度からの第八次石炭政策は、高コスト炭鉱の撤退を現実的に迫るものであった。この時点での稼働一一炭鉱では、閉山もしくは閉山には至らないものの合理化が相次ぎ、石炭産業はいよいよ終末へと舵を切った。そして、一九九二年度からの「新しい石炭政策」（ポスト八次政策）は「九〇年代を国内石炭鉱業の構造調整の最終段階と位置づけ、国内炭生産の段階的縮小を図る」とし、ついに終焉時期が明示されたのである。

この最終局面での閉山離職者の再就職は、前節で確認したとおり国内産業全般での構造不況をうけて、容易ではなかった。政府は黒手帳制度の拡充(8)、離職者法の改正(9)を講じた。炭鉱会社には、経営多角化と新分野開拓を通じて「あらかじめ」雇用対策を講じることと、具体的な地域振興対策が課された（征矢 1992）。炭鉱会社は、閉山協定において地元での新規事業の創出と具体的な地域振興対策（振興資金の拠出など）の確約が求められるようになった（嶋﨑 2015）。

そこで炭鉱会社は、短期の予定で現地に新規事業を創設し(10)、第二の受け皿「系列・グループ会社」のサブカテゴリ

表6－4　常磐炭礦磐城礦業所閉山離職者の再就職先（昭和47年8月まで）　（%）

	N	地元				県外
		計	新会社	系列会社	その他	
全体	3951	71.4	25.1	9.3	36.9	28.6
39歳以下	1039	61.2	15.2	11.1	34.9	38.8
40歳代	2021	73.2	28.0	8.5	36.7	26.8
50歳以上	891	79.0	30.2	9.3	39.5	21.0

注）就職先は不明を除く。
出所：嶋﨑（2004）表5の一部を転載

ーを設けたのである。三井芦別の場合には、新規事業（トラック架装事業、金属選別事業、ベアリング事業、金型事業）の四社が創設され、七八名分の雇用が用意された。ポスト八次での最初の三井芦別炭鉱閉山は、「あらかじめ対策」の第一号であった。労組の閉山反対闘争、閉山条件闘争においても、これまでにない動きがとられた。すなわち表向きには「ヤマの存続」を模索しつつ、他方では「あらかじめ対策」を着実に進め、その目標に「失業なき再就職」を据えていた。会社側の閉山提案前に、組合が組合員の求職意向を把握し、見込みをつけていた。その結果、閉山協定締結時にはおおよその再就職の目処がついていたのである（嶋﨑 2015）。財閥系炭鉱は、こうした雇用対策計画を策定できたが、最後に残った非財閥系の池島、太平洋は、望むべくもなかった。

ライフコース・タイミングと再就職──求職内容と就職先

以上の、横断的・縦断的な受け皿の構造とその変動を踏まえて、ミクロ水準での閉山離職者の再就職の様相を考察しよう。

冒頭で示したように、閉山離職者の再就職過程は、閉山に遭遇した年齢・タイミングによって、大きく異なる。常磐炭礦の求職内容を地域、就職先、住居、時期からみよう（嶋﨑 2004）。若年層（三九歳以下）では、「地元希望」が高い（七五%）が、「県外」も一割いる。「第二会社」（小規模な継続炭鉱会社）希望が少なく、「就職先の社宅入居」希望が高い。全体に、「早期の就職を希望」という特徴がある。

表6－5　三井芦別炭鉱閉山離職者の求職内容（閉山直前）

（%）

	N	自分で探す	道外でも可	道内斡旋希望	札幌斡旋希望	当分考えない	地元希望	不明
全体	294	13.9	2.0	12.2	5.4	17.7	46.9	1.7
一般職	236	12.3	2.1	9.7	5.1	19.5	51.3	0.0
20-39 歳	31	12.9	3.2	6.5	3.2	0.0	74.2	0.0
40-49 歳	106	8.5	0.0	13.2	5.7	6.6	66.0	0.0
50-51 歳	32	21.9	3.1	18.8	3.1	15.6	37.5	0.0
52 歳以上	67	13.4	4.5	1.5	6.0	50.7	23.9	0.0
職員	58	20.7	1.7	22.4	6.9	10.3	29.3	8.6

注１）選択肢の詳細は，「自分で再就職先を見つける」「労働条件がよければ道外でもよい」「道内での就職斡旋を希望する」「札幌周辺での就職斡旋を希望する」「当分の間，再就職は考えていない」「労働条件は別にしても，地元で働きたい」である．このほかに「自営業を始める」があるが，回答は皆無であった。

２）未記入（全体 62，一般 38，職員 24）を除く。

３）慶應義塾図書館所蔵『日本石炭産業関連資料コレクション』COAL@C@2366 より算出。

出所：嶋﨑（2015）より転載

表6－6　三井芦別炭鉱閉山離職者の再就職先決定状況（閉山２カ月後時点）

（%）

	N	決定	地元会社：雇用対策	地元求人会社	道内求人会社	道外求人会社	その他	職業訓練希望	その他
全体	355	49.3 (175)	37.7 (134)	3.7 (13)	2.0 (7)	4.2 (15)	1.6 (6)	20.0 (71)	30.7 (109)
一般職	273	43.2	32.2	4.4	2.2	3.3	1.1	20.1	36.6
20-39 歳	38	73.7	71.1	2.6	0.0	0.0	0.0	7.9	18.4
40-49 歳	124	61.3	41.9	7.3	4.0	6.5	1.6	15.3	23.4
50-51 歳	37	24.3	13.5	5.4	2.7	0.0	2.7	37.8	37.8
52 歳以上	74	6.8	5.4	0.0	0.0	1.4	0.0	25.7	67.6
職員	82	69.5	56.1	1.2	1.2	7.3	3.6	19.5	11.0

注１）N は，閉山後死亡（一般職）１名を除く。

２）「決定」には，具体的な採用の日付が記載された「採用見込み」を含む。

３）（　）内は実数。

４）「地元会社：雇用対策」は，閉山協定上での「雇用対策計画」で予定されていた求人を指す。

５）「就職先その他」には，自営業，雇用対策室を含む。「決定その他」には「急がない」「自分で探す，鋭意休職中」「来春までゆっくり探す」「未決定・求職中」「未決定・来春まで」を含む。

６）慶應義塾図書館所蔵『日本石炭産業関連資料コレクション』COAL@C@2366 より算出。

出所：嶋﨑（2015）より転載

中年層（四〇歳代）の場合には、「地元希望」が八六％とさらに高く、会社は、「第二会社」「系列会社」「その他」に分かれる。「就職先の社宅入居」希望は四四％にとどまり、五〇％が「持ち家」を希望している。同じく早い時期の就職を希望している。高年層（五〇歳以上）では、「地元希望」が八七％、「第二会社」「系列会社」のほかに「職業訓練校」希望も高い。七三％が「持ち家」を希望し、時期は、早いグループと遅いグループとに分かれる。

実際の就職先は、表6－4のとおりである。しかし表のように、「県外」就職が三九％を占め、「地元希望」の実現率は低かった。スに実現したかのようである。若年層は、求人数も多く、総体としてみるなら、早期の就職がスムー速やかな就職の実現にむけては県外転出の働きかけがあり、多くの者が、県外の大口求人企業に採用され、集団就職していったのである。中年層は、大口就職に関しては、若年層とほぼ同じ傾向を示すが、地元希望の実現は、むしろ高年層と同じく、高い。これは新会社への大量な採用による。そして、高年層では、地元希望が強く、新会社への採用によりその一部が実現された。若年層とは対照的に県外転出希望の場合には、その実現は困難であった。大口求人企業に対して、若年者との抱き合わせ採用の形式で、二割程度が大口採用企業へと就職していったのである。

他方で、三井芦別の場合には、表6－5のような求職内容であった。常磐以上に若年層で「労働条件は別にしても、地元で働きたい」意向が強く、かつ全体として斡旋希望の比率も高い。この傾向は、三井芦別の場合には、前述の第八次石炭政策下での二度にわたる大規模な合理化によって、他産業への移動・地域移動を希望する若年層がすでに離職した結果であると考えられる。それゆえ、閉山時での受け皿として地元の「系列会社」が必要となり、実際、閉山二ヵ月後の再就職状況は、表6－6のとおり、若年層の七割が「地元の雇用対策での新規会社」で吸収されているのである。

五　結論

一九五〇年代から半世紀以上をかけて終焉した石炭産業では、実に二〇万人以上の炭鉱労働者が閉山に直面し、家族とともに仕事と住まいの移動を強いられた。本論では、彼らのライフコース再形成過程を動態的に説明する際に、石炭産業の収束過程というメゾ水準の視点の導入を試みた。具体的には、再就職と地域移動を取り上げ、メゾ水準の主要説明変数として再就職の受け皿構造を据え、その構造が産炭地域間で分岐すること、さらに石炭政策の進行上で変動することを提示した。そのうえで、常磐炭礦閉山を主軸に、同時期の貝島と雄別、その後の産業終焉局面での三井芦別、三井三池、池島、太平洋の閉山離職者の再就職の様相を概観した。さらに、受け皿の構造を前提に、常磐炭礦と三井芦別炭鉱の各閉山での離職者再就職過程（求職と再就職）を、閉山時年齢というライフコース上のタイミングから説明した。

むろん本論での検討は、非常に限定的であり、引き続き組み込むべき視点が多数ある。当面以下の三点から着手し、石炭産業の最終局面で発生した三炭鉱閉山の考察へと展開したい。第一は就職斡旋エージェントの視点である。閉山離職者が再就職を決定する際に、種々のエージェントが就職斡旋・相談の機能を担ったことはすでに明らかになっている（嶋﨑 2013）。また、エージェントの形態自体も、横断的（会社・労組・地域）に分岐し、かつ縦断的（石炭政策の進行上）に変動した。この点への観察は重要である。

第二に、ミクロな水準では、ライフコースの観察範囲の拡張がある。閉山離職者のライフコース再形成は、再就職にとどまらずその後の再移動・定着も含めるべきである。とりわけ、四節で示したように内陸型・離島型炭鉱の場合には、閉山後速やかに地域を離れることが最優先され、再就職先自体の検討は、他地域と比較して十分ではなかった。そのため再就職後の定着は抑制されたと考えられる。とはいえ、そのためには追跡調査が必要であり容易ではない。

最後にメゾ水準の説明変数として、石炭産業の相対的位置づけの変化を検討したい。以下の仮説をもっている。炭鉱労働は、一九七〇年代以降に一部の炭鉱を中心に急速な機械化を実現し、その結果、労働集約型産業から大型装置化・オペレーション技能型産業への転換があった。こうした労働環境の変動は、おのずと労働者アイデンティティの変容を惹起し、他の製造業との同質性が高まったと考えられる。炭鉱労働の特殊性から脱した閉山離職者アイデンティティの誕生であり、本論で前提とした労働市場での炭鉱労働者の位置づけの変化として、重要な説明変数となるだろう。

冒頭にあげたように、本論は、五〇年にわたって発生した九〇〇を超える炭鉱閉山を、閉山「群」として、石炭産業収束過程の構成要素とみなし、社会変動（マクロ水準）とライフコース（ミクロ水準）を連結するメゾ水準の産業時間を導入する試みである。前述の課題への取り組みをとおして、この遠大な試みに挑みたい。

注

（1）たとえば一九五一年時点での全九州炭鉱の労務構成をみよう。「坑内夫」と「坑外夫」に大別され、坑内夫は直接夫と間接夫からなる。「直接夫」には採炭夫、充填夫、仕繰夫、掘進夫、「間接夫」には助手（技術員・事務員）のほかに、運搬夫、機械夫、工作夫、雑夫が含まれる。他方、「坑外夫」は、選炭夫、運搬夫、機械夫、工作夫、電気夫、雑夫からなる（戸木田 1989: 60）。

（2）たとえば常磐炭礦の場合には、すでに戦前から、「坑夫を長く定着させるためには、渡り坑夫用のハモニカ長屋を改めて魅力のある住宅にする必要がある。入山採炭では住宅改造に力を入れ、「他炭鉱にみられない画期的な炭鉱住宅であった」（大越新顕彰会 1978: 93）。こうした体制が、閉山まで継続した。閉山三ヵ月前の一九七一年一月時点では、在籍人員四、八九七名（内職員三九五名、鉱員三、八七四名、臨時員六二八名）に対して、五、四九六戸の社宅が用意されていた。五方部からなり、各方部には複数の住区があり、鉱員住区が一九区、職員住区が一三区形成されていた。鉱員住区には、世話所が設置され、区長と係員が管理にあたっている。各住区に労組分会が組織されている。規模は最大で四五四戸、平均で二〇〇戸からなり、各住区には一、〇〇〇人規模の住民が生活していた（嶋﨑 2010: 186–187）。

（3）政府は一九四五年一一月に「炭鉱労務者緊急充足実施要綱」を決定し、復員軍人・失業労働者を強硬措置によって一三万人、募集した。その後、翌二一年の「石炭非常増産対策要綱」とその後の傾斜生産方式へと、労働力需要は急激に高まった。ちなみに三井田川ではこれを「炭鉱疎開」といった（三井田川の関係者からのヒアリング）。

（4）一九九六年以降、筆者が実施している多くの元炭鉱労働者へのヒアリングからは、ほぼ全員が「もう炭鉱の時代ではない」と、当時を振り返って述懐している。

（5）さらに第四次になると、累積赤字の肩代わり（再建交付金）の実施にともない「区分経理」が導入され、石炭部門と非石炭部門の分離が促進された。その結果、主要大手石炭企業での「炭鉱分離」という奇策が実施された。一九六九年三菱鉱業からはじまり、主要七社すべてが分離した（牛島 2012：140-149）。具体的には、他事業の子会社（たとえば石油、セメント、観光、不動産）を設立し、そこに本来の炭鉱会社を合併する。これを親会社とし、そこから石炭部門を分離し子会社化するという方法である。これによって、たとえば「炭鉱から観光へ」といった企業の産業転換も実現したのである。炭鉱分離は、いずれは避けられない閉山を見据えた閉山費用の確保と雇用対策を暗に示しており、労使である程度の方向性を共有していたと考えられる（牛島 2012）。

（6）企業誘致は、「産炭法制定当初は、石炭不況に対する構造調整が主な狙いとされ、同法ないしこれに基づく政策は、石炭鉱業の合理化促進と石炭の安定需要確保の一環として位置づけられ、かつ、雇用や石炭需要の受け皿となる鉱工業地帯の形成が企図されており、必ずしも衰退産業への対応として登場してきたわけではな」かった（石岡 2012：122）。

（7）最長保険期間は、貝島：二七〇日、雄別三〇〇日、常磐三〇〇日、三井芦別三〇〇日、三井三池三〇〇日、池島・太平洋三三〇日、黒手帳有効期間は、常磐・貝島・雄別は、離職後二年間、三井芦別以降は三年間。

（8）黒手帳制度に関連下請け離職者を対象とした「緑手帳」を設置するなど。

（9）一九九二年に離職者法が二〇数年ぶりに改正され、大きな転換となった。その主要な内容は、「鉱業権者等に対して炭鉱労働者の雇用の安定について努力義務を課す」とともに「雇用安定計画に基づいて炭鉱労働者の職業転換のための措置を行う場合に炭鉱労働者雇用安定助成金の支給等の助成援助を行うこと」さらに、雇用促進事業団を通して「炭鉱労働者の配置転換等の雇用管理援助を行うこと」を可能にした。

（10）典型的な方法は、「三菱方式」（もしくは「美唄方式」）といわれる。一九八九年に三菱南大夕張は、三菱鉱業内で最後に閉山した。同社は、炭住跡地に二社（花卉製造、合板建材製造）を創設し、未就職の一〇〇名を吸収し、全員の再就職を終えた。当時の職員の言葉では「これで一〇〇名を雇用して、閉山の後を丸く収めちゃったんです。三菱は上手ですから」とある（産炭地研究会 2014：116）。三菱は予定通り、両社を三年後に解散し、夕張から完全に撤退した。

引用・参考文献

Conger, R. D. & G. H. Elder Jr. et al.（1994）*Families in troubled times: Adapting to change in rural America*, New York: Aldine de

Gruyter.

Diewald, Martin, Goedicke, Anne and Karl Ulrich Mayer（2006）*After the fall of the Wall: Life courses in the Transformation of East Germany*, Stanford University Press.

Elder, G. H. Jr.（1974）*Children of the Great Depression: Social change in life experience*, Chicago: University of Chicago Press.（本田時雄他訳、一九八六、『大恐慌の子どもたち』明石書店）

浜民夫（2004）「池島炭鉱離職者の就労生活実態：池島炭鉱離職者及び家族の就労・生活実態に関する調査分析　閉山2年を経て」長崎大学環境科学部労働環境研究室

Hareven, T. K.（1982）*Family time and Industrial time: The relationship between the family and work in a New England industrial community*, Cambridge, UK: Cambridge University Press.（正岡寛司監訳、一九九〇、『家族時間と産業時間』早稲田大学出版部）

北海道炭鉱離職者雇用援護協会（1978）『援護協会10年の歩み』

北海道炭鉱離職者雇用援護協会（1988）『歩み　援護協会の二十年』

石岡克俊（2012）「産炭地域振興臨時措置法の形成と展開」杉山伸也・牛島利明編『日本石炭産業の衰退―戦後北海道における企業と地域―』慶應義塾大学出版会、九七―一二三

児玉俊洋（2001）「三井三池炭鉱閉山後の再就職状況に見る労働者の転職可能性」RIETI Discussion Paper Series 01-J-004

正岡寛司（1998）「常磐炭礦の合理化とその行方」正岡寛司他編『炭鉱労働者の閉山離職とキャリアの再形成　Part Ⅰ』一四―九八

正岡寛司（2000a）「閉山誘導政策と常磐炭礦の閉山」正岡寛司他編『炭鉱離職者の閉山離職とキャリアの再形成　Part Ⅲ』八―二五

正岡寛司（2000b）「『整備閉山』による脱構築の過程」正岡寛司他編『炭鉱離職者の閉山離職とキャリアの再形成　Part Ⅲ』二六―五七

正岡寛司他（2005）『炭鉱離職者の閉山離職とキャリアの再形成　Part Ⅷ』

永末十四雄（1973）『筑豊―石炭の地域史』日本放送出版協会

大越新顕彰会（1978）『声なき石炭の声を聞け―大越新の伝記』マルトモ書房

坂田完治（1994）「端島その後の二十年」『よむ』№2、一四―一五

産炭地研究会（2014）『炭鉱労働の現場とキャリア―夕張炭田を中心に』科研費報告書

嶋﨑尚子（2004）「炭鉱離職者の再就職決定過程：昭和46年常磐炭礦KK大閉山時のミクロデータ分析」『早稲田大学大学院文学研究科紀要』第四九輯、四三―五六

嶋﨑尚子（2010）「常磐炭礦の地域的特性とその吸収力―産炭地比較研究にむけての整理―」『社会情報』Vol.19 №2、一七九―一九五

嶋﨑尚子（2012）「産炭地域コンテクストと閉山離職者の再就職過程〈筑豊・常磐・釧路〉」第八五回日本社会学会大会報告

嶋﨑尚子（2013）「石炭産業の収束過程における離職者支援」『日本労働研究雑誌』六四一、四―一四
嶋﨑尚子（2015）「ポスト8次石炭政策における閉山離職者の再就職過程―三井芦別にみる『失業なき再就職』―」『社会学年誌』五六、九三―一一〇
嶋﨑尚子・須藤直子（2013）「『最後のヤマ』閉山離職者の再就職過程―太平洋炭礦と釧路地域―」『地域社会学会年報』二五、一〇九―一二五
島西智輝（2004）「戦後石炭市場と石炭産業―「エネルギー革命期」における三井鉱山の事例を中心に―」KUMQRP Discussion Paper Series, DP2004-008
白井千晶（2000）「就職対策本部による対策と再就職の推移」正岡他編『炭鉱労働者の閉山離職とキャリアの再形成　Part Ⅲ』八七―一二九
尺別炭鉱労働組合（1970）『労働組合解散記念誌　道標　―山峡の灯―』
須藤直子（2015）『「ヤマに生きた人」調査分析（２）太平洋炭礦閉山離職者の再就職過程』JACOF 釧路研究会リサーチ・ペーパー vol.6
石炭エネルギーセンター（2003）『石炭政策史（資料編）』
征矢紀臣（1992）『炭鉱労働者雇用対策の新展開』労働新聞社
髙橋伸一（1992）「石炭産業と労働者」坂田義教編『社会変動と人間』法律文化社
髙橋伸一（2001）「離職者追跡調査の方法論的考察」佛教大学『社会学部論集』第34号、八七―九八
髙橋伸一（2002）『移動社会と生活ネットワーク―元炭鉱労働者の生活史研究』高菅出版
髙橋伸一・高川正通（1987）「石炭鉱業の盛衰と離職者対策―筑豊・貝島炭礦の事例研究―」『社会学研究所紀要』八一―一〇九
炭鉱労働調査研究会（2008）『炭鉱離職者の健康Ⅱ　釧路太平洋炭礦離職者の健康調査』
戸木田嘉久・川端久夫（1970）「関西地方在住の炭鉱離職者の就労と生活状態に関する調査報告」『立命館経済学』一九(五)、七一―一三一
戸木田嘉久・川端久夫（1972）「関西地方在住の炭鉱離職者の就労と生活状態に関する調査報告―続―」『立命館経済学』二〇(五・六)、一〇六―一五五
戸木田嘉久（1989）『九州炭鉱労働調査集成』法律文化社
牛島利明（2012）「第４次石炭政策と企業再編」杉山伸也・牛島利明編『日本石炭産業の衰退―戦後北海道における企業と地域』慶應義塾大学出版会、一二五―一五三
労働省職業安定局失業対策部編（1971）『炭鉱離職者対策十年史』日刊労働通信社
山口彌一郎（1942）『炭礦聚落』古今書院

第七章　働くことの意味を探して
――パネル分析からみる三〇代への移行過程

西野　理子

一　問題の所在

ライフコースという語は、あえて訳せば「人生」とも「人生の軌跡」ともなる。「人生」という訳語があてられるライフコースは日常語にもなっている。一方で、「人生の軌跡」と訳されるライフコースは、心理学的なものから生活構造まで、学際的な学究の対象でもある。いわゆるライフコース研究は、日本においては一九八〇年代に日米の共同研究として展開した（青井・森岡 1991）。理論的探求がすすむとともに、ドキュメントなどを資料とする分析とならんで、国内において調査も実施された。その調査データの分析等において用いられたコーホート法は、人生という漠然とした対象を実証的にとらえる手掛かりになったといえよう。

ライフコース研究は、人生全般の成り立ちを研究対象とした後、人生の個々の移行過程にも着目するようになった。ただ、移行過程を解き明かすに適したデータはなかなか得られなかった。移行過程を明らかにするには、個人の差異を統制したパネルデータがぜひとも必要だが、ある程度の規模で追跡パネル調査を実施できたのは一九九〇年代以降であったし、そのデータを分析できるほど蓄積できたのは二〇〇〇年代以降となった。さらに、パネルデータに適した分析技法とそのための統計ソフトも、ほぼ標準化されたかたちで理解され利用できるようになったのは二〇〇〇年代以降であった。分析技法は、海外を中心として早くから、統計学や経済学の分野で開発がすすめられてはいたが、目的に応じた方法を理解し選択することができるには相当の研鑽が必要とされ、社会学の統計ではない分野を専門とする者にとってハードルは高かった。技法を用いた先行研究がすでに多数発表されてはいても、単に模倣するのではなく理解して同じ分析を自身で行うには、解決すべき課題が山のようにあった。二〇〇〇年代以降になって、方法の解説にとどまらず、方法の選択方法まで目配りのなされた説明が紹介されるようになった。あわせて汎用的な統計ソフトの利用ガイドや具体的な利用例まで示されるようになり、環境が整ってきたといえよう。

ライフコースの実証研究において必要な理論とデータ、そして方法は、徐々に組み合わせて活用できるように発達してきた。たとえ理論的な枠組みが示されても、それを実証できるデータ、さらに方法論がなければ、実証的に研究を推し進めることはできない。本論では、標準化された分析技法と、筆者が参加したプロジェクトでえたパネルデータを活かし、大学卒業生の三〇代への移行過程の一側面を明らかにする作業を行い、パネル分析を行うことの意義の一端を示したい。

同一対象者を逐次追跡したパネルデータを用いることの意義は大きい。第一に、職業意識のような意識項目は、回顧法によっては正確には把握できない。回顧によって遡及的にえられた情報は、あくまで調査時点でとらえた意識にすぎないからである。第二に、横断調査の継続実施というトレンド・サーベイでは、個人間変差に起因する変動を除去しきれないため、調査間の変化を正確に説明することができない。たとえば、ある時点で二〇歳代後半の若者の職業行動をとらえ、その一〇年後に三〇歳代後半の若者の職業行動を調べて比較検討しようとしても、それが本当に一〇年という月日によるものかといえば、そうとはいえない。それぞれの調査時点の時代の影響によるものか、あるいは調査対象となった諸個人の属性によるものか、識別しがたい。個人内の変差を処理することは、同一対象者を追跡したデータの分析によってはじめて可能となる。

本論では、パネルデータの意義を発揮できる意識変数を取り上げる。大学卒業後への移行過程に焦点をあて、社会的趨勢と理論的な移行研究を概観したうえで、データによる分析結果を検討し、パネル分析研究の意義を示す。

二　若者の就労環境の変化

若者の就労を取り巻く状況は、この二〇年間で激変したといっていいだろう。若者の失業率は一九九〇年代後半から急激に上昇し[1]、学校卒業後の就職率が低下し[2]、ニートとよばれる就労もしていなければ教育や職業訓練もうけていない若者層が出現、増加した。就労者をみても、アルバイトや派遣労働といった非正規の身分で働く者が増え、「卒業後の進路はフリーター」となる若者ももはや珍しくない。たとえ正規社員として就職しても、大学卒業生の三割以上は三年以内に離職してしまうという（「七五三」離職）。

本論では、早稲田大学人間総合研究センター『社会変動と人間発達』プロジェクトが一九九一年から実施したパネル調査のデータを用いて、のちに「失われた一〇年」とよばれた一九九〇年から二〇〇〇年代にかけて若者がたどった職業キャリアを、その職業意識を中心に明らかにする。この調査は、首都圏の某私立大学のある学部の一九九一年から一九九三年までの三ヵ年にわたる卒業生（約一、五〇〇名）を対象に、その在学中から継続して実施したものである。在学中（T1）、卒業直後の六月時点（T2）、その一年後（T3）、三〇歳前後の一九九八年一〇月（T4）、三〇歳代半ばを迎えようとする時期の二〇〇二年一〇月（T5）の五時点でそれぞれ調査を行い[3]、データを蓄積した。

今から考えると、本研究の対象者らが大学を卒業していった一九九一〜三年は、隔世の感がある。大学卒業生の八割が正規社員として名だたる企業に就職していった時代であり、彼らの三年以内の離職率はせいぜい二五％にとどまった。ニートという用語はまだ存在せず[4]、フリーターも百万人前後と現在の半分の規模であった。一九九一年はバブル絶頂期、一九九二年には景気に陰りがみられ、一九九三年には「バブル崩壊」「就職難」がその後に指摘されたが、本研究の卒業生が就職活動を展開した一九九二年までの時点ではまだ、景気悪化が社会問題として深刻にとらえられてはいなかった。一九九〇年代後半の状況をふまえると、一九九三年における就職難はその後ほど深刻ではなく、実際に本研究の対象者らの就職状況を確認すると、「失われた一〇年」とよばれる就職難の特徴は認められない。一九九三年卒業生は確かに九一年卒業生より苦労して就職していったが、それ以降の卒業生からみれば、九一年から九三年にかけての卒業生を同列に論じることが可能である[5]。

しかしながら、初就職時に好景気に恵まれた彼らとて、その後の一〇年間を、若年者に厳しくなるばかりの経済変動の荒波のなかでおくったことにかわりはない。初就職時には定年までその企業で働き続ける「就社」のつもりだったかもしれないが、一〇年間で雇用環境はすっかり変わり、年俸制で働いたり、転職や起業がむしろ推奨されるようになってしまっている。景気悪化のあおりをうけて収入が伸び悩むなかで、実際の就労の現場では長時間の労働を余儀なくされている（玄田 2001）。年下の後輩が職場に入ってこない、あるいは定着しないゆえに、自分の担当する仕事が逆に増えていく状況にある。転職や起業がもてはやされてきたとはいえ、そのノウハウが彼らに提示されたことは少なくとも学生時代にはなく、また実際に転職しようにも、一九九〇年代から二〇〇〇年代にかけての労働市場は、まだ中途就職者に好意的だったとはいえず、容易に転職できたわけではない。

バブル期に就職した彼らの就労行動をめぐっては、いくつかの可能性が指摘されている。ひとつは、求人過多で求職者側が優位に立っていた就職活動のなかで、大学卒業生がえり好みして自らの希望にあった就職先を選んだ結果、人と職業とのマッチングが達成されているゆえにその後の職業生活がうまくいっているはずだという仮説である。逆に、バブル期であったゆえに、自らの能力や適性を冷静に把握することなく人気企業に安易に就職してしまい、職業生活を開始してから悩むケースが多く、結果として離職者が多出しているという仮説もある。また、彼らの初就職後の経済状況の変化から、有利な転職の可能性が低くなったがゆえに離職行動が抑制されたという可能性もあれば、逆に、独立起業や転職を含むキャリア形成を奨励する風潮や、それに影響をうけた若者の意識変化から離職が促進されたという可能性もある。実際には、若者の勤続年数は九〇年代を通じて変化していない（玄田 2001）。本調査の対象者らも、きわだって離職が多いとはいえない。現段階では、初就職後の労働市場の変化より、初就職時の労働市場が売り手市場であったか買い手市場であったかの方が、それぞれの学卒コーホートの職業キャリア形成に与えている影響は大きいという研究成果が公表されている（Genda et al. 2001）。アメリカの実証分析ではコーホートによる世代効果は長期的にみれば消えているが、日本では世代効果はまだ消えておらず、学卒時が非常に強い規定力をもっているといえそうだという。

日本労働研究機構（現 労働政策研究・研修機構）が一九九九年以降に実施している「勤労生活に関する調査」のうち二〇〇〇年前後に実施された第一回から第三回までの調査結果をみると、三〇歳代の若者の間でも、終身雇用や年功賃金などの慣行を肯定的に受け止めている傾向は強く支持されたまま変わっていない。日本型雇用慣行への期待は依然として高く、「会社や職場への一体感をもつことについて」の評価は年々高まっている。キャリア形成に関しても、「ひとつの企業に定年まで勤める」キャリアを好む者が一貫してもっとも多く、「複数企業を渡り歩く」キャリアは二五％前後、「独立自営」キャリアは一五％前後の支持のまま増えていない。業績評価主義や自律した能力開発によるキャリア形成に向かう動きがよみとれるものの、人びとの勤労意識は急激には変わっていない。

若者がひとつの企業に定着しない、正社員ではなくアルバイト契約で働く、といった動向が指摘され社会問題にもなっているが、それは本研究の対象者以降の学卒者、すなわちバブル崩壊以降の学卒コーホートについての指摘である。本研究の対象者らは、まだ「就社」といわれる終身雇用制度を当然とみなすような職業観が残っているなかで、大学卒業生としていわゆる大企業を中心に大学卒業とほぼ同時に就職していっている。対象学部が文系と理系の融合学部という位置づけにあったゆえに、大学院進学者もかなり多かったが、大学院修了後の彼らとて、専門職として比較的安定した就職を実現していった。そして、親世代と比べれば離職率が高いとはいえ、バブル崩壊期にとくに際立って定職を失っていったというわけではない。むしろ、初就職時の利点を活かして、その後の若いコーホートと比べればきわめて安定した職業経歴を開始している。

しかし、離転職という職業行動にそれまでのコーホートとそれ程の大きな差がみられないからといって、彼らの軌跡に歴史の刻印がみられないと言い切ってしまうのは早計に過ぎよう。本論では、外的行動としてのキャリア形成ではなく、個人の内面のキャリアに着目してみることにする。バブルが崩壊するなかで就職していった本研究の対象者らが、その後の一〇年間におくった職業生活の一端を、働くことへの価値観に着目して検討する。

三　働くことの価値意識

働くことにより、われわれは何を得ているのだろうか。働くことにより、まずは賃金という金銭的報酬が得られるはずであるが、それだけではない。働くことを通じて職場での上司や同僚といった人とのつながりも生じよう。また、働くことがいわゆる「生きがい」になり、ひいては自己有能感や自尊心の核ともなりうる。こうしたさまざまなタイプの報酬が得られることになるはずだが、そのなかで何を重視しているかをここでは「働くことの価値」とよんでおこう。重視しているなかには、「重要だと思っている」と「望ましいと思っている」の両方の価値判断が入ってくるだろう。

職業意識を問うた調査に、「国民生活に関する世論調査」（内閣府大臣官房政府広報室）がある。「働く目的はなにか」

をたずねた二〇〇五年調査では、男女とも半数強の者（男性五六％、女性五二％）が「お金を得るために働く」と、二割の者（男性一七％、女性二三％）が「生きがいをみつけるために働く」と回答している。「お金を得るために働く」という回答は、現役で働いている六〇歳未満の層で多く、三〇歳代の男性では七割を占めている。[6]また、男性より女性で「お金を得るために働く」と答えた者の割合が少なく、「生きがいをみつけるために働く」と答えた者の割合が高くなっている。職業別にみると、「お金を得るために働く」と答えた者の割合は、管理・専門技術・事務職、労務職で高くなっている。

この調査は一九五八年から継続実施されており、働く目的はこの一〇年ほどほぼ毎年たずねられている。[7]年毎に「お金を得るために働く」と答えた者の割合がわずかながら上昇傾向にあるとともに、二〇歳代の男性では「生きがい」派が毎年減少傾向にある。しかしながら、三〇歳代の男性ではそのような傾向は認められないという。

働くことに求める価値は、たしかに人さまざまであるだろう。仕事の内容自体が面白い、仕事を通じて自分らしさを発揮できるといった内在的な価値もあれば、生活の基盤となる経済報酬が得られる、社会的地位が達成できるといった外在的な価値もある。他にも、仕事を通じて友人が増える、社会とつながっていると実感できるといった社会的側面や、社会の役に立てるという愛他的な側面も分類されている。本調査では、「あなたにとって、職業に就くことはどのような意味をもつと思いますか」と毎回たずねた。「働く」ではなく「職業に就く」ことの意味をたずねたので、上記の世論調査とまったく同じ回答傾向が期待されるわけではない。実際には、学生時代（T1）から卒業2年目（T3）までは「生きがい」がもっとも多く四割前後を占めていたが、三〇歳代のT4、T5ではその割合は若干減少している。代わって、「収入を得る手段」と回答する者が増え、T4、T5では半数前後に及んでいた。

この結果からは、学生や就職当初にかけては、職業に理想ややりがいを求めている「生きがい」志向派と「収入を得る手段」と回答する現実主義的な派の二つにわかれていたが、三〇歳前後を迎えたT4の時点で前者の一部が後者

表７－１　職業に就くことの意味

（%）

	N	社会貢献	生きがい	収入を得る手段	当然のこと	考えていない	その他
T1 在学中	960	14.4	42.9	30.5	4.5	4.5	3.2
T2 学卒１年目	529	14.7	43.9	24.2	5.7	3.8	7.8
T3 学卒２年目	426	12.4	40.8	30.5	6.6	4.0	5.6
T4 30歳前後	553	9.0	35.6	47.2	4.5	1.3	2.4
T5 30歳代半ば前	376	8.2	34.0	50.3	4.0	1.9	1.6

表７－２　職業意識の変化

（%）

	N	変化あり	変化なし	期間
T2 → T3	365	48.8	51.2	1年間
T3 → T4	325	54.2	45.8	4～6年間
T4 → T5	374	36.4	63.6	4年間

に移り、三〇歳以降のＴ４からＴ５にかけては変化がないと概観できる。しかしながら、一人ひとりに着目して回答に変化があったかどうかを確認すると、Ｔ４までのどの調査時点でも半数前後がその前回の調査から回答を変えていた。たしかに、Ｔ４からＴ５にかけては「変化あり」が３分の１と少なくなっているが、それ以前は集合体水準では変化がないようにみえていても、一人ひとりでみると意識はきわめて頻繁に変更がある。

大学を卒業して二年目（Ｔ３）と三〇歳前後（Ｔ４）、三〇歳代半ば前（Ｔ５）の三時点を取り上げると、この三時点について回答が得られている一九七名のうち、一貫して手段的な価値を重視していたのは三六名と二割弱であった。大学を卒業して間もない頃は「収入」重視とは考えていなかったが、三〇歳に近づいてからはずっと「収入」重視と回答したのは三四名、三〇歳代半ばから「収入」重視派に転じたのは一九名である。両者をあわせると二七％で、四人に一人以上が「収入転向」タイプであった。

収入ではない「社会貢献」や「生きがい」を重視したり「人間として当然のこと」と回答していた者をここでは暫定的に「理念重視」とよんでおく。三時点で一貫して「理念重視」だったのは五一名で四人に一人を占めていた。また、Ｔ４から、あるいはＴ

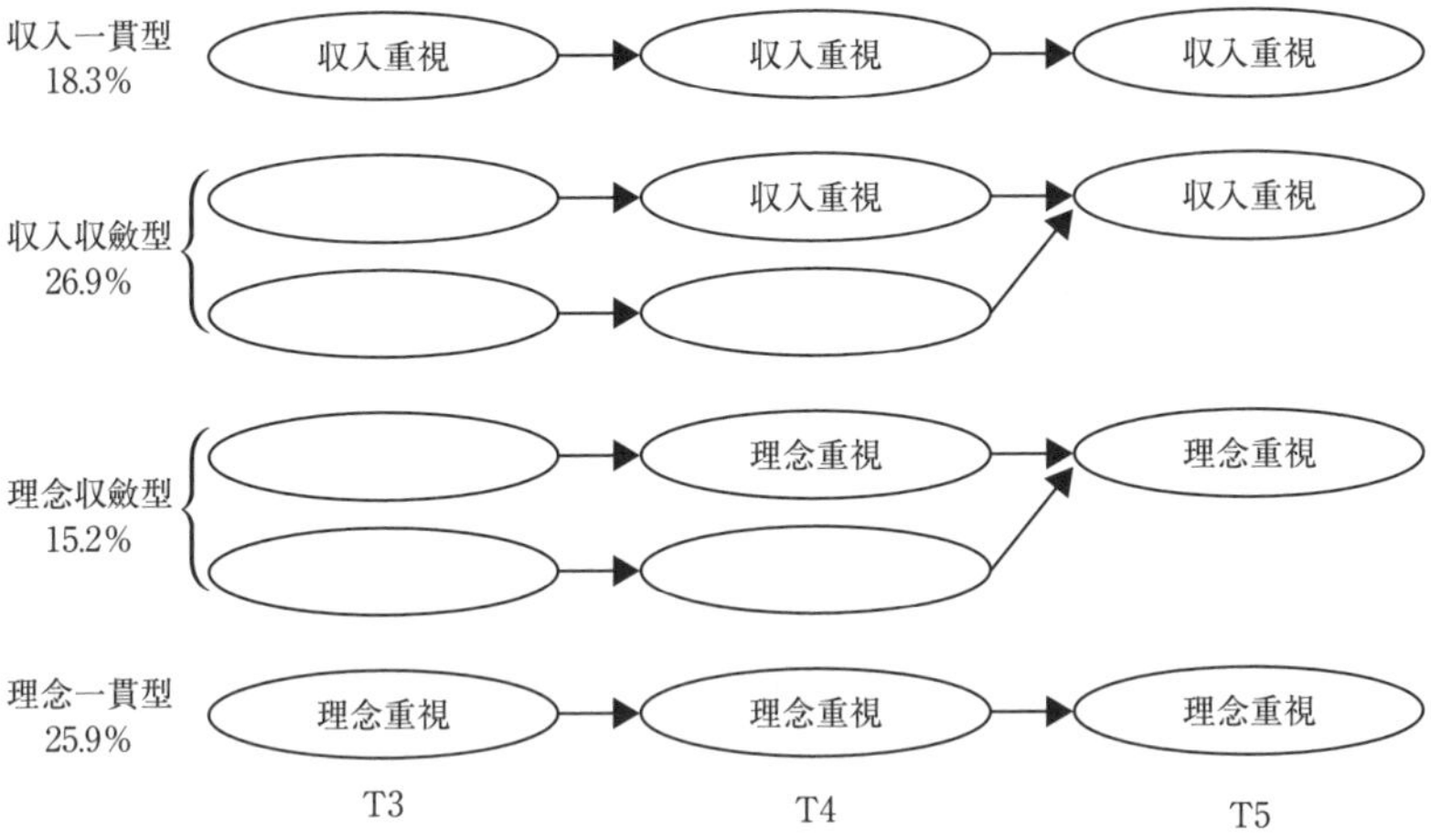

図7－1　職業に就くことの意味の変化パターン

5からと、途中から「理念重視」に変わったのは三〇名と少なく、全体の一五%にすぎなかった。

一貫パターンの者たちの属性を確認したところ、一定の特徴が浮かび上がってきた。すなわち、「理念重視」で一貫していたのは、女性で多かった。また、大学時代から「大学で学んだ専門知識を職業生活にぜひ活かしたい」と思っていたり、「スペシャリスト」志向の者でとくに顕著であった[8]。「大学で学んだ専門知識を職業生活にぜひ活かしたい」と思っていた者と「スペシャリスト」志向だった者のそれぞれ半数が、その後一〇年間を上回る時を経て、「理念重視」の職業観をもち続けていた。

逆に「収入」重視で一貫していたのは、男性で多く、専門知識を職業に活かすことは「とくに考えていない」という者で多い傾向にあった。また、男性で学生時代に将来はスペシャリストとも管理職とも「どちらともいえない」と回答していた者で、うち六割がその後、「収入」重視の職業観を一貫してもち続けていた。

「大学で学んだ知識を活かしたい」や「スペシャリストになりたい」という意識は、大学を卒業する以前に思い描いていた職業生活の計画やイメージである。そうした初期のプランニングがその後の職業生活における意識を強く規定し続けているという者が、相当数いるわけである。大学在学中の職業イメージよりその後の職業生活の実態のほうが働くことの価値意識を左右するのではないかと思われがちだが、実際には、就いた職業の従業上の地位や職種、あるいは、就労時間、残業時間、就業後の付き合いなど調査時点での働き方や働いている状況による違いは認められなかった。担っている職務の内容や、職場の状況に関する満足感、自己有能感とも関連していなかった。他の研究でも指摘されているように、現職がない者が「理念重視」である傾向は確かめられたが、それ以外に大きな相違は認められなかった。

四　働くことの価値意識を変えるものをとらえる

大学時代のプランニングがその後の職業への意味づけを規定し続けているという知見は、同一人物を追跡することによって初めて確認できるとはいえ、複数時点で変数間の相関を静態的に確認しているに過ぎない。Xという変数とYという変数との間に有意な相関がある場合、XとYとの間になんらかの作用関係があることは示唆されるが、Xという変数がYという変数に作用を及ぼしたかどうかは確定できない。

では、いったいなにが要因となって、働くことの価値意識は変わっていくものだろうか。本研究は個人を追跡して情報を収集するパネル法をとっており、個々人の価値意識の変遷をとらえることができている。パネルデータ分析であれば、変化を被説明変数とすることにより、個人属性の変差をあらかじめ排除した分析が可能となる。正確な因果関連とまではいかないが、変化に連動している変数を明らかにすることができる。

前節の静態的分析においては複数時点の情報がそろっていた（すなわち、複数時点の調査すべての回答がある）対象者に限定して状態を確認したが、本節では、得られたすべての情報を投入したデータセットを用いる。ただし、大学卒業の時点で意識が大きく変わることをふまえ、学卒以降の4時点（卒業1年目のT2、卒業2年目のT3、三〇歳前後のT４、三〇歳代半ば前のT５）の就労に関する意識を分析に投入した。分析に用いたデータセットは、学卒後以降の４時点の四、三〇八ケースからなるロングデータである(9)。

被説明変数として、前節の「収入」重視への変化を被説明変数とした。T時点で「収入」を重視していたが、T＋1時点で「収入」以外の選択肢を選んでいる場合、1→0の変化となり、逆にT時点で「収入」以外を重視していたが、T＋1時点で「収入」を選んでいる場合、0→1の変化となる。以下、この変化を「収入重視」と表記する。

「収入重視」の変化がどのように生じているか。第三節で述べたように、従来の研究では、①労働市場におけるジェンダーの作用、ならびにライフコースにおける男女差により、男性と女性では異なる職業意識を形成することが指摘されている。また、第二節で述べたように先行研究では、②学卒時点の景気動向が卒業生のその後の職業キャリアに及ぼす影響が大きいことが指摘されている。そして、第三節で紹介した職業意識をめぐる先行研究では、③現職、すなわち、その時点の職場での労働条件によって働く意識は変化するのが当然視されていた。就労時間の長さや支払われる給与の額によって、就労意識が規定されるという考え方である。また、前節での分析結果から、④学卒前のライフプランがその後の就業意識を規定している可能性が強く示唆された。ほかに、成人期への移行過程に関する先行研究からは、⑤移行過程を構成するイベントである結婚の影響が指摘されている。ライフコース上のイベントが重なることの効果である。結婚して自身の家族を担う責任が加わると、稼ぐことへの意識が変化することが予想される。さらに、⑥時間経過にともなう発達的な変化が予想される。人は年齢を重ねることにより、一定の変化を経験していくというものである。ただし、時間の経過は、加齢（年齢）に応じて発達的に変化するのか、あるいは、就職してから時間がたってキャリアを重ねるほど意識が変化するかの両面がある。年齢と就労後経過年数とは概念的にはまったく異なるものだが、両者は強い共線性をもつ。

分析においては、①性別、②卒業年度のダミー変数、③現職の労働条件として労働時間数と給与金額を説明変数と

表7－3　分析に用いた変数

	N	平均	標準偏差	最小値	最大値
性別（男性1女性0）	4,308	.5952	.4909	0	1
大学院進学	4,308	.0734	.2607	0	1
91年度卒業コーホート	4,308	.2869	.4524	0	1
92年度卒業コーホート	4,308	.3213	.4670	0	1
93年度卒業コーホート	4,308	.3918	.4882	0	1
時間経過（調査時点）	4,308	2.5	1.1182	1	4
専門知識ぜひ活かしたい	3,840	.3313	.4707	0	1
専門知識できれば活かしたい	3,840	.4385	.4963	0	1
専門知識活用考えていない	3,840	.2302	.4210	0	1
スペシャリスト志向	2,512	.4777	.4996	0	1
管理職志向	2,512	.2213	.4152	0	1
どちらともいえない	2,512	.3010	.4588	0	1
結婚経験	1,900	.3095	.4624	0	1
結婚後経過年数	3,087	.6822	1.7943	0	11
現職の有無	1,889	.7925	.4056	0	1
現職継続年数	1,845	2.6271	2.9612	0	11
就労時間数（/10）	1,869	3.7457	2.2490	0	10
就労収入（/50）	1,678	2.1281	2.4784	0	16.9

した。なお、労働時間も給与も無職であればゼロとしたことを考慮して、現職有無というダミー変数も分析に含めた。④学卒前のライフプランとしては専門知識活用の希望と将来のキャリアタイプの希望を、⑤結婚の影響としては、その時点での結婚（配偶者）の有無とその結婚経過年数を作成した。⑥経過時間には、生物学的な経過をあらわす年齢と、現職についてからの経過をあらわす現職の継続年数の二つがある。年齢は追跡時点ごとに当然ながら加齢していき、現職の継続年数も継続就労者が多いほど加齢と同じように加算されていくが、転職するとリセットされるゆえ、両者に有意な共線性は認められなかった。だが、調査時点の影響を考慮して調査時点の変数を分析に加えようとしたところ、年齢と調査時点との間に強い共線性が認められた。調査時点は、時点1、時点2、時点3、時点4という1から4までの整数だが、加齢と同じ

ように加算されていく。事前に両者の変数を入れた場合と入れない場合との分析を繰り返してそれぞれの分析の効果を検討し、モデルの説明力の高さから、最終モデルには時点変数を残した(10)。用いた変数の基本情報は表7－3のとおりである。

なお、本研究の対象者らは文系と理系の融合学部を卒業しており、大学院に進学した者が1割程度を占めた。大学院進学者はその後の職業キャリアの形成が異なることも考慮して、大学院進学経験のダミー変数も分析に含めた。なお、大学院進学者はもともと専門職志向の職業意識をもっていることが予想されるが、本分析において進学経験と専門職志向の意識とに分析を阻害するほどの共線性は認められなかった。

これらの変数を説明変数とし、「収入重視」を被説明変数とするＯＬＳ分析を（全変数をまとめた）プールドデータで行い、共線性の問題が生じていないことを確認した。続いて、時間変数ではない（時間とともに変動がない）ライフプラン変数と性別を除き、固定効果分析とランダム効果分析を行い、その結果をハウスマン検定したところ、ランダム効果分析が支持された。そこで、ランダム効果分析を採用することにし、必要な説明変数を投入して分析した結果が表7－4の左側である。

分析の結果、「収入」を重視する方向への変化を有意に説明していたのは、大学時代に「将来、専門知識を活かしたい」とは考えていなかったことと、同じく大学時代に「スペシャリスト」志向ではなかったこと、そして、男性であることであった。現職があることと現職での就労時間数も、10％水準の有意な関連が認められた。

これらの知見は、「理念重視」を被説明変数としても同じく認めることができた。だが、「理念重視」は「収入重視」と対をなす操作概念であるため、これは当然といえば当然である。そこで次に、「理念重視」に含めていた「社会貢献」や「人間として当然のこと」を除き、「生きがい」のみに着目した。職業に就くことの意味を「生きがい」と回答したダミー変数を作成し、続いて「生きがい」重視への変化（以下、「生きがい重視」と表記）を被説明変数として上記

表7－4　「収入重視」「生きがい重視」を被説明変数とする分析結果

	収入重視への変化【ランダム効果分析】	生きがい重視への変化【ランダム効果分析】
	係数	係数
男性	0.0979 *	－0.0835 *
cf. 女性		
大学院進学	0.0972	－0.1079
92 年度卒業コーホート	0.0376	0.0132
93 年度卒業コーホート	0.0575	0.0013
cf. 91 年度卒業コーホート		
現職の有無	0.1460 +	－0.2589 **
就労時間数	－0.0239 +	0.0311 *
就労収入	－0.0123	－0.0022
専門知識ぜひ活かしたい	－0.1182 **	0.1593 ***
専門知識活用考えていない	0.1170 *	－0.0827 +
cf. できれば活かしたい		
スペシャリスト志向	－0.1016 *	0.1507 ***
管理職志向	－0.0402	0.0591
cf. どちらともいえない		
結婚経験	－0.0397	－0.0015
結婚後経過年数	0.0152	－0.0054
時間経過（調査時点）	0.0378	－0.0484 *
現職継続年数	0.0116	0.0010
定数	0.2505 **	0.5386 ***
within	0.0768	0.0280
between	0.0876	0.1094
overall	0.0967	0.0870
sigma_u	0.2712	0.2609
sigma_e	0.3887	0.3950
rho	0.3274	0.3038
obs	1,111	1,111
groups	430	430

+<.10 ＊ <.05 ＊＊ <.01 ＊＊＊ <.00

と同じ分析を行った。その結果が表7－4の右側である。同じくランダム効果分析が採用され、分析の結果、「収入重視」への変化と（係数のプラスマイナスが逆になるが）ほぼ同じ効果が、「収入重視」より明確に認められた。また、ここでは時間経過の影響も有意であった。

五　性別、卒業時の環境、そして職場状況の影響

まず、先行研究で指摘されてきた、①性別、②学卒時点の景気動向、③その時点の職場の状況の影響を確認しよう。まず、①性別は、職業意識と関連していたにとどまらず、その意識を変化させる要因となっていることが指摘された。従来から男性の方が女性より「収入重視」で、女性の方が男性より「理念重視」「生きがい重視」の傾向があることが指摘されていたが、実際に職業キャリアを歩き始めて以降も、男性の方がより「収入重視」へと変化して「収入重視」が強化され、女性の方がより「生きがい重視」へと強化されていることがわかった。

一方で、②卒業年度の影響は認められなかった。卒業時の景気動向がその後の職業意識を左右するわけではないのか、あるいは、すでに指摘したように、本研究の対象者らが卒業した年度は、ほぼ同じ景気動向にあったと判断してよいのかもしれない。

③現職との関連でいえば、「収入重視」の意識は実際の収入金額とは関連していなかった。「収入重視」の価値観は、仕事の実収入との関連が予想されるが、実際には関連していなかった。ジョンソン（Johnson 2001a：2001b）は、仕事上の価値と報酬との関連をパネルデータを用いて分析し、報酬による強化仮説を確かめながらも、彼女が外在的価値と分類した金銭報酬面の価値にはそのような影響は認められなかったと報告している。彼女は仕事の価値を四つに分け、個々の報酬による対応した価値の強化というわけではないと留保しながら、強化説をある程度確認している。

すなわち、三一、三二歳時点で仕事の上でどのような価値を重視しているかは、それ以前の価値をコントロールしても、その価値に対応する報酬と有意に関連が認められたという。しかしながら、実際の就労の経験は、金銭面の価値の重要性に影響を及ぼしていなかったという。この点については、現代の若者は金銭面で得られる報酬についてよく知っており、身の丈にあった期待しか当初から抱いていないからだと説明されている。

確かに本分析でも、調査時点で現職がある、つまり実際に仕事をしている人ほど「収入重視」で「生きがい重視」ではない方向に変化しており、現実の仕事が〝現実的〟な価値観を涵養している可能性がある。

だが一方で、同じく現職の③就労時間の長さは、「生きがい重視」の方向へ、また「収入重視」ではない方向への変化と重なっていた。すなわち、現職での労働時間が長くなるほど、その職業観は「理念重視」「生きがい重視」の方向へ、また「収入重視」から離脱する傾向にあった。この傾向は現職の有無変数を投入しても有意であることから、仕事をしている時間が実際に増えるほど「生きがい重視」に変わっていると判断される。

「生きがい重視」と「収入重視」が対をなすとは限らないが、就労時間が増えると「生きがい重視」が強化され「収入重視」が減退する。第二節で述べたように、一九九〇年代以降に就職した若者たちは、長時間労働を強いられた世代である。労働の長時間化は通常は若者の労働意欲をそぐものと指摘されているが、ある程度恵まれた、自己実現的な就職をした若者たちにとっては、労働時間が増えることは仕事を任されて仕事に「やりがい」を見つけることにつながった面があるようだ。実際に、「生きがい重視」に移動している三六一ケースの平均就労時間は週平均四六・三時間で全体の平均より一時間以上短い。もともとそれほど長時間労働ではない職場でのある程度の就労時間の延びが「生きがい重視」の職業観につながっている。

だが、それは〝頑張れば報われる〟ということにも結び付くだろうか。実際に、就労時間が長いと残業代があるので金銭的報酬は高くなるが、収入があがると「生きがい重視」になっているわけではなかった。つまり、金銭的報酬によって認められた成果が「生きがい」観につながっているのではない。そうであれば、「失われた一〇年」を生きた若者たちは、その意欲を長時間労働によってかきたてられ、その頑張りに見合った見返りを得ることなく、無為に労働社会に使われた面がないだろうか。その傾向は、男性よりむしろ女性でとくに顕著であるという点にも注目しておきたい。

六　イベント、時間、ライフコースの影響

ライフコース上の意識が、その後の人生において他領域の意識まで左右していることは、本分析ではかなり明瞭に指摘することができた。大学時代に、自身のキャリアについて「専門知識を活かしたい」とか「スペシャリストになりたい」といった意欲をとくに抱いていなかった人は、学卒前の時点で「収入重視」の職業意識を形成する傾向があった。そればかりでなく、学卒前には職業に収入以外の価値を認めてある程度「理念」を重視していた場合であっても、その後の十数年間にわたって、④意識を「収入重視」へ変更させる傾向が確かめられた。同じく、大学時代から意欲的な職業キャリア観をもっていた者は、より「生きがい重視」を強める方向に変化していた。職業生活への移行前に培った意識が、職業生活を始めてからもその職業観を左右し続ける影響力をもっており、意識の可塑性に一定の制約を与えていることになる。

一方で、⑤結婚経験やその後の経過年数との関連は有意には認められなかった。本研究の対象者らは、離転職の経験や結婚経験があった時に職業観が変化しているわけでもなかった。

家族をもつことが仕事の価値形成に影響を及ぼしていないことは、高校在学中から三〇歳代までを追跡したパネル研究でも確かめられている（Johnson 2001b）。確かに、既婚の労働者、とくに子どもがいる既婚者で金銭的報酬を重

視している傾向は認められる（Gorman 2000, Loscocco 1989, Loscocco & Kalleberg 1988）。しかしながら、それは家庭をもって金銭が必要だから仕事への価値観が変更したのではなく、金銭的な価値を重要視していた者で結婚および親なりが早いことによる「選抜効果」だという。結婚していることが手段的な価値重視（給与重視）や安定志向と結びついているという指摘が、男性のみにあてはまるという研究もあれば、男女ともにあてはまるという研究もある（Loscocco 1989, Gorman 2000）。縦断研究では、大卒の男性の場合のみ、既婚男性と未婚男性で違いが認められている（Mortimer, Lorence and Kumka 1986）。本研究では、縦断的に意識の変化と婚姻上の地位の変化の共時性を確認したところ、やはりそのような共変は認められなかったわけである。ただし、本研究では三〇歳代前半までと相対的に早い時期に行われた結婚しか含んでいない点に留意が必要だろう。

そして、今就いている仕事への慣れが職業観を左右すると考えがちだが、⑥今の仕事についてからの経過時間は、意識変化に関連していなかった。一方で、調査時点の就職先での時間の経過ではなく、学卒後の経過時間に相当する時間はある程度意識変化と関連していた。ジョンソンは、労働市場で過ごす時間が長くなればなるほど、仕事の価値を低減させる効果があると指摘している（Johnson 2001b）。フルタイムであれパートタイムであれ、働いている年数が増すごとに、仕事の価値への重要性は低下するという。確かに本研究でも、同じ職場での時間ではなく、職業生活という時間経過は意味をもつことが確認された。転職して仕事が変われば意識がリセットされるのではなく、仕事をしていてもしていなくても、社会人として時間を過ごすこと自体は「生きがい重視」から離脱する方向に人びとをいざなっている。

なお、大学卒業後の社会人としての経験年数が長くなり、現在ついている仕事での経験年数が長くなると職業観に変化がないという者が増えてくるわけだが、なかでも「三〇歳」を節目に安定している傾向が観察された。[11] 一般に、就職前には非現実的な期待を抱いているものだが、実際に就職して現実に直面して価値に変化が生じ、初就職という移行期により変化が認められる。そして、年齢を重ねて実体験を重ねるほど現実的に意識が変化し、三〇歳頃にはある程度安定した状態に到達するという意識のライフコースを描くことができる。一方で、ジョンソンが指摘している、人が年齢を重ねるほどに環境が安定していくがゆえに変化は漸減していくが、変化しうるキャパシティは保持し続けるのではないかという可能性も考察すべきであろう（ibid：312）。

七　結　論

本研究では、離転職をはじめとする職業キャリアではなく、あえて職業意識の変化のみに焦点をあて、移行過程をとらえようとした。意識の変遷は、パネルデータでなくてはとらえることができないため、これまで研究の俎上にのりにくかったといえよう。だが冒頭で述べたように、環境は大きく変わってきている。日本においても大規模なパネル調査研究が複数実施され、公開データも提供されるようになっている。さまざまな理論が、それに適したデータと分析技法を活用して実証される可能性は広がっている。

本研究でも、従来からの指摘を確認すると同時に、ライフコース上の意識がその後に大きく影響している可能性を指摘した。その影響は、調査時点の就労状況や金銭的報酬より明確に認めることができた。先行研究をみても、生活する環境がそこで生きる人の意識や行動を規定することを指摘しているものは多いが、以前の意識や状況がどのように影響するかはそれほど正確に実証されてこなかったといってよいであろう。本研究は、ライフコースにおける意識の時間的発達の一端を明らかにする試みであったともいえよう。

もちろん、本研究はあるひとつのデータセットを活用しての実証に過ぎず、ほかのデータセットを用いた場合など複数の実証研究を積み重ねなければ、安定した知見には到達できない。そして、もしライフコース上の意識に関する本研究の知見が確立されるとしたら、まずは労働市場に入る前のキャリア教育の重要性が提唱されよう。冒頭で述べた「七五三」離職のように若者の早期離職が問題視されているが、学卒前のキャリア教育のあり方が問題を改善する可能性が示唆される。

同時に、意識のみの影響力を過大視できないことはいうまでもない。「心理学主義」に陥ることなく、意識の相対的な説明力が全体に占める割合を理解しながら、実証研究による社会事象への社会学的分析を進めなければならない。

注

（1）三四歳以下の年齢階級別の完全失業率をみると、若年層ほど失業率が高く、また、いずれの年齢層でも失業率は一九九三年以降上昇している（『平成17年版労働経済白書』一四四頁）。
（2）文部科学省の学校基本調査によれば、大学卒業生の就職率は、一九九一年三月時点では八一・三％であったのに、二〇〇四年三月時点では五五・八％と二五ポイント以上も低下している（『平成17年版労働経済白書』一四七頁）。
（3）T１のみ集合調査、T２以降はすべて郵送調査である。
（4）「ニート」は、一九九九年にイギリス内閣府が作成した調査報告書がもとになっている（『平成17年版　労働経済白書』一五四頁）。
（5）一九九三年の急激な景気悪化が人びとに与えた影響は、今後の研究課題として残されている。本論では三ヵ年にわたる卒業生を一括して分析したが、一九九一年卒業生と一九九三年卒業生のその後のライフコースへの影響については、さらなる分析を要する。
（6）現役世代では「生きがいをみつけるために働く」を選択している者は一割前後にとどまる。
（7）ただし、二〇〇一年に質問文が変更されており、結果にも大きな差が生じている。二〇〇一年以降は「あなたが、働く目的は何ですか」とたずね、「お金を得るために働く」等の複数の選択肢からひとつ選ぶ形式になっており、約半数が「お金…」を選んでいる。だがそれ以前の調査票では、回答選択肢は同じだが、質問文が「人は何のために働くことが大切だと思いますか」となっており、回答は「生きがいのために…」と「お金のために…」が拮抗してそれぞれ三分の一を占めている。
（8）「専門知識を活かしたい」「スペシャリスト」志向と性別の効果はそれぞれ独立で確認された。
（9）ロングデータとワイドデータの区別については、筒井他（2007）参照。
（10）時点変数と現職継続年数との間に、有意な共線性は認められなかった。
（11）基本的な属性や出来事経験、各種の時間の経過を含めた多変量解析の結果である。なお、「三〇歳前後」と「三〇歳」の双方をそれぞれ検討したが、「三〇歳」を機に安定化するという結果が得られた。

引用・参考文献

青井和夫・森岡清美編（1991）『現代日本人のライフコース』日本学術振興会

玄田有史（2001）「結局、若者の仕事がなくなった―高齢社会の若年雇用―」橘木俊詔、D・ワイズ編『日米比較―企業行動と労働市場―』日本経済新聞社

Genda,Yuji and Masako Kurosawa（2001）"Transition from School to Work in Japan," *Journal of the Japanese and International Economies*, Vol.15, No.4.

Gorman, E.H. (2000) "Marriage and money: The effects of marital status on attitudes toward pay and finances," *Work and Occupations*, 27, 64-88.

樋口美雄他（2006）『入門パネルデータによる経済分析』日本評論社

石川晃弘（1975）『社会変動と労働者意識』日本労働協会

Johnson, Monica Kirkpatrick（2001a）"Job Values in the Young Adult Transition: Change and Stability with Age," *Social Psychology Quarterly*, Vol64. No.4, 297-317.

Johnson, Monica Kirkpatrick（2001b）"Change in Job Values During the Transition to Adulthood," *Work and Occupations*, Vol.28. No.3, 315-345.

北村行伸（2005）『パネルデータ分析』岩波書店

Loscocco, K.A. (1989) "The instrumentally oriented factory worker: Myth or reality?" *Work and Occupations*, 16, 3-25.

Loscocco, K.A. and Kalleberg, A.L. (1988) "Age and the meaning of work in the United States and Japan", *Social Forces*, 67, 337-356.

Mortimer, J.T., Lorence, J. & Kumka, D. (1986) *Work, family and personality: Transition to adulthood*, Norwood, NJ:Ablex.

中澤渉（2012）「なぜパネルデータを分析するのが必要なのか」『理論と方法』Vol.二七、№一

佐藤博樹（1987）「労働者の意識・価値観の変化」労働大臣官房政策調査部編『日本的雇用慣行の変化と展望（研究・報告編）』

佐藤博樹・佐藤厚（2004）『仕事の社会学：変貌する働き方』有斐閣

筒井淳也他（2007）『Stataで計量経済学入門』ミネルヴァ書房

第八章　なぜ日本人シェフはフランスで開業ができたのか？

――ガストロノミーの組織フィールドにおけるキャリアの生成

澤口　恵一

一　問題の所在――組織フィールドと職業集団

現在、パリでは多くの日本人がフランス料理店で就労し、高い評価を獲得している。また近年、フランスでレストランを開業する日本人が数多くあらわれている。『ミシュラン・ガイドブック 2015』は、フランスにおいて日本人がシェフとなっている二一店舗に星を与えた。なぜそのような現象がおこっているのだろうか。そこには日仏の同業者集団のなかで蓄積された能力と信頼、日仏の料理人のあいだで形成されてきた互恵的関係が重要な役割を果たしている。

以下では、日本のフランス料理界という組織フィールドに焦点をあてることにしたい。ここでいう組織フィールドとは、「行為者間の相互行為を通じて構造化される、制度的な生活の認識された一領域を、全体として構成するような組織の集合体」（DiMaggio and Powell 1983:148）を指す。料理という文化的生産物を分析するときには、単一の組織体のみならず、料理を生産し消費する組織・人間との相互作用、料理店を評価する評論家や団体、素材を提供する農家や業者というさまざまな個人・組織の関係を考慮にいれなければならない。組織体に焦点をあてた古典的な組織研究では、こうした組織体の外部は「環境」として論じられてきたが、組織論の制度化論者によって、組織フィールドとして明確に位置づけられて以降、文化生産や組織の変動を論じるうえで重要な概念とされてきた(1)。組織フィールドの境界を決定づけるのは、そこで行為する人びとや組織の認知・意味づけである。したがって組織フィールドの構造的特性も、研究対象となる組織フィールドを構成する組織や人びとへの経験的な観察に基づいて理解されることになる。

ここで研究の対象となる、フランス料理店という業態には経営者、シェフをはじめとする調理者、サービス担当者など日本国内だけでも多くの従事者（レストランワーカー）がいる。その経営規模は他産業に比べて極めて零細であり、労働力の移動は頻繁である。一方で同業者集団としての凝集性をもち、共有された価値や技術の体系をもっている。さらに以下に述べるような国際移動を前提とした能力形成のシステムを確立してきた。こうした職業集団のキャリアを理解するうえで有効な分析水準となるのが組織フィールドという分析単位である。本稿では、日仏における「フランス料理」の文化生産に関わる個人や企業のすべてを組織フィールドにおける参加者としてとらえることにしたい。

以下では、①フランス料理産業という組織フィールドが、フランスにおいていかにして卓越性を確立し、グローバル性を獲得しえたのか。ひいては卓越した料理を学ぼうとする日本人コックを労働力として吸収していくに至ったのかをまず明らかにしていきたい。②さらに現地での開業という現象を理解するときに、長期にわたり形成されてきた職業集団のエートスや信頼、社会的ネットワークが重要な機能を果たしたこと、③シェフの渡航年（出来事経験のタイミング）が、血肉化された技術や志向、キャリア形成に大きな差異をもたらしており、文化の生産者に重要な影響をもたらしていることを指摘したい。その差異をもたらすのは、フランスの社会制度やフランスにおける料理産業の変容である。

本稿の知見は、刊行された文献と、筆者が独自に現地でインタビューを行った一四人のシェフからの聞き取りに基づいている(2)。本稿では、卓越したキャリアをたどった対象者への事例に光をあてることにより、上にあげた三つの論点について示唆をえることができるだろう。

二　ガストロノミーをめぐる組織フィールドの生成

まずフランスにおいて誕生したガストロノミー（美食学）について概要を述べる必要があろう。フランス料理はもっとも早くに料理としての卓越性を確立した料理である。その取り組みは料理人とその周辺の関係者によって戦略的に進められた。

オート・キュイジーヌ（高級料理、haut cuisine）は、一八世紀にいたるまで、王侯貴族に饗されていたものである。職業としての料理人は王侯貴族に雇用され、国際移動を重ねながらキャリアを達成した。また先端的な技術は料理本として刊行されその技法が公開された。一八世紀中頃には、宮廷料理を紹介した専門書がブルジョワ層の間で広く読まれるようになっていた。

ブルジョワ層が外食として美食を楽しむという文化が生まれたのは、一八世紀以降のことである。一七世紀後半には、パリには飲食を生業とする二五種類に細分化された業態が存在し、限られた飲食品のみを販売することが認められ、その規制のもとにギルドを形成していた。そのような時代に、レストランとよばれるブイヨンを販売する業態があらわれ、ギルドの抵抗にあいながらも次第に多くの料理を提供するようになっていった（辻調グループ辻静雄料理教育研究所 2012）。貴族の没落とともに、貴族の下で働いていた料理人がパリの街場で店を開業しはじめたのが、現代のレストランの原型であるとされる。新たな業態としてのレストランの主な顧客は、社会で新しい勢力となったブルジョワ層であった。宮廷のなかではぐくまれた美食文化は、新たに芽生えたレストラン産業としてさらなる発展をとげていった。

さてフランス料理が美食文化を発展させるうえで他国と大きく異なっていたのは、職業集団としての料理人や給仕人が、絶えず技術体系を進歩させていったことである。一九世紀初頭にはアントナン・カーレムが、フランスによる美食外交の担い手として名声を確立した（辻 1975）。カーレムは、壮大な装飾を施した菓子を得意とし、その装飾性を応用した構成力に富んだ料理を作り上げた。また彼は上流階級の大規模な祝宴を円滑に執り行うべく、フランス料理の特徴とされるソースを系統別に分類し体系化を行い、主材料が引き立つよう調和を重んじた素材の組み合わせや風味付けの整理を行った。さらに調理の工程を科学的知識を用いつつ精密に行うことや、素材をモジュール化することによって、華やかな菓子を効率的に製作するといった工夫も行っている。こうした料理についての思索の成果は、カーレム自身の手により大部の著作として発表された。

カーレムの数多くいる後継者のなかでも、フランス料理に革新をもたらした巨人として評されるのは、オーギュスト・エスコフィエである。一九世紀末にはホテル産業が隆盛を誇り、大都市やリゾート地に建設された時代である。エスコフィエはセザール・リッツとともに、料理人としてホテル産業における料理の革新を行った（エスコフィエ 2005）。エスコフィエは、大規模な宴会に味を落とさずにスピーディーに調理から提供までが行えるよう、コックの仕事を調理工程別の分業制にし、厨房組織の革新を行った。また、味覚を重要とし、過度に豪奢な盛り付けを廃止した。エスコフィエもまた著書『ギッド・キュリネール』を刊行し、文筆活動によって後世のフランス料理に大きな影響を残すこととなった。エスコフィエはこの著作において、ソースの製法を、豊かなバリエーションを保持したまま、調理の作業工程の効率性が保たれるよう整理して紹介した。また加熱法についても科学的なアプローチによって多様な火入れの方式を明確に区別した。エスコフィエは本書においてフランスの地方料理を、近代的なホテル産業・レストラン産業において提供できるよう、効率化をほどこしつつ、洗練された独自のレシピで数多く集録したのである。

カーレムやエスコフィエなどの巨人を代表とする、料理人たちの革新により、フランス料理はもっとも複雑でありもっとも進化した体系をもつ料理になった。同時に高度に分業化された厨房の労働形態は、高い技術をもつコックを数多く輩出することを可能とした。またウィーン会議に象徴される美食外交やホテル産業の世界的な普及により、フランス料理はグローバルな卓越性を獲得したのである。このようなフランス料理がたどった発展経路には、同業者集団による自律的な発展、支配階級・産業構造の変動への適応、諸権威・規制からの独立性、技能・知識体系の文書による公開、科学的な知識の積極的な採用、職務の細分化による効率的な分業といった特徴をみることができる。これらは近代社会の特質でもあり、フランスのガストロノミーはこれらの特質を他産業に先駆けて獲得したといえよう。

こうした特質を早くから備えつつも、ガストロノミーのフィールドが絶えず卓越性や高尚性を保持しつづけ革新をしつづけた要因のひとつは、八木尚子（2010）が指摘しているように、美食批評という領域が早くから発達したためである。たとえば一九世紀初頭に文筆家として活躍したグリモ・ド・ラ・レニエールは、一八〇三年から二〇年にかけて『食通年鑑』を刊行し、美食を非日常的な舞台として描き誇張を帯びたスタイルで演劇批評のように食卓の驚きを読者に伝えた。そして店の業態別の掲載法を採用し、パリという美食の都を読者が食したいものに応じて通観できる新たな記述法を確立した（Spang 2000）。同時代にはブリヤ・サヴァランによる『味覚の生理学』が刊行されている。サヴァランはガストロノミーという言葉を本書で使用し、新たに味覚についての学を打ち立てようとした。

美食における批評の系譜も脈々と受け継がれ、新聞や雑誌で活躍する多くのレストラン批評家を生み出した。その代表的な人物は批評家キュルノンスキーである。二〇世紀前半に始まるモータリゼーションの到来とともに、キュルノンスキーは地方のブルジョワ層を顧客とする優れたレストランを紹介した。さらに一九〇〇年にはミシュランがタイヤの販売促進を目的として、観光に役立つ情報を掲載したガイドブックを創刊し、一九二三年以降各地の優れたレストランを掲載するようになった。ミシュラン・ガイドは明確な判断基準に基づく評価を堅持し、次第にレストランの評価本としての地位を確立していくことになった。モータリゼーションの浸透にともない、レストランガイドは、洗練された地方料理の存在を際立たせ、パリを中心としたフランス全土の優れたレストランを美食家は通覧することができるようになったのである。ガイドブックや批評家において注目されるレストランは多くのよい顧客をえることができた。フランスのレストラン産業が、絶えず新しい潮流を生み出し発展をとげたのは、フランス全土をくまなく通観し一律の基準で評価をするシステムが早くから成立されたためである。

社会学者ジョージ・リッツァは、計量化や効率性の過剰な重視がもたらす、さまざまな社会的領域におけるサービスの質の低下という現象を「マクドナルド化」とよんで批判した（Ritzer 2001）。大衆化の進む時代に、フランスのレストラン産業が、マクドナルド化の原理の濫用に陥らず、規範性を保ち、卓越性を堅持しつづけたのは、美食とはどうあるべきかという問いが批評家から常に投げかけられていたからである。

以上のように、フランスでは料理人・給仕人らによる同業者集団による継続的な技法の探究と共有が行われ、活字メディアによるレストラン批評が確立された。その結果として、フランス料理は絶えず革新をつづける料理という特質を獲得することとなった。

三　信頼の形成と海外就労の制度化

フランス料理は、二〇世紀の初頭には、公的な祝宴に不可欠な表象として、グローバル・スタンダードの地位を獲得した。一九世紀末から二〇世紀初頭にかけて日本の近代的ホテル産業が開花期を迎えた。そうしたホテルでは欧米人の顧客に対して本格的なフランス料理のメニューが提供された。日本のホテル産業史の研究者である木村吾郎は、一八九〇年の帝国ホテル開業当初の晩餐におけるメニューに、フランス語と日本語が併記されていた事例をあげつつ、

「この時点ですでにこうした本格的なフランス料理を作れる優れた料理長（シェフ）とコックがいたことに、改めて注目されるものがある」（木村 1994：127）と指摘している。ホテル産業を中心として、すでに二〇世紀の初頭には、フランス料理の技法を身につけた専門職としての料理人が十分に蓄積されていたのである。

日本のホテルにおける能力形成は、徒弟制によって行われていた。若いコックは皿洗いや素材の下ごしらえといった単純作業を行いつつ、目でみて仕事を覚えることが求められた。しかし一部には有能なフランス人、スイス人シェフを招聘して統括シェフにする企業も存在したほか、わずかではあるが、海外渡航をして不法就労をしながら、調理技術を学んだ者もあらわれた（辻 1972）。一九一〇年代前後になると、フランスに渡航してエスコフィエによる革新的なフランス料理を学んだ日本人コックが活躍を始めた。帝国ホテルは、昭和初期から継続的に優秀なコックをフランスに送り込み、国内のフランス料理をリードするようになっていった。フランスから帰国したシェフや、外国人シェフに薫陶をうけたシェフが後進を育成するようになり、海外で研鑽を積むことが経験の浅いコックの目標となっていった。

日本人シェフたちの海外での研鑽は、一九六四年に観光目的での海外旅行が自由化されると、ふたたび活況を帯びていった。東京オリンピックの開催により、大型ホテルの開業が相次ぎ、にわかに西洋料理の需要が高まった時期である。六〇年代から七〇年代にかけては帝国ホテルやホテルオークラが日本のフランス料理をリードしていた。帝国ホテルのシェフであった村上信夫は、社命により一九五七年、六九年の二度にわたりフランスのホテル・リッツで研修を行っている（佐藤 1996）。しかしフランスに渡航者した若いコックのほとんどは、学生ビザや就業ビザをもたず、就労先のあてももってはいなかった。不法滞在者、不法就労者を受け入れるレストランは限られており、現地に根をおろして技術を修得できる者はわずかにすぎなかったのである。

運良く実力を認められた者のなかには、現地で労働許可をえて、長期にわたって就労をした者がいた。彼らの働きにより、日本人は職業意識が高く、技術が確かであり、フランス文化に同化しようとする熱意が強いことを、フランス人のシェフが知り始めたのである。フランスのトップクラスのシェフたちは、日本人の熱意や勤勉さと確かな技術を信頼するようになり、次第に多くの日本人コックがフランスのレストランで雇用されるようになっていった。七〇年代に渡航したシェフたちが帰国をして自らレストランを開業するようになると、日本のフランス料理は一気に興隆期を迎えた。シェフの経歴がマス・メディアで華々しく取り上げられるようになると、フランスにおける就労は、キャリア達成のための不可欠のステップと認識されるようになっていった。八〇年代には、パリだけで、レストランで働く日本人は数千人を数えたといわれる（辻静雄料理教育研究所 2012：438）。

七〇年代以降日本人のフランスにおける研修は勢いを増していくことになるが、この時期におけるフランスにもガストロノミーの世界に大きな変容が生じていた。「ヌーベル・キュイジーヌ」とよばれるひとつの傾向が、フランス料理に新たな特徴をもたらしていた。それは六〇年代半ばから、若手のシェフたちが見せ始めた健康志向の素材を重視した料理の潮流である。ヌーベル・キュイジーヌの最大の特徴は、料理から「重さ」を排除するために、動物性油脂の使用を控え、素材のよさを活かすために調理工程を簡素化したことにある。エスコフィエの作り上げた体系から逸脱することを厭わない、創造性もまた「新しい料理」としての特徴といえる。ヌーベル・キュイジーヌの標榜した素材の重視、健康志向、創造性、それを表現するための新しいテクノロジーの活用といった特徴は、フランスのみならずガストロノミーの大きな潮流となっていった（辻静雄料理教育研究所 2012）。七〇年代に頭角をあらわしヌーベル・キュイジーヌを代表する人物と目されたアラン・シャペルは、早くから日本人の実力を認め、多くの弟子を育成した人物である。アラン・シャペルとともに働いた日本人は、帰国後に華々しい活躍をした（高久 2003）。

この時代に日仏の料理人による交流の礎を築いた人物の一人に、辻調理師専門学校（現 辻調グループ）の校長であった辻静雄がいる。辻はフランス料理を中心としたガストロノミーの探究に心血を注ぎ、フランス料理史の研究者やポール・ボキューズをはじめとするフランスを代表するシェフたちと交流を結んだ。そして革新的な料理教育や、専門家のための講習会、著書の出版などを通じて日本のフランス料理の発展に貢献を果たした。さらに、辻は、一九八〇年にリヨン郊外にフランス校を開校し、現在にいたるまで五千人以上の自校生を送りこんでいる（森脇 2011）。その受講者はフランス校で語学、実習を学んだ後に、フランス各地のレストランで研修生として現地の料理を学んだ。不法就労をすることなく、確実にフランスで職業訓練を行うルートが私学校によって拓かれたことは、料理人のキャリアに画期的な変化をもたらした。

こうした日仏の同業者間によるネットワークによって、日本人コックのフランスでの技能習得は着実に広がりをみせていった。そしてフランスのレストラン産業のフィールドにおいて、日本人コックは次第に欠かせない存在となっていった。八〇年代にはジョエル・ロビュション、九〇年代にはアラン・デュカスがフランス料理の巨人シェフとして注目を集めた時期である。彼らは自らの経営するレストランの多角化を進め、フランスを超え世界各地にグランメゾンを作り上げ、ミシュラン・ガイドの星を数多く獲得していった。二人のグラン・シェフたちは、各店舗に料理を委ねることができるシェフを配し、自らは総合的なマネージメントに徹した。高級料理を安定的に生産するシステムのなかで、その厨房で多くの日本人が働いてきたのである。

ガストロノミーのフィールドが世界的な規模に拡大していくとともに、フランスはその革新の中心地としての地位を次第に喪失していった。たとえば、スペイン北西部のレストラン「エル・ブリ」のフェラン・アドリアは、従来料理に用いられていなかった新しいテクノロジーを採用した実験的な料理をつくりあげた。アドリアはときには三〇皿以上にもなるコース料理を提供するためにサービスや厨房の分業体制にいたるまで大胆な変革を行った。こうした変革により二一世紀に入るとガストロノミーの拠点は世界の各地に拡散し、北欧、英国、アメリカ、南米諸国に世界でもトップクラスの料理店があらわれるようになっていった。フランスはガストロノミーの最先端の地位を揺るがされつつあるが、多くの日本人が目指すのは今でもフランスであり、数多く日本人の現地開業者があらわれている国は他にない(3)。

近年フランスで開業する日本人シェフが急速に増えているのはなぜだろうか。筆者による現地でのインタビューによれば、日本人シェフたちから頻繁に聞かれるのは、先人たちが築いてきた日本人コックへの信頼が日本人の活躍の基盤となっているということである。以下の発言からは、彼らの日本人のコック集団への帰属意識が感じられる。

（著名な日本人シェフの名前を数名あげたうえで）彼らが一生懸命やったから自分たちが入るすき間があった。まず彼らが一生懸命やったから、フランス人のなかで日本人も働くってイメージがあった。【三〇代 男性】

皆さんが本当にやっぱり人として扱ってもらえない、そのなかで結果を出して、これだけ日本人は真面目で仕事をちゃんと丁寧にできてっていう信頼を植えてくれたから、僕たちはその上にちょっとのっかってるだけなので。【四〇代 男性】

ガストロノミーを志向するレストランは、他の飲食業以上に労働集約的な産業である。フランスの社会学者ダニエル・ベルトーが、パン職人のキャリア研究として九〇年代に執筆した論文においても、すでに伝統的な徒弟制によるキャリア形成は労働時間が長く、就業者が減少しており、職人となる労働者は地方出身者が多かったと論じている（Bertaux 1997）。高級レストランといえども、その労働は過酷なものであり、勤勉で熱意があり、安い労働力が常にもとめられている（Guptill et al. 2013：Meriot 2006）。パン職人と同様に重労働が求められるレストランワーカーも高い就業意欲と技術をもった人材を自国内で獲得することは困難となっていった。七〇年代にフランスで仕事をした日本人シェフたちが、その感性や技術の確かさや熱心さを示したことが評価され、フランスのレストラン産業において、日本人は次第に不可欠のゲストワーカーとなっていった。他国の移民労働力と日本人の若いコックたちが決定的に異なっていたのは、彼らが高い賃金をえることを目的とせず、自己の習練の場としてフランスに滞在していたことであった。日本人の若いコックたちは、低い賃金や長時間にわたる労働を厭わず、フランス料理の頂点に位置づけられるレストランで就労することを望んだ。

今日フランスでは増加した移民の排除と社会統合が重要な課題となっている（宮島 2009）。たしかに日本人コックは、フランスでは厨房の奥に隠れた存在であり、脆弱な立場にいる労働者にすぎなかったが、社会的に排除された存在ではなかった。彼らはフランス人のシェフや同僚と生活時間の大部分を共にし居住地も近接していた。多くの日本人シェフは、その後フランスで重要な地位を占めることになるシェフとともに働き、帰国をしても個人的な親交を続けていた。ガストロノミーの組織フィールドでは、有能なコックは人種や国籍ではなく能力で評価されたからである。

今日ではフランス料理を学びに料理人は各国から数多くやってくるようになっている。しかし現在でも日本人への信頼は揺るぎない。日本人の料理人は勤勉であり基礎技術がしっかりしているということはフランスのシェフたちに広く知られ、日本人であることは、フランスの一流店で働くうえで有利な条件となっているのである。

四　移民労働者の抑制と同業者集団の適応

フランスに渡航した日本人が現地のレストランで働くためには、労働許可を取得する必要がある(4)。フルタイムでの労働許可を取得するためには、雇い主による雇用の保証が前提とされる。したがって雇い主は経営上必要と判断した人材でなければ、外国人のために労働許可を申請することはない。そのためにフランスに渡航をした日本人の多くが、労働許可を取得することができずに、夢をあきらめて帰国せざるをえなかった。

日本人コックがフランスに渡航するようになり始めた時期には、外国人の労働許可申請のノウハウもまだ蓄積されていなかった。(5)この時代に確実にフランス料理店で学ぶことができたのは、ホテルから研修のために派遣された日本人コックであった。後ろ盾をもたない日本人が正規の就労資格を取得することは極めて困難であった。現在パリでフランス料理店を営む、あるシェフは七五年に渡航し、飛び込みで一軒一軒レストランに頼み込んでみたものの、仕事をさせてもらえるレストランはどこにもみつからなかった。そのために仕方なく日本料理店で働くことにしたという。当時日本料理店のほうが労働許可の申請に通じていたからである。彼は下働きの仕事を続けながら、店主に認められ労働許可を取得してから、フランス料理店でようやく働くことができた。

日本人コックの渡航希望者が増えていくなかで、皮肉なことにフランスでは外国人労働者に対する門戸は次第に閉ざされていくようになった。外国人移民の増加により、フランス人労働者の保護が重要な政策課題とみなされるようになっていったからである（宮島 2006）。外国人の労働許可取得の条件は年々厳しくなり、不法就労に対する摘発も厳格に行われるようになっていった。

しかしながら、日本人コックの就労先の獲得は、先達のコックたちが築いた信頼によって、少しずつ容易になっていった。不法就労への規制が強化されたことにより、日本人のコックに正式な就労資格を取得させようとする雇用主が増え、そのためのノウハウが蓄積されるようになっていった。日本人コックが本人の能力と熱意と少しの運があれば、現地の労働許可を取得することができるようになっていったのである。

なかには正式な労働許可を取得することができずに、三年以上にわたり不法滞在と不法就労を続けるシェフもいた。運よく当局の摘発をかいくぐり労働許可を取得するものもなかにはいるが、摘発をされれば強制送還になりかねない。運よく摘発をかいくぐれたとしても、正規の許可をもたずに働く労働者の賃金は極めて低いものである。(6)

不法滞在、不法就労による、フランスでの就労は、九〇年代末頃までが限界であっただろうと、現在独立開業をしている複数の日本人シェフが語っている。不法就労者として取り締まられるリスクにさらされながらも、彼らはフランスで働くことを選択した。現在フランスで自ら店舗を営むシェフの語りからは、警察によるコントロールから逃れるために身を隠したという経験も聞かれた。不法就労者を厨房に抱えておくことは経営的には大きなリスクともなうために、フランス人の同僚から嫌がらせをうけたという語りもあった。

コントロールは一回、二回ありましたね。でも、その当時、一番初めにコントロールに来たときには、僕は運よく怪我して。二回目のときには多少裏口から逃げたりもしましたけど。【四〇代 男性】

もう完全に闇労働…やっぱなかなか受け入れ先もなくて。大変でしたよね。今は絶対無理でしょう。あの時代もギリギリ…（中略）…Aさん（シェフ）がいるときはいいですけど、いないときはやっぱりホテル側としては出て行ってほしい、それでも結構嫌がらせみたいなのがすごかった。【三〇代 男性】

不法就労には雇い主側も罰金が科せられる。まったくの不法滞在での労働が困難になると、日本人コックは学生として語学学校に通うという手段をとった。雇用主も学生の資格をもっていれば、安心してレストランに迎え入れることができる。さらに一九九九年には、フランスに渡航し働くことを希望する若者に、一年間の多目的滞在と就労が許されるワーキングホリデー制度が開設された。多くの若いコックたちは、この制度を利用して、フランスに渡航し仕事につくことを選択するようになったのである。

以上のように日本人コックによる渡航と就労は、フランスの外国人受け入れ政策の影響を制度的にうけつつも、連綿と受け継がれてきた。国家としての法律と警察当局による厳しい摘発にあいながらも、レストランの雇い主とコックたちは、同業者集団の内部において、日本人の技術習得のためのルートを確保する手立てを常に探り、それを確保しつづけてきたのである。

現在でも、まったく伝手をもたず飛び込みで働きたいレストランに交渉をする者もいるが、多くの若い日本人は就業先を日本人やフランス人の同業者とのネットワークを利用してみつけている。現地のレストランは恒常的に優れた労働力が不足しており、優秀なコックを安定的に確保しようとする需要は極めて高い。なかには語学学校の掲示板に日本人限定での研修生の募集がでていることも珍しくはない。正規の滞在資格をもっていれば、現在日本人コックが自ら就業したいと望む卓越したレストランで就労する機会をみつけることは、難しいことではない。その基盤となっているのは、長期にわたる質の高い労働力の連鎖的な移動が、現地の料理産業に築いてきた信頼である。

以上のように、日仏二ヵ国における同業者集団によるネットワークと信頼は、フランスにおけるレストラン産業を支える重要な資源となってきた。日本人コックの連鎖的なフランスでの就業は、日本人にとっては能力とキャリアの形成の双方で必要とされ、フランスのレストラン産業には、日本人コックは技術が高く低賃金で安定的に供給される勤勉な労働力として求められてきた。いわば長期的な互恵的な関係が日仏の両国のレストラン産業において自生的に生まれ、そして維持されてきたのである。

五　上昇移動を生む構造とエージェンシー

フランスの料理産業において、日本人は一時的に身をおくゲストワーカーとして長く位置づけられてきた。フランスで働く日本人コックは現地の料理を吸収することに、意欲的ではあるものの、創造性に乏しく従順であるという評価が支配的であった。自ら経営者としてのリスクをとるという者は、ごく稀な存在にすぎなかったのである。独立開業をする日本人が増えたことは、フランスにおける外国人労働者として、これまでになかった上昇移動のルートが開拓され確立されつつあることを示している。

フランスに学生や派遣労働者以外の身分で五年以上滞在し安定した職をえている者は、正規滞在許可証を取得し、フルタイムで就労する権利を獲得できる。しかし、労働許可を取得するためには、雇われた日本人コックが雇い主のもとで能力を発揮し信頼をえることが必要である。日本人コック自身がフランスで長期滞在しながら、本格的な仕事を現地ですることを望む意思がどれだけあるかが重要である。通常は数年のあいだ働き、チームのなかで不可欠の存在とならなければ、雇い主が労働許可の申請をすることはない。そのため、正規滞在許可証を取得した日本人は、フランスに根を下ろしシェフの右腕として、長期間にわたり就業をつづける傾向が生じた。現地開業を志向する日本人が増えた構造的な要因は、フランスで正規の労働許可を取得し、長年にわたりフランスの高級料理の最前線で現場統括者を任される人材が厚みを増したためである。

日本人が現地開業を選択したのかという問いに答えを見出すためには、彼らの動機づけやおかれた状況を理解する必要がある。二〇〇〇年代以降に渡航し現地に長期就労をしてきたシェフたちには、フランスで独立開業をすることが十分に実現可能な選択肢であるという認識が芽生えていた。独立開業には、資金の確保、物件取得、内装工事、諸資格の取得のための手続き、取引業者や従業員の確保などの煩雑な作業が必要である。なかでも資金の確保は困難であるが、親族からの借り入れをして自己資金の比率を増やし、さらに銀行からの借り入れをするといった手法で切り抜けている。フランス人や他国の友人と共同経営者となるという事例も少なくない。開業にあたり多くのシェフが苦労をするのは、レストランの開業に必要な経営権の取得である。フランスでは賃貸物件を用意すれば日本のようにどこでも開業ができるというものではなく、開業のためには、経営権の保有者、ほとんどの場合は、賃貸する物件に付随する経営権を、元の経営者から買い取る必要がある。

語学力をはじめとする現地人との交渉能力もまた課題となるように思えるが、開業準備や経営に必要な行政上の手続きや民間業者との取引については、フランスでは個人店といえども弁護士と税理士を介して行うのが通常である。したがって、フランス語による交渉や契約は彼らの支援をうけながら進めることが可能である。

資金の確保、経営権の取得、税理士や弁護士を介した手続きは、料理人にとっては煩雑なものであるが乗り越えることができないハードルではない。なかには共同経営者や専門家に裏切られることもあるものの、独立開業をした日本人には、元雇い主のシェフや同僚、顧客らが親身にサポートしていた。

日本よりも開業が困難なフランスにおいて、日本人シェフが開業をする動機付けは、市場としてのフランスに魅力を感じているためである。しかし、個々のシェフにとって何が魅力として映るのかには、料理人として長年生き延びてきたシェフたちの戦略があざやかにあらわれている。

フランスで労働許可を取得し、独立開業を考えはじめる三〇代後半から四〇代前半の日本人シェフともなれば、すでにフランスで一〇年近く就労した経歴をもっている者が多い。そうしたシェフにとっては長期間離れていた日本の市場に新たに適応をするよりも、フランスで開業をすることが有利な選択であるように思える。

（前の店を）辞めたときに、リヨンから全然動いたことがないので、もしくはお店をするならリヨン、もしくは日本に帰るかという話だったんですね。でも、日本に帰ってももう一〇年ぐらい離れてますし、それだったらフランスでやった方が簡単だという。【四〇代 男性】

料理人にとって開業への強い動機付けとなるのは、思うがままに料理をつくりたいという意志である。自分の意に沿わない料理を顧客の嗜好やオーナーの要望にあわせてつくることは、意欲の高いシェフにとって憂鬱なことである。長年フランスに根を下ろして働く日本人シェフは、フランス人の顧客が好む料理を出せることに喜びを感じていることを強調した。フランスの郷土料理や古典料理は、量が多く油脂をふんだんに使用する。良質な内臓肉を塊のまま提供する料理も多い。高級料理店でも野生動物や家禽類を内臓や血液まで使用して調理するといった野趣あふれる料理が提供されることもある。日本ではそうした素材は入手しにくく、顧客も好んで食べようとはしない。フランスの料理文化を実直に学んだ昔気質のシェフほど、学んだ料理と日本の顧客が欲する料理とのジレンマに苦しむことになる。「しっかりと食べてくれる」顧客がいるフランスは彼らにとって、もっとも魅力的な市場である。

対照的に、フランスでの成功をグローバルな市場進出に向けた第一歩とするためにフランスでの開業を選択したという若いシェフもいる。彼らにとっては、ガストロノミーの都としてのパリで評価をえることは、世界のトップシェフへの最短距離と映る。なぜならば、フランスは、彼らにとって顧客や素材にも恵まれた環境にあるばかりでなく、世界でもっとも優れた料理批評が確立されている市場だからである。フランスで開業した日本人シェフの多くは長い歴史をもつ『ミシュラン・ガイド』や『ゴー・ミヨ』といったガイドの評価をえることができれば、経営上の成功を収めることができるという確信を抱いていた。

ミシュランの星は最初から目標…世界でやっていきたい、そのためにはパリの1つ星は絶対条件だった。【三〇代男性】

フランス人の一般的な人が考える評価というものに関してのクオリティーはミシュランが一番だと思います。それはやはり歴史という部分でもありますし。一般的に広まっている評価の対象基準というのが、やはり根底にミシュランというものが根づいてるんですよね。【四〇代 男性】

日本人シェフたちはそうした料理批評で評価をうけるための、店舗経営の手法やテクニックや感性を心得ている。顧客や同業者もまた日本人の手によるフランス料理を食すことには抵抗をもたない。質の高く顧客の嗜好にあったものであれば、フランス人は喜んでよい顧客となってくれる(7)。こうしたフランスにおけるガストロノミーの組織フィールドの特異性が、日本人の開業を促しているといえよう。

六　時代と参入タイミングの効果

フランスにおいても、利益率の低いレストラン産業で、成功を収めることは困難である。日本人シェフが数多くフランスで開業をしている背景には、欧州のレストラン市場の冷え込みも影響している。二〇〇八年に生じた経済危機による不況、欧州経済の慢性的な低迷にさらされて、店を閉めレストランの経営権を手放そうとするオーナーが増えた。周縁的な立場にいた日本人シェフたちが、経営権を取得してフランスのレストラン産業で脚光をあびるようになったのは、フランス人の新規開業者が減少したことにもよる。

ある程度店が軌道にのったとしても、レストラン経営者が大きな利益をあげることは難しい。その理由は労働コストの高さにある。フランスでは労働者の権利が強く保護されており、意欲や能力に乏しい労働者を日本のレストランのように解雇することは許されない。それゆえ意欲の高い良質な労働者を確保することも困難となっている。従業員の権利意識は強いものがあり、従業員との法的なトラブルを抱えている。

労働時間も週三五時間と制限されており日曜出勤の手当の加算率はきわめて高いものとなる。そのために多くのレストランは週に二日の定休日を設けざるをえない。それに加えて従業員のための高い社会保障費を、経営者が負担しなければならない。

皮肉なことに、フランスの労働時間における制約は、日本人のレストラン経営者にとってはむしろ有利な条件として働いているようにみえる。フランスの多くのレストランでは仕込みに長時間を費やせなくなっているために、現在、半加工品を購入して調理に使用しているからである。下ごしらえに時間がかかる古典料理や、煮込みのように長時間加熱を必要とする料理はメニューから消滅しつつある。パリでビストロを開業した日本人シェフは「なかなか美味しい店がない」と嘆きつつも、だからこそパリで開業しても人気店になると確信したという。

筆者が聞き取りを行った多くの日本人のレストランでは、配偶者や近親者が職場のサポートを行い、シェフもまた長時間勤務をすることで料理の質を高め価格を抑えていた。日本人シェフの経営する店には、比較的厨房の規模が小さく席間も狭い傾向がみられる。フランスのレストランでは厨房に皿洗い専門のスタッフがいることが、かつては常識とされていたが、筆者が観察をした店舗では皿洗いをコックあるいはシェフ自身が行っているという店が少なくないようであった。

時代の流れにもっとも敏感な影響をうけるレストラン経営には、他店舗との差別化が極めて重要となる。厳しいレストラン産業で批評家に高い評価をえて生き残っていくためには、シェフは最先端のガストロノミーの趨勢を把握しつつ、他の競争相手から差別化する戦略をとらなければならない（Leschziner 2009）。しかし、その戦略は決して柔軟性に富んだものではない。フランス料理の本質は「開かれた料理」であり、ガストロノミーはとどまることのない進歩を宿命としている。レストラン産業のなかで、コックの習得した料理や技術も時代の流れとともに、過去のものとなっていき、顧客もまたレストランとともに歳を重ねていく。

現在フランスの最先端のガストロノミーの旗手となっている三〇代・四〇代前半の日本人シェフたちの料理は、現代の嗜好性に適合した油脂やソースをほとんど使わない軽さ、華やかな装飾性を特徴とする驚きにあふれた料理である。ガストロノミーの最先端を走る料理を提供するためには、複雑な盛り付けを一糸乱れぬチームワークでほどこす正確さがそこには求められる。それを生み出すために、最先端のテクノロジーが利用され、一〇皿以上のコース料理をよどみなく提供するために秒単位での時間の管理が求められる。今日、日本人シェフの活躍の場がフランスで広がっている理由のひとつは、こうしたガストロノミーの趨勢が日本人特有の緻密で繊細な技術や、日本人の感性と適合しているからであると語るインタビューの対象者が複数いた。

エスコフィエの料理の体系を基礎とし、ヌーベル・キュイジーヌの革新を目の当たりにした昔気質のコックにとって、そのようなガストロノミーの最先端を追究する料理は「フランス料理」らしさを欠いているようにみえる。前出（四節）の七五年にフランスに渡航しパリで開業をしている六〇代の日本人シェフは、フランスの顧客の嗜好が変わりつつあると嘆いた。エスコフィエの伝統に基づく古典的なフランス料理をしっかりと食したいという顧客は減りつつある。彼が学んだヌーベル・キュイジーヌの料理は、古典料理を軽くするために、複数のフォンをとってソースにするさいに合わせていた。そうした手間を惜しまない料理を、パリで出す店はもはや少ないという。若いフランス人の顧客は、古典的なジビエ料理の魅力を知らないし、親の世代が好んで食べた内臓料理すら避けるようになってきた。サービスや内装の簡素化が進んでいることも、古参のシェフは嘆かわしいと感じていた。

すでに開業して二〇年以上がたつ彼のレストランには、年配のフランス人ばかりが訪れてくる。フランス料理を提供するシェフも顧客も、長年にわたり修得してきた身体技法や嗜好を変えることはできない。どのような料理を吸収しえたかは、コックが渡航し「フランス料理」と向き合った時代に左右される。端的にいえば、渡航年のタイミングがシェフとしての自己呈示の戦略に強い制約をもたらしているといえよう。

七　結論――組織フィールドにおけるライフコースの生成史研究の可能性

最後に本書の共通課題のひとつである社会学再考という視点をふまえて、本稿の分析視点と知見について要約しておきたい。社会学としての筆者の関心は、高い能力をもった専門家集団がみずからのキャリアをどのように制度化し構造化しているのかをあきらかにすることにある。組織研究で提唱されてきた組織フィールドという分析単位は、この課題にとりくむうえで有効な分析単位である。

ガストロノミーをめぐる組織フィールドは、一九世紀末から二〇世紀初頭のフランスにおいて、技術と表現の絶えざる革新というエートスと、マス・メディアによるレストラン批評を両輪として成立し発展をとげてきた。そして同時期に生じていたホテル産業の勃興により、その卓越性はグローバルなものとなり、近代化を志向していた日本において、同業者集団の能力の蓄積が進められたのである。ガストロノミーの組織フィールドにおける価値は、今日フランスで開業している日本人シェフにも共有されている。

フランスでの就業による能力形成は、同業者集団のなかで、望ましいキャリアのモデルとして規範化され、七〇年代から八〇年代にかけて能力形成のシステムとして制度化されていった。この過程で形成された、日本からフランスへの質の高い労働力の国際移動は、日仏の同業者集団におけるネットワークや信頼をもたらした。高い質の労働力を求めるフランス側の経営者と技術習得を目的とする日本人のあいだに互恵的な関係が成立していったのである。

日本人シェフのフランスでの開業は、日仏のガストロノミーのフィールドが独自に長期にわたって形成されてきた、国際移動をともなう職業訓練の制度化過程の結果である。価値を共有する組織フィールドの参加者が、自生的に形成してきたネットワークや信頼といった資源は、日本人のレストランワーカーのキャリア達成において重要な意義をもってきた。そうした資源を活用できたことにより、日仏の同業者集団における国際移動が維持され、日本人シェフ層の上昇移動の基盤となっていったのである。多くの社会学者がとりくんできた国家による政策と移民の社会統合というマクロな視点からは把捉しきれていなかった、ひとつの現実を本稿は例示できたといえよう。組織フィールドという分析単位への着眼は、一九世紀末から二〇世紀初頭に活躍した社会学者エミール・デュルケムが、同時代を考察するなかで、その可能性を主張した中間集団論に再び光をあてる試みであると位置づけることもできる。

本稿で示したように、ある組織フィールドにおけるキャリアの構造や可能性を規定する規範や資源は、経路依存的に構築されていくものである。組織フィールドの生成や時代による変化に着目することで、組織フィールドにおける価値や規範、資源やキャリア構造をより詳しく読みとくことができるようになるだろう。

本稿で示すことができた、社会学的な研究において興味深い知見のひとつは、組織フィールドにおけるキャリア構造とその変容が、全体社会のそれらよりも可変性や可塑性に富んでいるということである。個人のキャリア形成においては、五年、あるいは一〇年の渡航年の違いはきわだったコンテクストの違いとしてあらわれてくる。わずかな渡航年の相違が、個人のキャリア形成に、移民労働者の受け入れ制度や労働法、その実質的な運用、フランスにおけるガストロノミーの趨勢などの側面から、重要な影響をもたらしうる。組織フィールドという分析水準に焦点をあてることによって、全国規模での統計や全体社会に焦点をあてた研究では汲み出し切れていない、組織フィールドにおけるキャリアの構造化過程、あるいは、そこに身を投じる人びとのライフコースの生成史といったものを明らかにすることができるのではないだろうか。

謝辞　本研究はＪＳＰＳ科研費 26380700 の助成をうけたものです。また研究に助言をいただいた方々、インタビューに協力してくださった方々、辻調グループの職員の方々に改めてここに感謝の意を表します。

注

（1）ギデンズやブルデューらの社会理論と組織論における組織フィールド研究とを接合したレビューとしては、マチャド・ダ・シルバら（Machado-da-Silva et al. 2006）による研究がある。

（2）筆者によるインタビューは、二〇一五年二月、一〇月、二〇一六年二月にパリ、リヨン、ニース等で実施された。二〇一五年一〇月の渡仏時には辻調グループのフランス校への視察を行った。この他に七〇年代に渡仏した料理人へのインタビューを国内で六人に対して実施した。文献からの知見は主として柴田書店の刊行する料理専門誌『専門料理』（一九六七年以降）の記載やシェフやジャーナリストによる著作に基づく。

（3）イタリアでもこれまで日本人コックがおそらく数千の規模で就業をしており、長期にわたる就業者も数多いものの、現地でイタリア料理店を開業した者は極めて少ない。イタリアにおける日本人コックの就労の制度化過程については、筆者による論考を参照していただきたい（Sawaguchi 2015）。

（4）フランスで労働をする権利を認める滞在許可証には実際にはさまざまな形態があり、申請への認可については手続きを行う行政当局の権限が強く認められている。雇用者は外国人の雇用を申請するにあたり、同じ職務を行えるフランス人が募集できないことを労働局に証明する必要がある（永澤 2013）。二〇〇七年における移民法の改正によって不法滞在者の国外退去が強化され、学生からの身分変更の枠も認められにくくなった（鈴木 2008）。

（5）八〇年代以前の渡航者たちがフランスでの就業先をみつけるうえで、どのような苦労を経験していたかについては、ジャーナリストの優れた取材に基づく著作がある（高久 2003、神山 2013）。

（6）筆者の聞き取りによれば、あるレストランでコミ（下働きのポジション）として働き始めた、ある日本人の当初の給与は月給三〇〇～四〇〇ユーロ程度であった。能力や厨房での役割に応じて賃金は上昇していき、シェフとして仕事をしていたときには三、二〇〇ユーロの月給を得たという。地方では食事や宿泊先が無償で提供されることも多いが、パリではそうした好条件の就労先をみつけることは困難である。

（7）フランスで開業したシェフの一部は日本での開業に経営的な魅力を感じないと語っていた。彼らは日本のフランス料理店は飽和状態にあり、顧客のコスト意識が高く、成功が難しい市場であるという認識をもっていた。

引用・参考文献

Bertaux, D.（1997）*Les Récits de vie: Perspective Ethnosociologique*, NATHAN/HER, Paris.（小林多寿子訳、二〇〇三『ライフストーリー―エスノ社会学的パースペクティブ―』ミネルヴァ書房）

DiMaggio, P. J. and W. W. Powell（1983）"The iron cage revisited: Institutional isomorphism and collective rationality in organizational fields," *American Sociological Review*, 48(2), 147-160.

エスコフィエ・オーギュスト（2005）『エスコフィエ自伝―フランス料理の完成者―』中央公論新社

Guptill, A. E., Copelton, D. A. and B. Lucal.（2013）*Food and Society: Principles and Paradoxes*, John Wiley & Sons.（伊藤茂訳、二〇一六、『食の社会学―パラドクスから考える―』NTT出版）.

神山典士（2013）『初代総料理長サリー・ワイル』アドレナライズ

木村吾郎（1994）『日本のホテル産業史』近代文化社

Leschziner, V.（2009）*At the Chef's Table: Culinary Creativity in Elite Restaurants*, Stanford University Press.

Machado-da-Silva, Clóvis L., Filho, E. R. G. & L. Rossoni（2006）"Organizational Fields and the Structuration Perspective: Analytical Possibilities," *BAR. Administration Reviews*, 3, 32-56.

Meriot, S.（2006）*Nostalgic cooks: Another french paradox*, Leiden and The Netherlands: Brill.

宮島喬（2006）『移民社会フランスの危機』岩波書店

宮島喬（2009）『移民の社会的統合と排除』東京大学出版会

森脇慶子（2011）『フランスで料理修業』学習研究社

永澤亜希子（2012）『フランス暮らしと仕事の法律ガイド』勁草書房

Ritzer, G.（2001）*The McDonaldization of Society*, 6th Edition, Thousand Oaks, CA: Pine Forge Press.（正岡寛司監訳、一九九九、『マクドナルド化する社会』早稲田大学出版部）

Sawaguchi, K.（2015）"Japanese cooks in Italy," James Ferrer ed. *The Globalization of Asian Cuisines: Transnational Networks and Culinary Contact Zones*, Palgrave Macmillan, 125-144.

佐藤陽（1996）『人生はフルコース―帝国ホテル・村上信夫の履歴書―』東京書籍

Slang, R. L.（2000）*The Invention of the Restaurant*, Harvard University Press.（林正巳訳、二〇〇一、『レストランの誕生―パリと現代グルメ文化』青土社）

鈴木尊紘（2008）「フランスにおける二〇〇七年移民法―フランス語習得義務からDNA鑑定まで―」『外国の立法』二〇七、一四―二九

高久多美男（2003）『魂の伝承―アラン・シャペルの弟子たち―』フーガブックス

辻静雄（1972）『フランス料理の学び方』三洋出版

辻静雄（1975）『フランス料理を築いた人びと』鎌倉書房

辻調グループ辻静雄料理教育研究所編著（2012）『フランス料理ハンドブック』柴田書店

八木尚子（2010）『フランス料理と批評の歴史』中央公論新社

八木尚子（2015）「ガストロノミー（美食）の誕生」杉本淑彦・竹中幸史編『教養のフランス近現代史』ミネルヴァ書房、五五―七〇

Ⅲ部

地域社会

キーワード

第9章
地域再生
中山間地域
住民主体の地域活性化
区長制
伝統的自治システム
社会的・文化的基層
住民性
地域アイデンティティ
地域資源
過疎高齢化

第10章
日本資本主義論争
農民階層分化
分家慣行調査
新人会
東京帝大セツルメント
アメリカ農村社会学
日本社会学会の設立
マルクス主義
柳田民俗学

第九章　中山間の地域再生と区長制

――高知県高岡郡梼原町を事例として

佐藤　友光子

一　問題の所在

二〇〇〇年代半ばにわが国の総人口は増加から減少に転じた。地方においては、過疎高齢化が一層深刻化してきた。そうしたなかで、二〇一〇年代にはいり、安倍晋三内閣は「地方創成」を成長戦略の重点課題として掲げ、各地で地域再生をめぐる動きが活発化していく。高知県西部、愛媛県との県境に位置する高岡郡梼原町《ゆすはら》は、かつて「土佐のチベット」とよばれた山間の町である。「自然以外なにもない」といわれたこの町はしかし、一九九〇年代以降、環境保全をテーマとした町づくりに取り組み、徐々にその成果をあげつつあった。そして、その「循環型社会」構想は二〇〇〇年代にはいって急速に全国の自治体の注目を集めてきた。今や、梼原町ではかつてないほどの視察団や観光客を受け入れ、メディアでもその活況ぶりがしばしば取り上げられるようになった。

地域活性化を成功させている市町村の多くに共通するものは、優秀なリーダーの存在と住民の団結力であるといわれている。梼原町では一九九〇年代に環境保全による町づくり構想を打ち出した中越準一氏をはじめとして、優秀な首長を輩出している。そして、梼原町役場の「官僚軍団」の優秀さは、二〇一二年七月の高知新聞で、高知県東部にあってゆずによる村おこしで全国に知られる馬路村とともに、「公の群像」と銘打った一一回にわたる特集記事のなかで紹介されている。[1]

しかしここでは、もう一方のキーワードすなわち、「住民性」ということに着目し、さらに一〇〇年以上前から存続し、現代において梼原町の「住民性」を官民一体となった町づくりに向けて効果的に発動させたこの町特有の自治システム＝「区長制」について考察したい。本稿は梼原町の事例を通して、地域活性化と地域の歴史的、社会・文化的側面との関連性を探る試みである。高度経済成長期終焉後のわが国でキーワード化されていった「住民主体」の地域づくりの要諦となる地域アイデンティティが、過去の遺物として多くの地域ですでに廃止されあるいは形骸化していった区長を軸とする自治システムを媒介としてどのようにこの山間の町の地域活性化の原動力となってきたかを検証し、住民の主体的地域参加をうながす社会的・文化的基層の意味について考えたい。

大都市圏と地方との格差が拡大し消滅自治体ということが取りざたされ、一方で一九九五年と二〇一一年の二つの大震災の経験を経てコミュニティの重要性が再認識されるなかで、地域社会再生の方途を探るべく町内会をはじめとする自治組織の研究が蓄積されてきた。弱体化した地域共同体の再構築のためには、「一番基本単位である」地域自治会の理解が不可欠であると考えた鳥越皓之は、一九九四年の著作において自治会を「人びとの生活の側面から」みる「地域自治論」としてとらえようとした。そして、「生活に身近な近隣範域の事柄に対し、自治会が一致してあることがらをノーといえば、それをおして乱開発などが行われることは通常はありえない」（鳥越 1994：4）と論じ、そのはしがきで、町内会・部落会といった地域自治会を「地域権力のひとつのあらわれである地方政府（地方自治体）、ときには中央政府と、歴史的に形成された固有の関係をもちつつ存在しつづけている住民組織とみる立場」（鳥越 1994：2）から、その現実的な力に着目した。鳥越の見解には自治会の現代的再解釈の可能性を見出すことができよう。

さかのぼれば、鳥越が指摘するように、一九五〇年代前後に盛んに提出された在来の自治組織に関する研究の多くが戦後の民主化を阻害するものであるといった否定的な論調でそれらをとらえていた（鳥越 1994：2）。その後、そのより積極的な側面を評価する指摘が強くなりつつも、全体として一九六〇年代以降、やや地域研究としては周縁的な位置にこの研究分野はおかれていったとされる。しかし、一九八〇年代にはいると、地域づくりに対する実践的要請の高まりを背景に、多くの優れた研究が次々と発表され、議論は再び活発化していく。しかしながら、今日的な文脈で地縁的自治組織を再考する議論は未だ十分に展開されているとは言い難い。農山漁村の伝統的自治組織の現代的意味をめぐる論考となるとさらにその数は限定される。そこで本稿では、伝統的自治組織が地域資源のひとつとして現代日本の周縁地域の活性化に活用される可能性についてその一端を示したいと考える。本稿はまた、村落社会学ないし農村社会学の分野で従来研究が蓄積されてきた伝統的自治組織の意味を、現代の地域活性化という今日的文脈でとらえなおす試みでもある。(2)

二　梼原町の概要と現況

梼原町の概要

高岡郡梼原町は高知県と愛媛県との県境に位置する四国カルストの麓の町である。標高は二〇〇～一、四五五ｍで、冬期には積雪がある。町域は二三六・五㎢とかなり広範におよぶが、その九一％を森林が占め、国勢調査データによれば、二〇一五年一〇月一日時点の人口密度は一五・三人／㎢である。町は越知面、四万川、梼原東、梼原西、初瀬、松原の六つの区からなっている。総人口は二〇一五年九月末現在の住民基本台帳によると三、六七六人、うち六五歳以上人口が四二・七％である。

町を特徴づける産業といえばやはり林業ということになるだろうが、産業別就業者割合からみると、二〇〇五年時点での国勢調査データでは第一次産業従事者三五・四％、第二次産業従事者二八・一％、第三次産業従事者三六・五％であって、昭和末期の一九八五年以来ほぼ比率に変化がみられなかった。しかし、二〇一〇年の統計では、順に二七・七％、二六・三％、四六・〇％となっており、第一次産業従事者割合の急激な減少と第三次産業従事者割合の増加がみとめられる。

かつて津野山郷とよばれたこの地域には、土佐というよりはむしろ伊予文化の影響をうけた「津野山文化」が現在も息づいており、その代表的な存在が国の重要無形民俗文化財に指定されている津野山神楽である。また、土佐と伊予を結ぶ「梼原街道」が町内を縦走し、町内一三箇所に残る茶堂とともに物流の中継地としての梼原町の古来の性格を今に伝えている。幕末期にはこの道を抜けて坂本龍馬をはじめとする土佐藩の志士たちが脱藩を果たしたことから、現在では「龍馬脱藩の道」「維新の道」として町の主な観光資源のひとつとなっている。また、梼原東区の神在居では、一九九二年、全国に先駆けて「千枚田オーナー制度」を導入し、都市農村交流のモデルケースとなった。

梼原町の施策

自治体としてみた場合の梼原町はよく「集権の優等生」という言葉で表現される。内外からしばしば指摘されるこの町の町政の特色は、国や県からの助成金を上手に使って実績をあげてきたという点にある。高知県出身のジャーナリスト河野裕の著書『雲の上のまちおこし』には次のような記述がみられる。

「国の指定事業の受け入れ先を探す場合でも、梼原ならまずこなしてくれる、実績を残してくれるという安心感がある。話を持っていきやすい、ということもあるわけだ」。（ある県幹部の言葉、河野 1998：356）

一九九〇年代後半、前町長の中越武義氏のもとで環境保全型農林業振興プロジェクトが発進、町は循環型社会を志向する町づくりに向けて本格的な取り組みを開始する。そして一九九九年、現在の梼原町最大のシンボルといえる二基の風車が四国カルストに建設された。その後も瞠目すべきスピード感をもって改革を重ね、二〇〇九年、梼原町は四国初の環境モデル都市に選定された。そして、二〇一一年の東日本大震災以降は、新エネルギーに対する人びとの関心の高まりのなかで、官民の視察が殺到している状況である。その循環型社会実現に向けてのさまざまな取り組みも、財源のかなりの部分が助成金の運用によってまかなわれている。町のエネルギー問題への取り組みを紹介するパンフレットやホームページには、「風」「光」「水」「森」の見出しのもとにそれぞれの資源の活用について解説がなされているので、この見出し語にならってその取り組みを列挙しておく。

「風」　四国カルストに発電能力六〇〇kWの風車を二基設置。売電収益年間約三五〇〇万円（単価一七・八三円／kW、二〇一二年一一月一日現在）。

「光」　太陽光発電設置住宅に一kW当たり二〇万円助成（四kWを上限）。二〇〇六年までの設置率約六％（二〇一二年現在）。二〇一二年度には、三・〇kWの太陽光発電システムを導入する場合（システム価格が四七・五万円／kW以下のもの）に七〇万五〇〇〇円を補助。

「水」　河川を利用した小水力発電。中学校や街路灯に利用。

「森」　二〇〇八年、木質ペレット工場の操業を開始。

その他にも、地中熱利用による雲の上の温泉プール（二〇〇八年開館）等をあげることができる。こうした複合的な取り組みの結果、二〇一二年時点で現在電力自給率は二八・五％に達している。二〇五〇年には自給率一〇〇％を目標としているという。

近年の人口動態と移住定住政策(3)

梼原町の人口は一九五八年の約一万二〇〇〇人をピークに減少し、一九六四年に一万人、一九九〇年に五、〇〇〇人を割りこみ、二〇一〇年には四、〇〇〇人を下回った。この一〇年は年間五〇〜六〇人減程度で推移してきた。こうしたなか、梼原町では二〇一一年度に策定した町総合振興計画で、「二〇二〇年度に四、〇〇〇人」にという目標を立て、子育てや教育環境の整備、移住者支援への取り組みを強化した。

空き家を家主から一〇年契約で町が無償で借り受け、リフォームして移住者に貸し出す事業を二〇一三年度に着手、同年度にまず三ヵ所の空き家を改修し「見える化」をはかった。家賃は月一万五〇〇〇円と格安である。二〇一五年度改修実績は、移住定住者支援住宅一四棟一五戸、移住定住雇用促進住宅八戸、飯母移住定住促進住宅六戸であった。二〇一四年四月一日からは、移住定住コーディネーターを配置し相談窓口を一本化、移住定住希望者および移住者の種々の不安や心配事の解消に向けて、町・各区・企業・各種団体・住民などと連携して、地域情報の提供や移住者の身近での相談活動等を行うこととした。コーディネーターへの相談件数は二〇一五年四月〜一一月で実件数一二九人、延べ件数三六八件、県外八四％であった。

さらに、同年五月二二日、「くらそう梼原でサポート町民会議」を組織、地域行事、草刈りなどの共同作業や交流会への呼びかけなど、移住者が地域になじんでもらうよう、地域のなかでサポートする体制を整備した。構成員は地域代表（副区長）、各種団体、教育関係者を含む一六名である。

こうした取り組みの結果、二〇一五年度は三月三一日時点までで移住世帯数三八世帯（うち県外二一世帯）、移住者数七七名という成果を得た。ちなみに、一八歳以上移住者の平均年齢は三九・六歳、一八歳未満二一人、移住者の前住地としては高知県が半数近くを占めるものの、青森から福岡まで広範におよんでいる。町での就職先としては、バス運転手、土木作業員、役場職員、民間企業事務、ホテル接客業、農業、保育士、小学校講師、カメラマン、森林組

表9－1　2011～2015年度人口動態

	結婚数	自然増減			社会増減			総人口	増減
		出生数	死亡数	計	転入数	転出数	計		
2011年度	8	19	63	▲44	105	110	▲5	3,803	▲49
2012年度	6	27	84	▲57	118	114	4	3,750	▲53
2013年度	6	16	78	▲62	105	103	2	3,690	▲60
2014年度	12	23	75	▲52	141	122	19	3,657	▲33
2015年度	7	19	75	▲56	176	127	49	3,650	▲7

出所：梼原町住民基本台帳

合職員等多岐にわたる。また、二〇一三年度から保育料を無料化、さらに二〇一五年度からは保育所と幼稚園を一体化し、卒園までの授業料と給食費を無料にした。中学卒業までの医療費を無料にし、海外留学支援も行っている。

かくして、梼原町では二〇一二年度に転入数が転出数を上回った（表9－1）。二〇一五年には四月三〇日現在で人口減が前年同期比でマイナス1にとどまり、自然減五七人を町外から流入した社会増五六で補ったかたちとなった。

二〇一五年一〇月の高知新聞は、特集記事のなかで梼原町を取り上げ、次のように報じている。

〈梼原町　人口減に歯止め　前年比一人減〉六月下旬、本紙に載った記事に多くの自治体関係者が驚いた。「町の地道な努力。すごいことを成し遂げた」と集落支援担当の県職員。県内の市町村が軒並み人口を減らすなか、高岡郡梼原町は今年四月末時点の人口（三、六九二人）を前年同時期と比べ、わずか一人の減少にとどめた。（「里に生きる8　点検・県の中山間対策」高知新聞、二〇一五年一〇月二日より）

三　梼原町の住民性と地域文化

住民主体の地域活性化を成功に導く鍵を探る作業において、自律・自治に対する地域固有のエートスの存在、強いアイデンティティ感覚や団結心といった住民性の特徴やそれがはぐくまれてきた歴史的・文化的背景についての検討は不可欠である。本節では、地域活性化の取り組みを支える基盤としての梼原町住民の特質とそれを形成してきた歴史的・文化的背景について考察する。(4)

「梼原人（ゆすはらびと）」の特質とアイデンティティ

峻厳な自然環境が、この地域の人びとの団結心、勤勉さ、実直さをはぐくんだことは間違いのないところだろうが、それは山間地域に生きる人びとの共通の特徴ともいえる。梼原町の住民性を特徴づけるさらなる要素を、二〇〇七年以来のフィールドワークを通じて収集した町内外の人びとの語りや観光パンフレット、ホームページ、各種メディア等にあらわれた言説から抽出すると、以下の三点に集約されるように思われる。

① 強い自治意識と自助精神

これも、山間地域共通の精神風土と関連が深いように思われるが、梼原町は、一九五〇年代の昭和の大合併、二〇〇〇年代半ばの平成の大合併の際にも自律性を保ち旧来の姿を維持し続けてきた。

② 進取の気性と行動力

「熱しやすく冷めやすい」とは、梼原の住民性について住民自身が語る場合、しばしば登場する言説である。ことにあたっては一丸となってひとつの方向にむかって行動をおこすがダメとなれば撤退も早い、これが住民自身の梼原町の住民性に関する自己評価の一端である。

③ 外部世界への強い関心と開放性

梼原には好奇心旺盛で情報に敏感であり、ひとなつこくもてなし上手な人が多い。また、外部者を受け入れる寛容性と包容力がある。町の運営にあたっても梼原町では積極的に外部の人材を受け入れてきた。たとえば商工会の前事務局長は、旅行会社勤務を経てホテル支配人の経験ももつ高知市の人で、二〇〇〇年代後半に商工会長がヘッドハンティングしてきた。

こうした梼原の住民性はそれが発動される歴史的な出来事を通じてさらに強化されつつ今日まで受け継がれている。そして、これらの性質は梼原の地域活性化に大きなプラスの影響を及ぼしていることは間違いない。次項では、こうした住民性の特徴の形成に関連すると考えられる梼原町の歴史と伝統文化について紹介する。

歴史的側面からみた梼原町の文化的特性

現在の東津野町と梼原町を含む、かつて津野山郷とよばれた一帯の地域は、藤原北家につらなる京都の貴族津野経高が九一三年に入植、開拓によって津野荘を築いたことにはじまる。その後一六〇〇年から江戸期を通じて山内氏の所領となった。明治維新後、郡制（一八七〇年）、大区・小区制（一八七五年）の施行と廃止を経て、一八八九年、いわゆる明治の大合併により、四万川村、越知面村、梼原村、初瀬村、中平村、松原村の六ヵ村が合併、現在の梼原町の前身である西津野村が成立した。一九一二年、村名を梼原村と改称、さらに高度経済成長期の一九六六年、町制を施行して梼原町となった。そうしてみると、「梼原町」の原型は明治以前の藩政村にさかのぼることができ、当時の六ヵ村が明治期の六区に引き継がれつつ昭和の大合併、平成の大合併の時代を経てなお往時の地域構成を維持してきたといえる。

「梼原人」のアイデンティティ形成と深く関連する主要な歴史的・文化的土壌として、伊予の、ひいては京都の文化を色濃く引きつぐ津野山文化、梼原街道沿いの「宿場町」の記憶、村の英雄としての農民一揆の指導者や維新の志士たちの伝承、土佐独特の「おきゃく」文化、の四つをあげることができよう。これらの要素は日常生活のなかで、また行事やイベントの機会に、あるいは学校教育を通じて、おりおりに確認され、意識され、梼原町民の地域アイデンティティと一体感の源泉となっていると考えられる。以下、それぞれ概説する。

①　**梼原の発祥と津野山文化**

梼原町教育委員会発行の『梼原町史 二』では、梼原はその起源において平和的に入植された開拓村であったことが強調されている。また、戦国末期にあっても、長曾我部元親の三男の親忠を養子にして、津野氏二三代目当主にすることで無駄な戦いをさけた、とされている。津野山神楽の伝承や各種の伝統行事の実践にみられるように、梼原町の人びとは、地域の伝統文化を大切にしている。そして梼原の文化は荒々しい土佐のそれよりもむしろ雅で穏やかな伊予のそれに近い、というのが梼原人の価値観を表し、町民の誇りのよりどころの一部をなしているように思われる。津野山文化の伝統は現在も、郷土学習にとりいれられ、観光に活用されるなど住民アイデンティティの核としての役割を担い続けている。

②　**梼原街道**

梼原街道は土佐から梼原を通過して伊予に至る道である。古来生活道路として人びとの往還が絶えず、駅場のおかれた梼原は、こうした点で人と情報の往来する宿場町的な性格を有していた。町の数ヵ所に今も残る「茶堂」は、三m四方くらいの木造平屋建、茅葺屋根の建物で、地区民が行路の人びとに茶菓の接待を輪番で行ってきた。梼原の「お接待文化」の象徴といえる施設である。ここでの村外の人びととの交流は、村人にとって貴重な情報源となっていた。この宿場町としての町の記憶が、山間地にあって先述の「外部世界への強い関心と開放性」という梼原人の特性を醸成する文化的基層となっていると考えられる。

③　**近世梼原の英雄たち**

梼原は一方で、江戸期藩政時代における一揆の決行や藩への直訴、明治維新時の活動にみられるように、ことにあたって強いきずなによる団結力を発揮して行動をおこしてきたという歴史をもつ。江戸時代中期の庄屋中平善之進は、津野山騒動といわれる一揆の指導者であり、高知藩の問屋指定と楮、茶などの専売制強化に反対して藩に強訴、捕らえられて死罪となった。幕末・維新時には吉村虎太郎、那須俊平・信吾兄弟といった勤王の志士を輩出している。梼原村の神職の養子であった掛橋和泉は、家財を費やして同志の脱藩を援助し、その責を負って自決した。彼らの伝承からは、辺境の地に生きた梼原人の反骨と独立不羈の精神を看取することができる。

④「おきゃく」文化の効用

全国に知られる土佐の酒宴を地元のことばで「おきゃく」という。この「おきゃく」文化は梼原にも存在する。「おきゃく」は、地域住民にとってソーシャル・キャピタル調達の重要な機会である。地区ごとの行事や会合の後は大抵酒宴となる。町の各地区でたびたび開催される「おきゃく」には町長・町会議員をはじめとする町の役職者が多く参加する。そして、地域住民は彼らと飲食をともにし、質問や要望を投げかけ、大いに行政を論じるのである。この地域における「おきゃく」は、行政サイドと一般住民との意思疎通をはかるうえで欠くことのできない装置であって、梼原の町づくりにおける住民参加を支えているともいえるのである。二〇一六年五月三日に神在居で開催された「お釈迦さままつり」後の宴会にも、町長・副町長はじめ多くの町の顔役が出席し、昼から夕方まで宴席が続いた。この宴会には数年前須崎市から赴任してきた梼原学園の校長先生が出席していたが、彼は前日のインタビューの際、「梼原の人たちは学校の先生を尊重してくれていて、各地区の行事の折などには必ず町長や議員さんといった町の主だった人たちと一緒に招待してくれる。多いときは週二～三回にもなる。で、その後宴会に参加したり…」と語っていた。

四　伝統的自治システムとしての区長制について

最後に住民と行政とをつなぎ町の活性化を支えてきた、梼原町の社会制度上の特徴というべき伝統的自治システムである「区長制」について述べる。町役場職員はじめ各種団体関係者の語りのなかにしばしば登場する「梼原の区長制」なるものの特殊性、地域にとっての重要性は特筆に値する。「梼原の区長制」は、「住民から選挙によって選出された区長を軸とする住民自治システム」であるが、「土佐のチベット」とよばれた梼原町が、「中山間の先進地帯」と称されるまでの発展をとげた要因のひとつと考えることができる。それは前節まで論じてきた梼原町の住民性を「地域の宝＝地域資源」として発動させる有効な装置である。ここでは、二〇〇八年から二〇一三年にかけて収集された、聞き取り調査データや各種ドキュメント資料をもとに、梼原町の「区長制」の特殊性を検証し、伝統的自治システムが中山間地域再生に対してもつ意味についてその一端を考察する。(5)

（A市からの講演依頼の手紙を示して）最近は地域活性化がらみの依頼が増えているけれど、断ろうと思う。なぜならA市、というか他の地域には区長制がないから。（商工会事務局長A氏／男性、六〇代、二〇一〇年一一月）

これは、二〇一〇年のインタビューのなかでの商工会事務局長（当時）A氏の述懐である。A氏は、旅行代理店、ホテル支配人の職歴をもつ人で、定年退職後商工会長に請われて高知市内から梼原町に移住、事務局長に就任した人物である。この述懐からは外部者の目線から梼原町の区長制がどのように映ったのかを推し量ることができる。

前節において梼原町の特色を歴史的・文化的側面からみてきたが、こうした地域の特色と深く結びついて存続・展開され、この町の過去と現在を語り、そしておそらくは将来の方向性を測るうえで看過することのできない――しばしば住民の語りのなかに登場し、にもかかわらず行政の各種文書・刊行物においても、町を紹介する他のさまざまな媒体においても公にはさほど言及されることのない――梼原町固有の制度が「区長制」である。梼原町の町づくりの相対的な成功の鍵は優れたリーダーの存在と、ことにあたってはー丸となってひとつの方向に邁進する、団結心が強くノリのよい住民性とにあることは疑いようがないところである。その点を認めたうえで、もう一点、忘れてならないのはそうした町をあげての取り組みを可能にするシクミ＝区長制の存在である。それでは、区長制はいかなるシステムであり、住民の生活にとっていかなる意味をもち、いかなる機能を町の運営において果たしてきたのか。この節ではこれらの問題について考えてみたい。

梼原町の地域構成と区長制の成り立ち

区長制について紹介する前に、梼原町の地域構成を改めて確認しておく。梼原町は「越知面区」「四万川区」「梼原東区」「梼原西区」「初瀬区」「松原区」の六つの区から構成されている。各区の下に合計五七の集落（現地では「部落」と称することが多いので以下ではこちらの表現も適宜併用する）が配置され、さらにその下に冠婚葬祭等の相互扶助の単位である「組」が存在する。各区は、区民から選挙で選ばれた区長をおく。また、集落はそれぞれ独自の選び方で部落代表をおく。『梼原町史　二』には次のような記述がある。

本町では、全町を六つに区分し、区と称している。区は集落の集団として成り立っているが、その起源は明治二二年（一八八九年）、梼原、越知面、四万川、初瀬、中平、松原の六か村が合併して西津野村が発足、村内区域が広くなったため、当初は遠隔の旧村に区を置き、後全村内に区が置かれたものである。／法的根拠はなくなったが、町行政運営上重要な役割を果たしている。／行政の近代化にともない、次第に地域の自治組織としての役割が強くなって来ている。（梼原町史編纂委員会 1988：218–220）

つまり、梼原町の区長制というシクミは、その起源を明治の大合併によって西津野村（現梼原町の前身）が誕生した一八八九（明治二二）年にまでさかのぼることができるのである。また、ここから読み取れるのは、元来区長は旧六村の村長とほぼ意味的に等値であったということである。区長は住民の要望等を直接行政に伝えることができ、行政と住民のパイプ役として長年重要な役割を担ってきた[6]。一九九七年から二〇〇九年にかけて三期にわたり町長を務め、一九九〇年代後半以降の梼原町の発展のキーパーソンであった故中越武義氏もまた区長制を重視し、積極的に活用した一人であるが、氏は二〇一〇年一一月のインタビューのなかで次のように語っている。

それぞれの区は行政と一緒です。区長さんが選挙で選ばれ区がやらなければならないこと、区の約束ごとはちゃんと文章化され、それぞれの区の将来につなげていくことが出来ている。行政と区とは情報提供がきちんとなされている。区でさまざまな意見をまとめ、そのまとまったものを行政にもってきていただく、町の行政組織がそのまま区でも運用されている。それは、明治二二年の合併からいままでずっと継承されている。行政のやりやすさは他の地域では考えられない。（中越武義氏／男性、六〇代、二〇一〇年一一月）

「区」の組織編成と運営

それぞれの区には明文化された規約（区約）が存在し、それをもとに組織編成がなされ、区政が行われる。各区は共通性がありながらもそれぞれ独自の方式で区を運営している。そのことは、区の成立過程と関連していると思われるが、いずれにせよ、区は相対的に自律性の高い自治組織とみなすことができる。

役員の基本的な構成は区長、副区長、会計係の三役である。複数の役職を一人で兼任する区もある。区の経費は各戸から部落代表を通じて徴収された区費によってまかなわれる。金額は各区ごとにまちまちで、消防関係、衛生、教育、神社、寺、人件費、消耗品費等別途徴収する区もある。たとえば四万川は年間一、五〇〇円、西区は月額四五〇円、東区は半期三四〇〇円プラス学校費、寺費、宮費等で年間一万四、〇〇〇円程度である。

梼原町の自治システム――区会と区長会について

区会はその区独自の事業や行事について、連絡・調整する機関である。構成員は各区によって異なるが、区の役員（区長・副区長・会計・監査等）と区内各部落代表で構成されるのが一般的である。それに加え、民生委員、総代などが加わる場合もある。参加人数は一五名内外が中心であるが、松原区では、区役員・部落代表に加えて消防団など、会則による各種団体代表者が加わる。開催頻度は、定期開催に加えて必要に応じて招集される場合もあるので、区や年によって年一回から一五回程度までとばらつきがある。また、区長会では六区の区長同士があつまり、町長・行政に住民サイドの要望を提出する前に意見を調整する。年に六回程度の開催である。

図９－１は、「区会」「区長会」を媒介とした、行政サイドと住民サイド間のボトムアップとトップダウンの概念図である。このシステムの要となるのが、梼原町における区長という存在なのである。この他、各区では例年区長を座長として区役員と各部落代表が町長および行政各部局の課長クラスと直接相対する「行政連絡協議会」が地区の公民館等で開催される。これは、住民サイドの要望・陳情に行政サイドが答弁するという形で進行する。その後は必ず一般住民も参加する宴会＝「おきゃく」となるが、住民サイドの言葉を借りれば実はそこからが「本番」なのだそうで、この「おきゃく」の場で住民と行政とは酒を酌み交わしながら町政をめぐる本音の議論を交わしあうのである。また、行政サイドと住民サイドとの方向性共有の場として毎年四月上旬に地域活力センターの大ホールで参加者二〇〇名規模の「梼原町区長・部落代表者会」が開催される。そこでは、各区区長と五七集落すべての部落代表者の参加のもと、その年度の町の方針について行政各部局から説明がなされる。

区長とその役割について

梼原町の区長は、原則的に区民の選挙によって選ばれる。正確にいえば一世帯に一票が割り当てられる。候補者は

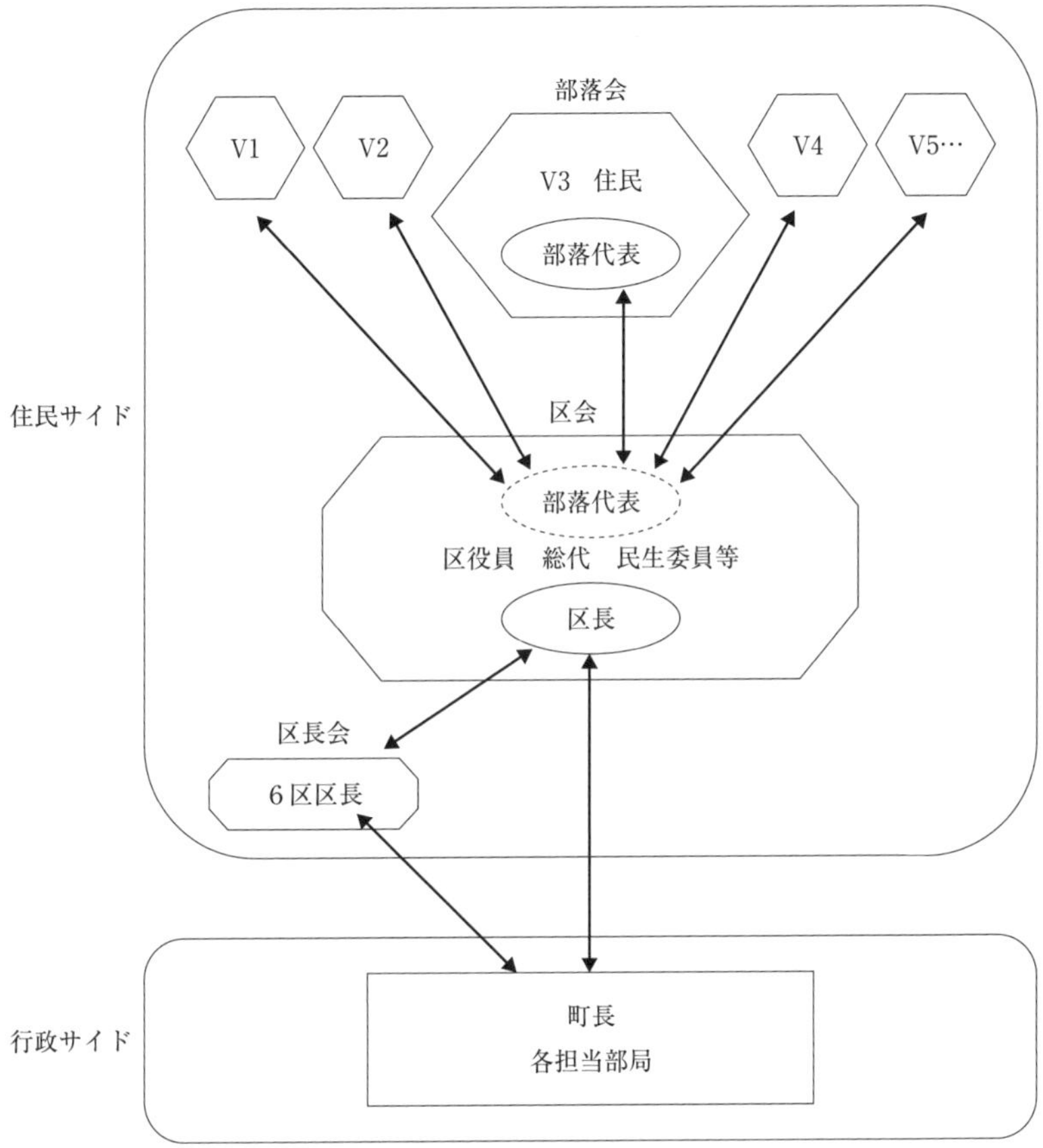

注：V は各集落を示す。

図9－1　区長制におけるトップダウン／ボトムアップの枠組み

出所：佐藤（2014：38）より再掲

立候補の場合もあるし、推薦の場合もあるが、話し合いで決まるケースもあるようである。任期はおおむね一期二年であるが、三年任期の区もある（部落代表は一期一年が多い）。再任は可能である。区長には、町から月額三万円弱が支給される。区から交際接待費、区長手当が支払われる場合もある。

　梼原町において、区長は極めて可視性の高い存在である。区長は梼原町の「区長制」の要であり、住民と行政を結びつけるパイプラインとしての役割を担うのみならず、町政に対して実質的／政治的な権限や提言力を有している。後述の中山間地域等直接支払制度の区による運用の事例にみられるように、区は住民参加型地域活性化の取り組みの主たる単位となっており、区長を中心に各区はその活動の方向性を自ら決定、実施する。このような意味での「区長」ないし「区長制」を、現在野村町、城川町、久万高原町、東津野町といった近隣地区で確認することはできない。自治会長等区長に相当すると思われる役員は他地域にも存在するが、それらは梼原町の実質的な指導力・権限・政策提言力とは比べものにならず、祭礼の代表者といった儀礼的・形式的なものにその役割が限定されている場合も少なくない。

（区長制度は住民サイドからも役立っているかとの問いに）役立っている。住民からの要望が出た場合、区長に部落代表の人から報告がいき、区長がとりまとめるようになっている。なので、連携がうまくいっている。（越知面区区長B氏／男性、六〇代、二〇〇九年一一月）

区長会では区のアイデアを持ち寄ります…まとめ役ですので、町の執行部や役場が区長会に「こんなことがやりたい」ってくるがですよ…最近は、まあ四〇周年記念であるとか、道路とか土地、イベントなど役場職員にできないことを、区長が動いてまとめていくがです。（西区区長C氏／男性、六〇代、二〇一〇年一一月）

それでは、実際どのような人が区長の地位についているのであろうか。二〇〇九年と二〇一〇年の一一月に実施した各区長へのインタビュー記録等に基づいて、この点について述べると、まず、六区長の年齢であるが、二〇〇九年、二〇一〇年調査時点で全員六〇代であった（一九四二年～一九四九年出生）。すべて男性である。職業経歴であるが、これについてはとくに共通の特徴は見いだせなかった。職業から引退している人が四名（前職は郵便局職員、運送会社勤務、林業関係国家公務員）、現職ありの二名のうち一人は銃器製造会社勤務（前職は長距離トラック運転手）、もう一人は飲食店経営（前職は農業協同組合職員）である。区長に選ばれやすい人物の傾向について、西区の区長は次のように語っている。

昔の区長さんは裕福な人じゃないといけなかったがじゃけんど、今はそんな人もおるがじゃけんど自営業とか自由な職業をもっちゅうんが区長にふさわしいと…そういう区長がよいがです。（西区区長C氏／男性、六〇代、二〇一〇年一一月）

後日、一般の住民にも聞いてみたところ、次のような答えが返ってきた。「（お金持ちとか名望家とかが区長に選ばれやすいのかとの問いについて）そういうことでもなくて、そうですねぇ。何かとしきるのが好きな人っているじゃないですか。そういう人の家族はやはり似たような人たちなんじゃないですか?『学級委員』の家っていうか…」。かつての区長は名望家の家柄から多く選出された可能性があるが、少なくとも現在では状況的にあるいは性格的・能力的に区長としての重責を実質的に担える人、という観点から選ばれているようである。

高知の最奥という厳しい地理的条件が彼らの団結心、自助の精神、そしてまた自治意識の強さを歴史的に育くんできたことは容易に想像しうる。また、自分たちの問題を成果が実感できるコミュニティの範域のなかで協力して解決してきた成功体験の反復の延長線上にこの町の現在があることは間違いないことと思われる。ただ、生活環境の厳しい地域は他にもあるわけで、このようなある種精神論的な理解ですべてを説明しきることはできない。複合的に絡み合ったさまざまな要素、さまざまな契機が梼原町の歩んできた道筋に関与しているわけだが、少なくとも「梼原流」の独自性の象徴が「区長制」ということができるのではないか。

ことができる。

「区長制」と住民参加型地域活性化事業

「区長制」を軸とした区ごとの地域活性化への取り組みの事例として、中山間地域等直接支払制度の活用をあげることができる。中山間地域等直接支払制度とは、中山間地域等の農業・農村がもつ「自然災害の防止」「水源の涵養」「美しい景観」などの多面的機能を守るための制度である。傾斜など一定の条件に当てはまる一ha以上の一団の農用地で、集団・グループごとに活動計画（集落協定）を決めて、それに基づき五年以上継続して農業生産（耕作）および集落活動などを行うことで交付金が支払われる。梼原町では二〇〇五年度よりこの制度の活用が各区で行われた。その際各区が独自の活用法を考え、決定、運用した。交付金の交付単位は区であり、その場合区長が協定の代表者となる。

初瀬区では、一九九七年、韓国の大学生が地域の自治のあり方の調査で廃校となった初瀬東小学校を改装した「鷹取の家」に逗留し、これを機に韓国との交流が始まった。二〇〇二年、地域活力支援事業（一戸に一万円、地域に一〇〇万円を助成）をきっかけに、「鷹取キムチの里づくり実行委員会」が発足、地元産の白菜と本場韓国の香辛料を使った、本格的なキムチづくりが開始される。そして、二〇〇八年、中山間地域等直接支払制度を活用して旧初瀬東小学校の一部を建て替え、「韓国風レストラン 鷹取の家」を開店、その後ドレッシングなども開発して着実に事業を拡大し、現在では韓国式サウナ「チムジルバン」がレストランに併設されている[7]。

その他の区の活用法としては、東区の千枚田オーナー制度、四万川区の合鴨農法による棚田オーナー制度、松原のセラピーロード、越知面区の４４０（しします）味噌製造販売などをあげることができる。

梼原町の「区長制」と龍ケ崎市の「区長制度」

ここで、梼原町の「区長制」の特徴についてまとめておく。①梼原町の現在の「区長制」は、町政において極めて可視性の高い重要なシステムである。②椿原町の六つの「区」は江戸時代の藩政村に由来し、一八八九（明治二二）年、旧来の六ヵ村が合併して西津野村（現椿原町）が発足するに際し、行政の末端組織である「区」として再編成されたことを起源とする。③区長は原則的に住民（世帯）の投票によって選出される。④区長は住民と行政を結びつけるパイプラインとしての役割を担うのみならず、町政に対して実質的／政治的な権限や提言力を有する。⑤「区」は住民参加型地域活性化の取り組みの主たる単位となっており、区長を中心に各区はその活動の方向性を自ら決定、実施する。⑥区長を座長とする「行政連絡協議会」では、町長および行政各部署の課長クラス職員が集落代表と直接対峙し要望・陳情等に応答する。⑦隣接する諸地域において「区長」に対応すると思われる役職は確認できるものの、その実質的な指導力・権限・政策提言力において椿原町の区長に匹敵する存在は見いだせない。

椿原町の「区長制」の特殊性を示すために、大塚祚保の二〇〇一年の龍ケ崎市に関する論考を取り上げてみよう。大塚は、「竜ケ崎市には、自治会・町内会がなく、代わりに区長が活動していること」を知り、「区長制度は、全国の自治体ですでに一～二割余しか実施されていないと聞いていたが…なにか納得できた気がした（中略）この納得した理由は、竜ケ崎市と住民との動きをみてきて、どうも都心部の自治体と比べて大いに遅れているように思えていたからである」として、これを前近代的な遺物にも近いものと断じている（大塚 2001：2）。そして、龍ケ崎市の区長制度の特徴として、次の四点を指摘している。①住民は、区長を推薦し、市長は、区長を委嘱する。②区長は、非常勤特別職として報酬をうけ、それに対する広報誌の配布、住民要望のとりまとめなどの職務を負う。③区長は、住民の代表であると同時に、市の職員であり、市の下部機関である。④住民の意見は要望・陳情として区長のみを通じて市や議会に伝えられる。さらに結論部分で大塚は、住民自治の回復という角度から、区長制度の改革または廃止を提言している。

こうしてみると、両者にはフォーマルな形態としての共通点がある。しかし、椿原町の区長は原則的に住民の選挙で選出されること、その権限と行政に対する影響力は単なる「行政の下部機関」の範疇を越えていると考えられることといった重要な点で龍ケ崎市のそれとは異なっている。二〇一五年にいたって初めて地方自治法第二〇三条第二項に準拠して町からの委嘱状が区長に交付されるようになるが、それ以前は、公式の委嘱状といったものはなかった。総務課職員の言によれば、「やはりちゃんとしないといけない、ということで…」ということのようである。また、人口規模の問題もあるだろうが、先に述べたように梼原町では部落代表を含む行政連絡協議会という行政への要望・陳情の機会が制度化されているので、「区長のみを通じて」ということはない。

それでもなお、梼原町の「区長制」そのもののもつ問題性はいくつか指摘できる。たとえば、議会との関係はどのようになっているのだろうか。この点について、町会議員D氏の当選してまもない頃の次のような発言がある。

（区長制について）まぁそのあたりはその、これはちょっと私らも議会に入って、何人かと議論しているところもあるんです。区長制っていうのは明確に町のなかで規定された公のものではないんだと思うんですね。たぶん古くから役場の組織を支える住民の自治制度ですので…おそらくその昔、それぞれの区がひとつずつの村でしたので、そのなごりもあって区制をとってるんだと思うんですね…ただ、曖昧な基準、曖昧な設定で区長制がありますので、その役割とか機能とか権限とかそういうものの規定がないんです。…逆にいえば議会というものがあって区があって、それぞれが相反するような立場のこともありますので、もうちょっとすっきりとお互いの役割みたいなものをはっきりさせていくほうがいいのではないかなぁというふうに思ってますね。（町会議員D氏／男性、五〇代、二〇一一年一一月）

もっとも陳情窓口が複数あるのはいいことではないか、との見解をもつ住民がいることも事実ではある。また、いくらかの住民に区長と町会議員とどちらが町政に対して影響力があるのかをたずねてみたが、「町長、副町長、区長、そして議員の順かな…」といった発言もみられたものの、共通の明確な回答として集約できるにいたっていない。いずれにしても区長と町会議員との町政における役割関係や勢力関係の解明に関しては、今後の検討課題である。

「区町制」に関する若干の考察

岩崎信彦は、一九八九年に発行された『町内会の研究』の冒頭で町内会について「第二次世界大戦期における軍国主義体制の末端機能の分担という歴史的な経験を持ち、今日においてもなお、半強制的全員加入である、行政の下請け機関である、政治的に保守的な組織であるなど、その否定的側面を残存させている、という評価が根強く存在している」と指摘する（岩崎他 1989：3）。社会学・日本史学・政治学・都市計画学という複数の分野の執筆者の手になるこの研究書は、「地域社会の草の根に降りて、町内会の諸活動とその担い手達」を追うことで、積極的な側面も含めて改めて町内会とは何かを問い直す必要があるとの問題提起であった。本研究はこうした視点に共鳴するものとしてはじめられた部分があるが、それにしても「中山間の先進地帯」といわれる梼原町の成功の鍵のひとつがこの地域に残存し続けてきた「古きシクミ」であるという点は逆説的である。秋元律郎は、一九七一年の著書のなかで、旧来の共同体的秩序を基盤とする「区」が「地域住民の日常生活と自治体とを媒介する機能を負わされてきた」と表現したが、梼原町の区は、こうした性格を二〇一〇年代において体現する見本であるようにも思われる（秋元 1971：138）。しかしながら、梼原町の、少なくとも行政サイドの人であれば誰もが同意することであるが、区長制の前提は指導者と一般住民との信頼関係である。いうまでもなくそれなくしては、区長制は単なる行政から住民への上意下達機関、まさしく行政の末端組織に堕してしまう。

長田攻一は町内会の基本的特質に関する論考において、町内会文化型論に依拠する場合、「町内会が行政末端機能と圧力団体機能のいずれを果たしうるかということよりは、現実の町内会の多くが両方の機能を果たしているということであり、両者を二者択一的にとらえるべきではない」点に注意すべきであると指摘する（長田 1990：63）。椿原町の区会（あるいは部落会）において、このことはまったく妥当するように思われる。区が行政補完的機能を果たすことは疑いようがないが、上記二つの機能は矛盾なく共存しているようであり、二元論的対置はあまり意味をなさない。よく指摘される地方自治／地域社会の二重構造、その相矛盾する性質は、地域のリアリティのなかでさほど違和感なく住民に受け入れられているようにみうけられる。前節までに縷々述べてきた椿原の住民性は、区長制のシクミを介して賦活され、発動の機会を得ていると考えることができる。

古くからの地域のシクミが若者の流出を促進し、コミュニティへの新規メンバーの参入を妨げ、過疎高齢化に拍車をかけるということはよくいわれるところである。そして、それはまた時代に適合的な自発的自由意思に基づく住民活動の妨げになるとも指摘されてきた。椿原町においてそれは妥当するだろうか。当然、住民から「シクミ」の圧力が強すぎるとの声をきかないでもない。団結力の強さと集団圧力の強さはコインの裏表である。しかしながら、教育・医療・福祉分野をはじめとする実感できる住民サービスのためにそうした負担感も多くの場合、彼らのなかでペイオフされているように感じる。ただし、外部者からは不可視化されがちな住民の日常の生活問題の実態や意識についてはさらなる検証が必要である。

五　結　論

近年、「地元学」という言葉が書籍や各種メディアを通じておりおり耳目に触れるようになった。地元を探求し、地元に学び、埋もれた地域資源を発掘して、地域活性化に生かすための新しい実践的学問分野である。とりわけ地域資源が相対的に少ないとされる過疎高齢化地域にあっては、新しいものばかりを求めて「ないものねだり」をするよりは、今ある資源―それらは多くの場合「昔からそこにある」資源である―を洗いだし、それらに新しい意味や価値を付与して現代の活性化に生かすことも大切と考える。本稿では、梼原町における住民主体の地域活性化の近年の成功が、伝統的自治システムである区長制に支えられていることを論じてきた。区長制は本稿の前半で論じた梼原の住民性と歴史的・文化的連続性―梼原の住民性が区長制の存続を支え、区長制の存在が住民性を育んだという意味で―をもち、意味的に深い交絡関係にある。それゆえ、住民の特性を地域活性化に向けて発揮させるために、区長制はもっとも自然で有効な装置であるといえる。他の地域にも残存すると思われる伝統的住民組織や昔ながらの地縁関係がいかなる場合にも地域活性化にとって有効に作用するとは到底いいがたく、むしろその逆である可能性も大いにあると思われるが、それらを過去の遺物として一概に切り捨てる前に、現代的に調整して再活用する方法を考えるのもひとつではないだろうか。

本稿の執筆の根底にある動機は、「古いもの」の意味、そして「新しいもの」との関係について改めて考えてみたいということにあった。梼原町の区長制は、古きものの再解釈の可能性に関する試みであるともいえる。論旨の飛躍を覚悟で敢えていうならば、「古いもの」と「新しいもの」の関係についての考察は、同時にまた村落／農村社会学における住民組織研究の学問的伝統と地域再生という今日的テーマとを架橋しようという本稿の試みと二重写しになっているのである。

近年移住者が増加しつつあるといわれる梼原町であるが、区長制との関連でのひとつの懸念は、移住者と各集落で彼らを実際に受け入れる先住者との適応の問題である。梼原町は、「中山間の先進地帯」である反面、世代を超えて縒り合わされてきた緊密な山村の人間関係のなかで、伝統的な文化・慣習・生活習慣を今も守って生きているというもうひとつの顔をもつ。本稿を通じて、その伝統こそが梼原町の今日の発展を支えてきたと論じてきたのだが、これまでにない規模の移住者の受け入れは、そうしたものの維持体制をリスクにさらすことになるかもしれない。一〇〇年以上の歴史を超えてその基本的なかたちを今に伝える梼原の「区長制」も、移住者を組み入れていく過程で多かれ少なかれシステムの調整・変更をよぎなくされていく可能性がある。

「区長制」存立の要件を探る作業は、梼原町の区長制が他地域の活性化に与えるインプリケーションは何か、梼原町の「シクミ」から何を学びうるかという実践的な問いに答えることにもつながる。周辺諸地域において同様のシステムがかつて存在していた可能性は想像にかたくないにしても、それぞれの地域において、それらがいつどのような契機で消滅したのかについては未解明である。区長制残存のひとつの背景として、梼原という町が一九五〇年代の昭和の大合併、二〇〇〇年代半ばの平成の大合併の際にも自立性を保ち、旧来の姿を維持し続けてきた点を指摘することができるだろう。平成の大合併の多くは財政基盤の弱い中山間地域においてなされており、その問題点として、住民の地域アイデンティティの拡散や地域コミュニティ活動の減退といったことが指摘されている[8]。梼原町についていえば、周辺地域との合併を見合わせたことでこれらの弊害を免れてきたということができる。しかし、肝心なのは何故、合併を見合わせ続けたのか、あるいは見合わせ続けることができたのか、という点であろう。区長制の存続を可能にしてきた条件の解明は、他地域が住民主体の地域活性化にあたって梼原を参考にする際の重要な情報として役立つのではないだろうか。しかしながらこの課題の検討は、次稿以下にゆずることとしたい。

注

（1）高知新聞、二〇一二年七月一一日〜七月二六日。

（2）本稿は、二〇一四年に発表された拙稿「伝統的自治システムの現代的意味に関する一考察」をもとに大幅な加筆・修正をほどこしたものである。

（3）以下、二〇一六年五月二日に企画財政課／企画・定住対策係松山真弓氏および企画財政課／移住定住コーディネーター片岡幸作氏に対する取材をもとに記述。

（4）筆者は二〇一〇年一一月、梼原小学校の四、五、六年生を対象に子どもたちの郷土意識についてのアンケート調査を実施した（N＝五七）。「梼原町が好きか」との問いに、五三％の小学生が「たいへん好き」と答えている。翌二〇一一年一二月に同様の調査票を用いて香川県Z市の小学校で実施した調査結果（N＝一三三）では、「たいへん好き」が三一％であることからも、梼原町の小学生の郷土愛の強さがうかがえる。
（5）調査期間を通じ、梼原町役場産業振興課／商工観光係（当時）の下村千佳氏に多方面にわたるご協力を賜った。
（6）鳥越は、「村落の代表者は明治から現代にいたるあいだに、人民総代（総代）、区長、部落会長、自治会長と四度も変わっている。もちろんこの名称どおりには変えていない村落がすくなくないし、名称を変えるようにと役所からいってきても、すぐには変えない村落も多々みられる」としている（鳥越 1993：105）。
（7）二〇〇九年時点の運営の概要は以下のとおりである。メンバー：一一人ほど。年齢は六五～八〇歳台が中心（若い人でも五〇歳台）／時給：五〇〇円／営業形態：月、火に作業、火、水に出荷、金・土・日にレストランを営業（予約制）／卸・販売先：高知の量販店、高知ホテル、道の駅、まちの駅、町内の店などが卸先。他、イベント時にも出張販売。楽天市場で通信販売も／出荷量：週平均で白菜が六〇キロ、切干大根が一〇キロほど／価格：白菜キムチは三〇〇g三五〇円、切干大根キムチは二〇〇g三〇〇円。
（8）三橋伸夫によれば、合併による市町村自治体の広域化によって、市町村担当者サイドでは、①行政対応力の低下、②住民サービス低下、③公共施設やインフラの整備・維持管理への支障、④地域コミュニティ活動の低下、⑤市町村内における区域間格差や住民意識格差の拡大、といった点が危惧されているという（三橋 2012：253）。

引用・参考文献

秋元律郎（1971）『現代都市の権力構造』青木書店
岩崎信彦他編（1989）『町内会の研究』御茶の水書房
愛媛県教育委員会事務局文化スポーツ部編（2001）『梼原街道　愛媛県歴史の道調査報告書第八集』愛媛県教育委員会事務局文化スポーツ部
愛媛県生涯学習センター編（1994）『県境山間部の生活文化』愛媛県生涯学習センター
大塚祚保（2001）「住民と区長制度―竜ケ崎市における住民自治の回復を求めて―」『社会学部論叢』一一（二）、流通経済大学、一―二六
長田攻一（1990）「地域社会の二重構造と都市町内会」『早稲田大学大学院文学研究科紀要（哲学・史学編）』三六、早稲田大学大学院文学研究科、五七―七一
高知県高岡郡役所編（1973）『高知県高岡郡史（復刻版）』名著出版

河野裕（1998）『雲の上のまちおこし―高知県檮原村―』金高堂書店
佐藤友光子（2014）「伝統的自治システムの現代的意味に関する一考察―高知県高岡郡梼原町の『区長制』と地域活性化への取り組み―」『論集』一四三、四国学院大学、二九―四六
司馬遼太郎（2009）『因幡・伯耆のみち、檮原街道（街道をゆく　二七　新装版）』朝日新聞出版
須崎市史編纂委員会（1974）『須崎市史』高知県須崎市
東海自治体問題研究所編（1996）『町内会・自治会の新展開』自治体研究社
十和村史編纂委員会（1984）『十和村史』高知県幡多郡十和村
鳥越皓之（1993）『家と村の社会学（増補版）』世界思想社
鳥越皓之（1994）『地域自治会の研究』ミネルヴァ書房
中田実・山崎丈夫・小木曽洋司（2012）『地域再生と町内会・自治会』自治体研究社
葉山村編（2005）『葉山村史　続編』葉山村
三橋伸夫（2012）「中山間地域の地域経営と住民主体形成」藤本信義・小林秀樹編著『居住環境整備論』放送大学教育振興会、二五〇―二七二
結城富美雄（2009）『地元学からの出発―この土地を生きた人びとの声に耳を傾ける―』農山漁村文化協会
梼原町史編纂委員会編（1968）『梼原町史』高知県高岡郡梼原町
梼原町史編纂委員会編（1988）『梼原町史　二』高知県高岡郡梼原町
梼原町史編纂委員会編（1997）『梼原町史　三』高知県高岡郡梼原町
梼原町東区再生委員会（たくみの会）編（2000）『町のたくみによる再生物語の記録―梼原町活性化の記録―』梼原町東区再生委員会（たくみの会）

第一〇章　喜多野清一の農村社会学への道程

――初期研究の背景とその展開過程

池岡　義孝

一　問題の所在

「あっちへぶつかり、こっちへぶつかり、なんとかしなきゃならんと思いながら、満身創痍みたいなもんだ」（喜多野 1970：253）。これは、喜多野清一（一九〇〇年生まれ、一九八二年没）が森岡清美の質問に答えて、自らの研究の紆余曲折ぶりを笑いながら表現したものである。戦前からの同族と親分子分の研究、戦後は有賀喜左衛門との間で交わされた「有賀・喜多野論争」でつとに有名な喜多野清一は、農村社会学者と家族社会学者の二つの顔をもちながら、戦前の一九二〇年代から五〇年以上の長きにわたって活躍した社会学者である。本稿は、この喜多野の初期研究を対象にして、かれがなぜ社会学研究を志したのか、とりわけ最初に専門領域とした農村社会学になぜ取り組んだのかを検討するものである。著作集は出版されていないものの、喜多野の研究業績は網羅されてリストアップされているので、その研究の流れや展開については定説がすでにほぼ出来上がっている。本稿も基本的には同じ研究業績をデータとして分析することになるわけだから、屋上屋を架す恐れがないわけではない。しかし、それでもあえてこのテーマに取り組むのは、喜多野の研究を詳細に検討した論考が思ったより少ないことによる。とくに、一九三〇年代半ば以降に日本の村落を対象にした家と同族と親分子分の研究にテーマが絞られるまでの、いわば試行的な準備期間ともいえる初期の研究が中心的なテーマとして取り上げられることはこれまでほとんどなかった。喜多野の初期研究を周辺的な資料も交えて詳細に検討することで、喜多野社会学の形成過程を解明したい。

喜多野の研究の軌跡については、本人が自ら語ったものがいくつかある。主なものを年代順にあげると、①『民族学研究』第一七巻第一号の特集「社会調査」の座談会（一九五三年）、②住谷一彦を聞き手とした「日本の家と家族：有賀・喜多野論争の問題点」（初出は一九六五年だが『思想』に一九六八年に掲載された）、③第一回家族社会学セミナーでの座談会「家族研究の回顧と展望」（ただし喜多野は誌上参加）（一九七〇年）、④早稲田大学退職記念講演「日本の村と家」（一九七一年）である。いずれも、座談会やインタビュー、講演で話したものを学術誌上で活字にしたものである。喜多野の東京帝大での指導教員であった戸田貞三の研究の軌跡についても、本人が回顧して語った「学究生活の思い出」（戸田 1953）がある。多くの研究者がこれに基づいて戸田の研究の軌跡を論じているように、喜多野の場合にもこれらをもとに検討するという論述のスタイルが定着している。しかし、それらをもとに喜多野の研究の軌跡を取り上げたものの多くは本格的な論文の形式ではなく、喜多野が亡くなった後に学会誌に掲載された少し長めの追悼文（中村 1984、岩上 1984）である。そのなかで、舛田忠雄（1972, 1974）と中筋直哉（1998）だけが、むしろ例外的に喜多野の研究の軌跡をその初期段階から詳細に追うことを試みている。ただし舛田の論文は、喜多野だけではなく有賀喜左衛門と竹内利美、鈴木栄太郎にもかなりの紙幅が割かれており、その全編が喜多野の論述で占められているわけではない。中筋の場合も、主題は磯村英一都市社会学の揺籃で、それを指導教員の戸田貞三の社会学と東京帝大セツルメントの実践活動との関連で検討したものである。喜多野は服部之総とともに、磯村の戸田研究室および東京帝大セツルメントの両方の先輩として対比的に検討されているに過ぎない。これらに対して、本稿では喜多野の初期研究に限定して、それを詳細に検討することを目的とする。

二　初期研究の範囲

喜多野の研究の中心をなす代表的な論文は、一九四〇年に発表された「甲州山村の同族組織と親方子方慣行―山梨県北都留郡桐原村大垣外を中心として―」である。この大垣外の調査は、分家慣行調査の一環として一九三七年五月から始められているが、この調査の伏線になっているのが、その前年の一九三六年に分家慣行調査とは別に単独で入った長野県更級郡若宮での経験である。喜多野はここではじめて同族を中心にした「村落生活を構成している複雑で多様な家の関係の重層を目の前にして、なんだか目を洗われる思いをした」（喜多野 1971：6）が、その一方で新たに知った親分子分関係をどう理解すればいいかという課題を抱えることになり、「東京からあまり遠くなくて、同族と親分子分を勉強できる村をと考えるようになって」（喜多野 1971：7）山梨県に入るようになったと述懐している。したがって、喜多野の本格的な農村研究が定まってくるのは若宮調査からであり、そこに至るまでが「標的を見定めるに至らない模索の道程」（中村 1984：174）ともいえる準備期間であったということができる。

一方、起点となる喜多野の最初の研究業績が確認できるのは、大学院に入学した一九二七年からである。そこで本稿では、この一九二七年から若宮調査の論文（喜多野 1937）が発表される前年の一九三六年までの一〇年間を喜多野の初期研究の期間とし、その間に発表された研究業績を中心に検討することにしたい。ただし、一九三七年以降の研究にその要素が含まれているにもかかわらず、初期研究の研究業績にはそれが明示的には示されていないものもある。たとえば柳田国男の影響がその代表的なものである。そこで、研究業績だけからでは必ずしも明示的に示されていないこうした点についても対象に含めて、喜多野の研究が誕生するまでの形成過程とその意味について検討したい。

しかし、さらにこれらに先行する時期もある。卒業論文以外には研究業績として確認できるものがない学部生時代や、さらにそれに先立つ大学入学以前の社会学を志すに至るきっかけなどである。そこで、研究業績を中心にした初期研究を検討する前に、喜多野の旧制三高時代と東京帝大社会学科時代を取り上げることにする。

三　初期研究以前

社会学に志す動機

喜多野は一九二一年に京都の旧制三高を卒業して、東京帝国大学文学部社会学科に入学した。「社会学に志すひとつの動機」として喜多野があげているのは、「長谷川万次郎氏の『現代国家批判』からうけた刺戟」（喜多野 1971：1）であった。喜多野が長谷川にひかれたのは「英国流の進化論的な発展史観に立って、しかも事実に即した理論的解釈を施す論法で、縦横に国家や政治現象の批判を行う」（喜多野 1971：1）ところにあった。長谷川万次郎（如是閑）（1875-1969）は大正デモクラシー期の代表的な論客の一人だが、社会学にきわめて近い位置にいる評論家としても知られていた。戦前に新明正道が編集した『社会学辞典』（一九四四年）には、「近時の社会学」（新明 1944：777-778）のなかに、「社会哲学乃至社会思想的色彩を帯びた学者として社会学と理論的または実際的な関係を有つたもの」として名前があげられており、その人物解説（同：799）は、三段組の一段余を使って詳しく説明されている。その解説では、本格的な社会学者ではないが、コントやスペンサーと同様に経験的実証的立場を堅持して哲学的思弁を排するとともに、社会の把握においては、意識を中心とする見方を排して行動に基礎的意義を与え、社会は集合行動であると観念している点が特徴であるとされている。喜多野が東京帝大に入学する前年の一九二一年に京都の弘文堂書房から出版された『現代国家批判』を、旧制三高生の喜多野はいち早く手に入れて読み、自らの関心と共鳴するものをそこに感じたのだろう。

社会学科学部生時代

喜多野が東京帝大文学部社会学科に入学した一九二〇年代の初めは、日本の社会学の学会組織と東京帝大の社会学科のいずれもが、古いものから新しいものに変わっていく転換期だった。喜多野と同年生まれで、のちに生涯にわたる親交を結ぶことになる小山隆は、旧制高校を病休で一年遅れた喜多野より入学も卒業も一年早いが、この当時の様子をつぎのように語っている。「ちょうど一九二一（大正一〇）年から一九二四（大正一三）年まで、そのような転換期の学園にまよいつづけてきた私には、その前後をあわせ比べて、はっきりと社会学のふるい時代と新しい時代の境界をそこに画することができるように思うのです」（小山 1970：246）。この社会学の新しい時代を代表するのが、喜多野の指導教授となる戸田貞三だった。喜多野が社会学科に入学した一九二二年の九月に、二年半にわたる欧米への留学から帰国した戸田が、大学当局と対立して自ら退職した建部遯吾に代わり社会学講座の助教授として着任した。それまでの古いかたちの思弁的な総合社会学を講ずる建部から、ドイツ流の形式社会学とアメリカ流の社会調査の方法を身につけた戸田への交代は、まさに新旧の交代というにふさわしいものだった。また、留学から帰国した戸田は学会組織の刷新でも立ち働いた。社会学の学会組織としては、一九一三年に東京帝大の建部と京都帝大の米田庄太郎が中心になって設立された日本社会学院があったが、建部の専制的な学会運営の仕方に若手会員が反発し、一九二四年に新しい学会組織である「日本社会学会」が設立される。留学から帰国した戸田も若手会員から相談をうけて、その設立に尽力した（戸田 1953）。このように、喜多野が社会学科に入学した年から新進気鋭の戸田が留学から帰国して着任し、在学中には学会組織も新しい「日本社会学会」が台頭してきたのである。喜多野は社会学の新しい時代を代表する戸田によって「まる三年間の指導をうけた最初の学生の一人」（中村 1984：172）となる。

しかし、大学に入学した喜多野は社会学よりも歴史学やマルクス主義により傾倒していく。「当時わたしの学問的関心は歴史に傾斜する癖をもっており、漸次日本社会の変動に興味をもつようになっていましたが、社会学の分野ではまだその方面の研究で私達を指導してくれるものはなかったようです。それでマルクス主義文献や経済史文化史の書物に親しみました」(喜多野 1971：1)。喜多野自身の語りにはないが、中村正夫による追悼文の記述からは実践活動にまで関わっていたことがわかる。「学生時代の先生の主要な関心は、むしろ当時の日本資本主義における一般的危機の昂進がもたらした社会的問題状況に注がれることになった。新人会へ加入し、いわゆる実践活動を通して現実認識を深められたのもそのためである。こうして先生に思想的開眼を迫ったのはマルクス・レーニン主義であり、それは先生の社会学行においても、当然しばらくの間尾を引くことになる」(中村 1984：172)。喜多野はマルクス主義や経済史文化史の文献に親しんだだけでなく、当時の左翼系学生の団体である新人会に加入して実践活動も経験した(1)。

新人会と東京帝大セツルメント

新人会は、一九一八年一二月に結成された戦前の日本を代表する学生運動団体である。一九二一年までは卒業生や学外者も会員とする組織だったが、一九二一年一一月に東京帝大の学内に限定した学生団体に改組され、積極的に学生会員の獲得に乗り出した。その結果、会員数が喜多野らの一九二二年入学組から激増する。一九二二年入学組は、その上の学年の会員がわずか七名だったものが、中退者を含めて三〇名に増加している。また、この学年が入学した翌年の一九二三年九月に関東大震災がおこり、新人会はその罹災者への救援活動にも参加し、それをもとにして東京市本所に設立された東京帝大セツルメントの活動にもその中核的メンバーとして参加することになる。この三〇名のうち、東京帝大セツルメントのメンバーでもあったものは九名である。さらに、セツルメントの活動に文学部社会学科の学生が多く参加していたこともあり、三〇名のうち社会学科の学生は八名(うち中退者が三名)を数える。つまり、喜多野にとって新人会の同期の三〇名は、東京帝大セツルメントのメンバー、社会学科の学生仲間という、幾重にも重なった濃密な人間関係で結ばれていたのである(2)。

喜多野がなぜ新人会に参加したかは、本人自身が語った資料が確認できないので周辺的な資料から想像するしかない。ひとつには、旧制三高の学生同士のつながりが考えられる。日本の旧制高校の独特の雰囲気と学生同士の強い連帯についてはよく論評されるところである。三〇名のうち旧制三高からは喜多野を含めて一一名が新人会に入会しており、旧制一高の八名を上回って最多である。この一一名のうち、服部之総と大宅壮一は喜多野と同じく社会学科に進学しており、喜多野の新人会への参加にも影響があっただろうと推測できる。喜多野の旧制三高時代の政治的活動に関する資料は確認できないが、服部と大宅が旧制三高時代から学生運動に没頭していたことはよく知られているからである。しかし、かれらより二学年後輩で服部や大宅よりもさらに本格的な学生運動を旧制三高時代から行っていて同じ社会学科に入学（最終的には中退）した西本喬は、「三高の研究会活動の時代に、少しもわれわれの学生運動に踏み込まなかった先輩が、多数新人会員として運動に参加しているではないか。大宅壮一、浅野晃、喜多野清一、服部之総、海口守三、杉野忠夫、その他の諸君、その理論的武装においてもいつのまにか、僕なんかよりもずっと強固なものをもっているのには驚いた」（西本 1976：159）と回想している。新人会が会員を増やして活発な活動を展開していた喜多野たちの学年の様子がうかがえる。ここに名前があがっている浅野晃は喜多野たちより少し遅れて新人会に入会したが、その回想記は、新人会でのマルクスの文献講読の様子を伝えている。「それから大宅や喜多野など、すでに新人会に入っていた連中に接近するようになった。（中略）まもなく、『共産党宣言』を読んだ。（中略）私はまったく感心した。こんなに見事に世界史を分析して示してくれた人を、いままで知らなかった。（中略）私はこのときから、マルクスにとりつかれたのであった」（浅野 1976：114）。もちろん推測でしかないが、「学問的関心が歴史に傾斜する癖」があり「日本社会の変動に興味をもつようになって」いた喜多野にとっても、マルクスとの出会いは浅野と同じように魅力的なものだったに違いない。

ただし、喜多野の新人会での活動全般についてはそれを確認する資料がないので、周辺的な資料から推測するしかない。喜多野が二年生の一九二三年秋、新人会は会を解体して中心分子のみの秘密結社にしようとする「幹部派」と、学生大衆獲得路線を唱える「非幹部派」の対立が激化し、一一月の総会で「非幹部派」の路線が支持された（菊川 1947）。その結果、会員は、一．臨時寄宿舎、二．セツルメント、三．学内消費組合、四．大学新聞、五．学友会弁論部、六．社会科学研究会、七．高校社研との連絡、八．会員の研究活動、九．会報、の九つの機能班に分かれて活動することとなった（石堂・堅山 1976：378）。この「非幹部派」は大宅壮一、杉野忠夫、服部之総を中心とするもので、この三名がいずれも喜多野と旧知の仲である旧制三高出身者であることから、喜多野も「非幹部派」であったことは容易に想像がつく。喜多野はこの路線のもとで、セツルメントの労働者教育部が設立した「労働学校」に講師の補助をする「チューター」として参加し、社会科学研究会でマルクス主義の基本文献を講読し、のちに「時評」欄を中心に社会学関係の論説を寄稿することになる「帝国大学新聞」にもかかわっていたものと思われる。ここからは、政治的にはあまり派手な活動はせず、どちらかというと地味で学究肌の新人会会員としての喜多野の姿が浮かんでくる。

学部時代の戸田貞三との関係

戦後になると、有賀喜左衛門との間で有賀・喜多野論争を展開して戸田貞三を擁護し、自他ともに戸田の後継者として認められる喜多野だが、戦前における戸田との関係については意外なほど多くを語ってない。一九三〇年代の半ば以降にはじまる自らの本格的な農村調査の機会は戸田を主宰者の一人とする「分家慣行調査」によって与えられたものだから、その点に関連して戸田に言及してはいる。しかし、学部時代のことになると卒業論文に関して戸田の影響があったと述べるのみである。「卒業論文は『日本古代の労働組織について』というので、戸田先生の卒業論文『日本に於ける家の制度発達の研究』（『日本社会学院年報』第一年、第一・二合冊）の影響をうけています。上代の家族、氏族、親族などを労働組織の面から見ようとしたものです。（中略）そこで家族・氏族論をかじったわけですが、モルガン、エンゲルスはもちろん、そのほかの家族形態の発展段階論的見解をいくつか読みました。ミュラー・リーヤーの説などはだいぶ使ったと思います。（中略）それからハインリヒ・クノウの説（中略）、こんなことで少し家族の勉強もしましたが、あとがつづかなくて農民、農村のほうへはいっていったのです」（喜多野 1970：251）。ここには、卒業論文に関しての戸田の影響が確認できる。しかし、使用した文献はマルクス主義およびそれに関連したものが多く、しかも家族の勉強をして卒業論文を完成させたものの、あとがつづかずに農民、農村の研究の方に方向転換してしまったのだと結んでいる。

このように、学部時代の戸田との関係については卒業論文のこと以外まったく語っていない喜多野だが、実践活動としての新人会と東京帝大セツルメントでは戸田との多くの接点があった。それは、戸田が東京帝大セツルメントの設立と運営に関わった教員の一人だったことによる。戸田は一九二〇年からの欧米への留学でまずアメリカのシカゴ大学に行くが、ちょうどその年は Chicago School of Social Service Administration がシカゴ大学の一部に組み込まれた年であり、その重要な活動拠点としてセツルメントのハルハウス（Hull House）があった（窪田 1990）。戸田の留学の目的は「社会学そのものではなく、日本の社会事業をどうしたらもう少しちゃんと筋立ったものにすることができるかということを研究してくることにあった」（戸田 1953：90）ので、シカゴで大学の研究教育のなかに組み込まれた社会事業活動を実際に見聞して大きな刺激をうけただろう。戸田は留学から帰国した翌年一九二三年九月に関東大震災を経験し、学生と教員が共同で罹災者の救援活動を行ったことをもとにして、法学部教授の末弘厳太郎、穂積重遠らとともに東京帝大セツルメントの設立に立ち合い、その活動で学生を指導することになる。セツルメントに関わっていた新人会の学生のなかに喜多野がいたのである。

しかし、先行するのは新人会の方である。戸田は一九二二年九月に欧米への留学から帰国すると、助教授として東京帝大文学部社会学科の第一講座を担当する。第二講座は同じく助教授の今井時郎が担当し、二人で喜多野らの一九二二年四月入学の学年を卒業論文指導まで三年間指導することになる。戸田にとって第一期生ともいえるこの最初の学年に、喜多野を含めて新人会の会員が多数いたのである。社会学科の一九二五年三月卒業者は二七名だが、このうち、石島（内村）治志、大山彦一、喜多野清一、志賀義雄、服部之総の五名が新人会会員と確認でき、また同学年の中退者の稲村順三、大宅壮一、畚野信蔵の三名も新人会会員であった。つまり、社会学科の側からみるとこの学年三〇名の学生のうち、八名が新人会会員だったことになる。この新人会の学生は、一九二三年九月の関東大震災に際しての救援活動でも指導的役割を果たしたので、その活動をもとに設立された東京帝大セツルメントでも中心的な役割を果たすことになる。社会学科の喜多野の学年のうち、セツルメントで活動したものは石島（内村）治志、喜多野清一、志賀義雄、長尾敏郎、服部之総、永野可寛、それに中退者の稲村順三の七名に及んでいる。

戸田は喜多野らのこの学年の学生たちをいかに指導し、またかれらとどのように交流したのか。残念ながら、その様子を具体的に伝えるような回想記や資料は確認できない。お互いに何かわだかまりのようなものが生まれたのだろうか。ひとつには、社会学科のこの学年から非合法の共産党に入党するもの（志賀義雄）がでたり、下の学年からは一九二六年一月に治安維持法が初めて適用された京都学連事件で是枝恭二、村尾薩男、松本篤一が検挙され、有罪となったため大学を退学処分となるなど、新人会学生の一部の政治運動が次第に激化していったことが根底にあったものと思われる。しかし、当初は戸田もこれらの学生たちと緊密に付き合っていたことがわかる。戸田はセツルメントの調査部が行った社会調査の指導を担当し、その様子は「二四日から調査部は戸田教授指導の下に冬期の休業を利用して猿江裏町、柳島、亀戸、水神、大島、砂町に亘り工場調査を始む。参加者二〇人、二八日完了」（福島・石田・清水 1984：23）と記されている。なかでも、セツルメントが立地する柳島元町の戸口調査は一九二四年九月から行われた大規模なものであり、これらの社会調査に参加した社会学科の学生のなかには、その調査をもとに卒業論文を作成した学生も少なくなかった。戸田は、セツルメント設立の前年の準備段階の時期に『帝国大学新聞』に「大学セツルメントの建設に就て」（戸田 1923）を寄稿し、学生主導で建設が計画されつつあったセツルメントを高く評価している。さらに、卒業後も社会学研究室に副手として二年間残った服部之総に、日本社会学会の機関誌『社会学雑誌』第一五号（1925）に「帝大セツルメント断想」を執筆させている。また、新人会会員の小沢正元の回想記では、新人会の重要な活動のひとつであった社会科学研究会の運動に関わった進歩派の教員として、平野義太郎、山田盛太郎、大森義太郎ら名だたる左翼系教員とともに戸田の名前があげられている（小沢 1976：135）。このことから、戸田は初期には新人会の学生の側からもいわゆるシンパの教員とされていたことがわかる。

以上のように、この時期を通じて喜多野と戸田の二人にとって重要なことは、新人会と東京帝大セツルメントを通してのことであるにもかかわらず、両者の回想記にはいずれもそれらがまったくふれられていない。しかし、この問題をさらに追究するのは別稿に委ねることにして、ここでは喜多野たちの学年が卒業時に結成した「行人会」についてふれることで、若干の推測をするにとどめよう。行人会の幹事となった小沢の回想がある。「われわれ大正一四年組にとっては、大学生活は〝新人会生活〟であった。赤門を去るに当たって討議したが、先輩の結集たる『社会思想社』は学究の〝象牙の塔〟と観じて、これへの加入は見合せ、それぞれの職場において何よりも実践を重視するという立場で連繫を保つことになって『行人会』という名称に決まったが、その後の激動をつづける情勢のなかで、行人会そのものは会として何らの機能もはたし得なかったままに消えてしまった」（小沢 1976：140）。慣例にしたがえば、卒業すると新人会のＯＢ会的組織である「社会思想社」に加入することになるのだが、運動や実践をより重視したかれらの学年はそれを拒否して「行人会」という新たな組織をつくったのである。「そのうち六名は労働者または農民の団体に入っている」（石堂・堅山 1976：362）とあるように、行人会を結成したかれらのなかには卒業後に激しい政治運動の最前線に身を置いたものも多かった。しかし、高らかに掲げた連帯のシンボルも、卒業後、昭和期に入ってから次第に強まる社会運動への厳しい弾圧のなかで機能しなかった。小沢とともに行人会の幹事となった喜多野は、卒業後、激しい政治運動に身を置くことはせず、むしろ「社会思想社」の先輩たちのような学究の道を目指して法政大学予科の非常勤講師となる。しかし、その一方で、後輩たちが引き継いだ東京帝大セツルメントでは、「オールドセツラー会員」として、一九二五年の労働学校の第三期の「日本社会史」、第四期の「経済史」の講師を務めている（福島・石田・清水 1984：398）。それが喜多野の自分なりの精一杯の矜持の示し方だったのかもしれない。だが、二年の後、一九二七年四月には東京帝大の大学院に再び戸田貞三を指導教員として入学することになる。

四　研究業績にあらわれた初期研究

大学院時代

喜多野は、一九二七年に東京帝大大学院に戻ってきて、学籍上は一九三〇年に退学したことになっている。大学院でも指導教授は戸田だったが、大学院時代の研究業績からは戸田の指導や影響をうかがうことはできず、学部時代からの延長でマルクス主義と経済史文化史の文献研究が主だった。入学した一九二七年の四月と一二月に、非常勤講師を務めていた法政大学の『法政大学論集』に論文が二本掲載され、八月には共訳の翻訳書を出版している。刊行月からして、これらは大学院に入学して以降に着手した研究業績ではなく、それまでの二年間に取り組んできたものを発表したものであろう。つまり、学部を卒業してからの二年間は、法政大学の非常勤講師やセツルメントの講師をするかたわら、このような文献研究に取り組んでいた二年間だったと考えられる。

論文は、いずれもドイツのマルクス主義の社会学者ミュラー・リヤーと人類学者H・クノーの研究を紹介したものである。ミュラー・リヤーは、スペンサーらの進化主義社会学とマルクスの唯物史観を結合する立場に立っており、喜多野が卒業論文で参考にした経済史、文化史の文献のうち一番多く使ったとされるものである。翻訳は、小宮義孝との共訳によるエンゲルス著『老戦友に與ふ―ベッカーへの「忘れられた手紙」―』（叢文閣）である。[3]これは、未完に終わった聯盟版『マルクス・エンゲルス全集』にも収録が予定されていた（久保 2010）もので、新人会のOBが組織した「社会思想社」のメンバーが分担して翻訳に取り組んだものの一冊であり、内容も喜多野のその後の研究に結びつくものではない。この翻訳も、学部以来の新人会でのマルクス主義関連の文献研究が学部卒業後の二年間にも戸田の指導の及ばないところで継続して行われていて、その成果として出版されたものであることがわかる。さらに喜多野は、一九二九年には単独で岩波文庫に収録された翻訳を出版するが、それもF・エンゲルスの『原始基督教史考』とK・カウツキーの『基督教の成立』を一冊に収めたものである。

一九三〇年の五月刊行の『社会学雑誌』第七三号には、「社会発展における自然的契機の役割」が掲載されており、これが大学院での研究業績の最後のものとみることができる。この論文は、ウイットフォーゲル（Wittfogel, K.）の『政治地理学、地理的唯物論及びマルクス主義』を紹介したもので、大学院時代の他の二論文と並ぶものである。ただし、論文のテーマと内容に大きな変化はないが、論文を発表した媒体が日本社会学会の機関誌『社会学雑誌』になったことは、喜多野のアカデミズムとしての社会学への接近を表しているものとみることができる。

大学院退学後

研究業績の上で農民、農村をテーマとした論文が堰を切ったようにあらわれるのは、大学院を学籍上退学してさらに三年が経過した一九三三年からのことである。同年五月の日本社会学会第八回大会の研究報告の概要「農民階級構成の史的段階」が、一二月刊行の『年報社会学』第一輯に掲載されている。この報告概要は英国を中心としたヨーロッパの農民階級構成の歴史的研究を紹介したものだが、この研究を行うことが「今日問題となってゐる日本農民階級構成の特殊相を把握するための準備ともなりうる」（喜多野 1933：247）ものであることが表明されている。それ自体はまだ分析されていないものの、研究業績のなかではじめて日本農村を対象にした農民の階層分化の問題が研究テーマとして登場してくるのである。喜多野はのちに住谷一彦との対談のなかで、自らの研究の出発点を「日本資本主義論争を念頭において出発している（中略）。つまり農民の階層分化（→農民層分解）という問題です」（喜多野 1968：775）と明確に述べている。これに類似した喜多野の発言は多いのだが、ではなぜ日本資本主義論争に、そして農民の階層分化の問題に関心をもったのかというそもそもの研究の動機については、どこでもまったくふれていない。しかし、ここにも新人会の影響があったとみるべきではないだろうか。

日本資本主義論争というと、狭義には一九三二年に岩波書店の『日本資本主義発達史講座』が刊行された時点から始まるものとされるが、広義には一九二〇年代のはじめから日本共産党の活動方針をめぐる論争として行われてきたものである。明確なかたちをとるのは一九二五年に『マルクス主義』誌上で行われた赤松克麿と志賀義雄の「科学的日本主義論争」で、翌年には水野成夫も同誌上で赤松を批判する（松沢 1989：9）。この三人が、いずれも新人会会員だった。赤松は一九一八年の新人会の創設時の中心的な学生会員で、志賀は喜多野と同期、水野は一学年上の会員だったのである。喜多野は、共産党に入党したこの三人ほど激しい政治活動はしなかったものの、同じ新人会の関係者が関わったこの論争には大きな刺激をうけたものと想像できる。実際に、新人会の他の会員のなかでも、喜多野と同期の服部之総は社会学科卒業後も二年間副手として社会学研究室に残ったものの、結局、社会学に見切りをつけて歴史学に転じて、日本資本主義論争では講座派の論客として活躍することになる（服部 1950）。また、学科は法学部政治学科と異なるが同じ旧制三高出身で同期の杉野忠夫は、京都帝大の大学院に進学し、政治活動を継続したため退学するなどの紆余曲折はあったものの農業経済学の専門家となった。のちに喜多野は戦前の「農村実地調査」を回顧するなかで「京都大学の農林経済教室でも、京都府及び滋賀県下の調査をやっています（中略）、この調査に参加した杉野忠夫さんなどは農村社会学に関する関心が深く、早くからアメリカ農村社会学に興味をもってマックガル（Mac-

GALL）やジンマーマン（C. C. ZIMMERMAN）の紹介移植に努めています」（喜多野 1953：15）と紹介している。喜多野のこの客観的な記述からは想像もできないが、杉野とは旧制三高、新人会、行人会を通じての旧知の仲間であり、目指した専門領域は異なるが二人とも日本資本主義論争の影響をうけて農民や農村、農業を研究テーマとしていった同士なのである。このように、新人会会員のなかには、大学卒業後に革命を夢見て政治的な立場から日本資本主義論争に関わった活動家たちがいた一方で、それをアカデミズムの立場から追究することを自らに課したものたちがいた。もちろん、喜多野はこの後者だった。

同じ社会学科を卒業した服部がいち早く社会学に見切りをつけたのとは対照的に、喜多野はあくまでも社会学にこだわってそこに踏みとどまり、日本資本主義論争の重要な鍵となった農民層の分解過程や農村の問題を、社会学的な研究として確立させることを自らの課題として追究していく。掲げた研究テーマは、それまで取り組んできたヨーロッパのマルクス主義や経済史の文献研究に基づいて、英国に典型的にみられる封建隷属農民の解放過程と、資本主義の進展によって農民が大土地所有者、農業資本家、農業賃金労働者へと階層分化していく過程が日本でどのようになっているのかを具体的に明らかにすることだった（喜多野 1933：247）。そこで注目したのが、資本主義の進展によってその数が増えるとされる農業労働者の数や実態をマクロデータによって追究することだった。それを試みた論文が、一九三三年の「農村社会調査における枢軸的視点」であり、さらに同年から翌一九三四年にかけて『社会政策時報』の三号にわたって掲載された長大な論文「昭和五年国勢調査にあらはれたる日本農業」である。前者は、アメリカの農村社会学者メルヴィルの新著の紹介を下敷きにして、日本の農業の資本主義的発達と農民階級の層分化の特殊性を正しく追究するための科学的調査として何が必要かを検討したものであるが、提示されている農業統計表のデータはわずか二点のみであった。それが後者になると、データが格段に増加する。使用したおもなマクロデータは、昭和五年と大正九年の国勢調査報告府県の部である。それらを用いて二時点間の変化を比較し、昭和五年の第二回国勢調査結果からその時点での最新の農業労働者の数を推定して分析している。その結果、農業労働者の数をある程度推定しえたが、きわめて少数であり資本主義化による農民の階級分化の進展も低位にあるとの結論に至っている。

喜多野はこれらの論文で、それまでの文献研究から一歩踏み出して農民、農村、農業を対象にしたマクロデータによる実証的研究に取り組んだ。その点でこれらは喜多野の研究の大きな転換であり、自らの研究を社会学的研究として確立しようとしたことの結果である。また、この背景には一九三〇年にはじまる農業恐慌の影響をうけて、当時の社会学会が農村問題に大きな関心をもっていたこともある。「昭和八、九年以来は、（中略）農業恐慌の深化及び其慢性的状態への移行の結果として所産した農村荒廃の著しきを契機として此方面への（農村社会学への）一般的関心が増大するに至ったため、にはかに学会一般が活気を呈しはじめた」（池田 1938：84）。それが具体的に学会活動のなかにあらわれている。日本社会学会における農村社会学関係の研究報告が増加したため、一九三五年に新たな部会「農村社会学及び人口問題」が、さらに翌一九三六年には「農村社会学及び都市社会学」、翌々年の一九三七年には「農村及び都市」という部会が設けられた。また、日本社会学会の機関誌『年報社会学』でも、一九三六年度に「都市と農村」という特集を組んだ。喜多野はこの特集に原稿を依頼され、その当時のアメリカ農村社会学の研究史としてもっとも詳細でレベルの高い「米国における農村社会学の発達」を執筆している。学部時代以来もち続けてきた農民、農村をテーマとする研究が、当時の時代状況とそれに対応した社会学の学会活動の流れに背中を押されるようにして短期間のうちにいちじるしく進展し、喜多野はこの方面での一人前の社会学者として認められるに至るのである。

しかし、これらマクロデータをもとにした分析結果からは、喜多野のもうひとつの関心事である封建隷属農民の解放過程は解明することができなかった。日本の場合には、名子その他の従属農民や作男作女などの農家奉公人がそれに近いものだが、推定した農業労働者のなかにこれらが含まれるのか、「これらの存在はどう関連するのか、どう理解してよいのか（中略）、いくら統計資料をひねくってみてもわからない問題であり、（中略）そこでどうしても村に入らなければならないというところに立ち到った」（喜多野 1971：5）。喜多野には、実際に村に入るというさらなる研究の転換が必要だったのである。しかし、すぐにそれが実現したわけではない。調査で村に入ることができたのはマクロデータに基づく研究成果を発表してからさらに三年後の一九三六年になる。この間に喜多野が村に入るために準備したことが三つあった（喜多野 1971：6）。一つ目がアメリカの農村社会学の成果の吸収、二つ目が柳田国男とその一門の人びとの日本民俗学の諸研究を学んだこと、三つ目が鈴木栄太郎に農村調査の指導をうけたことである。

五　村に入るための準備

アメリカ農村社会学の研究

喜多野が村に入るために準備したとしている三つのうち、三年間の研究業績から直接確認できるのは一つ目だけである。アメリカ農村社会学関連の研究業績は、一九三三年の「農村社会調査における枢軸的視点」が最初のものだが、それ以外は一九三六年に集中している。この年に発表された四本の論文と一本の翻訳論文は、そのすべてがアメリカ農村社会学に関連したものである。喜多野がアメリカの農村社会学に接近したのは、自らの研究を社会学的なものつまり農村社会学として確立するためだった。それまでは、ヨーロッパの経済史やマルクス主義の文献で農民の階層分化の問題に取り組んでいたが、その方向では経済史学や農業経済学の研究にはなっても社会学の研究にはならない。国勢調査のマクロデータを用いて社会学的な論文を発表したが、さらに本格的な社会学の研究にするためには、社会学の一分野としての体系的な整備が急速に進んで注目を集めていたアメリカの農村社会学に学ぶことが、研究の戦略上必要だったのである。

それを教えてくれたのが、鈴木栄太郎だった。鈴木は一九三三年に『農村社会学史』を刊行して、日本農村の社会学的研究を志す若い研究者に大きな影響を与えた。喜多野も例外ではなく、刊行の翌月の二月にいち早く『帝国大学新聞』の「時評」欄で本書を取り上げて高く評価している（喜多野 1933）。鈴木は冒頭の「小序」で、「わが国の農村社会学を作り上げるためには、既にこの学問の相当に発達している外国においてこの学問がどんな歴史的過程をへて発達してきたか、どんな方法によって研究されてきたかについて考慮する事は決して無駄ではない」（鈴木 1933：7）と、本書上梓の目的を述べている。そして中心的に取り上げたのがアメリカにおける農村社会学の研究だった。鈴木（1933：29）によれば、アメリカの農村社会学は一九二五〜六年を分界として第一期と第二期に分けることができる。第一期が農村の実際的な社会問題を研究対象にしていたのに対して、第二期は「一般社会学の組織や概念や思考の方法をできるだけ取り入れ、農村社会学を一般社会学の特殊な一組の研究とみようとしている」（鈴木 1933：44）ところに特徴があり、日本の農村社会学もアメリカのこの新しい第二期に学ばねばならないとしている。自らの農民、農村、農業に関する研究関心を社会学的なものとして確立することを目指していた喜多野にとって、鈴木に導かれてアメリカの農村社会学の研究に集中することは、当然の成り行きだっただろう。しかも、本家本元のアメリカにおいてさえ、農村社会学が社会学の一分野として体系的に整備されてきたのは一九二五年頃からと、ほぼ同時代的に取り組めるほど歴史が浅かったことは魅力的で、研究へのモチベーションも高まったものと思われる。

柳田国男の影響

しかし、鈴木もいうように「わが国の文化に呼びかける農村社会学は、わが国の農村の具体的事実の実証的研究の上に基礎をおいた農村社会学でなければならぬ」（鈴木 1933：7）のであるから、アメリカとは異なる日本の農村の具体的事実もふまえなければならない。それを教えてくれたのが、二つ目にあげられている柳田国男だった。この時期の柳田は、「昭和一〇年の前後に日本農村の社会学的研究を推進した少壮学徒はほとんど凡て先生の学問の恩沢に浴したといってよい」（喜多野 1962）というほど影響力は大きく、喜多野も「日本の村の生活に味到する門を開いて頂いた」（喜多野 1962）といっているほどである。柳田の研究の間口は広いが、喜多野がとくに影響をうけたとしているのは、喜多野自身の初期研究の原点でもあった農業経済学や農業経済史などの研究につながる部分である。具体的には『時代と農政』（一九一〇年）や『日本農民史』（一九二六年）をあげて、「その底に経済学経済史学の基礎がしっかり捉へられてゐる」（喜多野 1962）点を高く評価している。

しかし、柳田への接近にはもうひとつ別の要素もあった。それは、東京帝大新人会出身のマルクス主義者たちが転向したあと柳田民俗学をアジールとしてそこに集まり、民俗学の研究活動をしたことと関連している。喜多野も新人会出身者だから、大きな括りとしてはそこに含まれることになる。喜多野が柳田の主宰する「民間伝承の会」に入会したのは一九三六年夏ごろと確認できるが、この会には喜多野と新人会で同期の福間敏男と浅野晃が前年の一九三五年から入会している（鶴見 1998：88-9）。さらに、喜多野より二年下の学年で新人会の幹事長をやった大間知篤三が会設立時からの維持会員となっている。かれらはいずれも大学在学中から、さらには大学を離れてからも激しい政治運動を継続した結果、検挙されたり自首したりしてその後「転向」することになり、そうした政治的動揺を経て柳田の門を叩いた者たちである。喜多野も新人会の出身者であることではかれらと同一だが、「卒業後の運動歴をもたない社会学者・喜多野清一、（中略）などの入会を政治的動揺の所産とみることはできない」（鶴見 1998：88）と区別されている。つまり、喜多野の場合には純粋に学問的な必要性から柳田に接近したのだが、二人を引き合わせたのは「転向」による政治的動揺を経験した大間知や浅野、福間だったのかもしれない。とくにその後、民俗学者として大成する大間知はすでにそのころ柳田門下の俊秀として知られていたので、その可能性は大きいだろう。喜多野にとって新人会の人脈は、時がたちアカデミックな社会学の世界に地歩を占めても失われることはなかった。

分家慣行調査

これらをふまえて、喜多野は村に入る準備としての三つ目にあげた農村調査の指導を鈴木からうけることになる。「どうしても村にはいる必要性を感じていました。たまたま戸田先生、鈴木栄太郎さんなどの分家慣行調査が行われて、鈴木さんからそれに引張りだされたので、神奈川県の吉浜町の鍛冶屋部落にはじめて調査にはいりました。その時は、真鶴の戸田先生の別荘にとまって、となりのおばさんに御飯をたいてもらったり、風呂をたいてもらったりして、連日そこから鍛冶屋に通って調査しました。ここで鈴木流の指導を約一〇日間うけたわけです。米林さんや及川さんも時々きて、一緒で、夜は討論をしました。で、免許皆伝とまではゆかなかったが、その夏、渡辺さんの案内で長政に行きました」（喜多野 1953：31）。一九三六年の五月のことである。戸田の別荘に合宿しているが、誘われたのも調査の手ほどきをうけたのも鈴木からとあり、戸田よりも鈴木の影響を強調する内容になっている。分家慣行調査の助手のような役割を果たした米林富男の記述（米林 1968）にもあるように、この調査の発案者は鈴木で、戸田と滝川政次郎は鈴木に誘われた側であった。しかも戸田は学内業務で忙しく滝川は間もなく満州建国大学に赴任したので、「調査の指導には専ら鈴木先生があたられた」（米林 1968：1）という。

しかし、戸田も多くの調査に参加し、学部学生の調査実習のフィールドとして活用もして、学部学生に調査の手ほどきもしていた。さらに戸田は、東大文学部の地下室に分家慣行調査のための「調査室」を設置した。この調査室では、「米林富男氏と渡辺万寿太郎氏が世話役をしていたが、分家慣行調査事業の事務局とでもいうべき役割をしていた。調査の打ち合わせや結果の報告、資料の整理、これらにつきものの討議がいつも此処で行われて（中略）、前記両氏のほかに及川宏君も北山正邦君も常連であった。鈴木栄太郎氏も上京するとここへ立ち寄られた」（喜多野 1967：267）。このように、戸田は多くの若手研究者に貴重な実証的社会調査の機会を与え、かれらが集まって切磋琢磨する「場」を提供した。社会学研究だけでなく当時の社会学教育という点からみても充実した内容である。その調査室をめぐる周囲の者たちの回想からは、この時期の喜多野と戸田の関係を彷彿とさせるようなエピソードも語られている。「分家慣行をはじめ、戸田先生との共同調査の関係上、調査室来訪の常連は喜多野清一さんであった。悠揚迫らざる態で、特徴のある鞄を机上におかれ、にこにこしながら『今日の二階（二階に研究室があった戸田のことを指す：筆者注）のお天気はどうでしょうかな』といわれるのが常であった」（関 1993：271）。また、喜多野自身の口からも戸田との師弟関係が、一九三七年とその翌年に実施した青梅市の霞村の委託調査（喜多野 1937, 1938）に関連して語られている。「あれは戸田先生が、大日本職業指導協会の仕事としてひきうけられたんですよ。それをね、先生が『お前、これをやれ』っていうんですよ（笑）。それで北山正邦君に助けてもらって、（中略）やったんです」（喜多野 1970：252）。調査費用面での苦労も語られている。「何分全村だから苦労しました。指導協会からの予算では到頭やれなくて足を出し先生に叱られた始末です。しかしまた先生が協会から一〇〇円とってきてくれました」（喜多野 1953：32）。

村に入るまでの三年間の準備期間は、鈴木に教えられ導かれたところが大きかった。しかし、その一方で、戸田の影響力も次第に強まっていった。戸田流の国勢調査データを使う論文を発表し、直接の導きは鈴木だったがアメリカ農村社会学の研究に取り組むことで社会学の論文を量産し、さらに分家慣行調査では自らは鈴木の指導をうけたものの、戸田研究室の若手の研究者や大学院生・学部生を指導して兄貴分のような役割を果たすようになる。こうしたことで戸田の信頼を確実に獲得して、戸田が外部から委託された調査を任されるようになったのである。

喜多野はこのような準備を経て、一九三六年六月に、東京帝大社会学科の後輩である渡辺万寿太郎の案内でかれの実家が全村地主である新潟県岩船郡長政の調査を個人的に行い、さらに引き続いて法政大学の教え子の紹介で長野県更級郡若宮の調査をこれも個人的に行う。この二つの村での調査経験が喜多野の研究を一気に開花させるのだが、それは本稿が定めた喜多野の初期研究の終着点のさらに先のことになる。それら喜多野の本格的な研究については喜多野自身も多くを記述し、それについての後学による研究も多数なされているので、それらを参考にされたい。

六　結　論

喜多野の初期研究を詳細に検討することによって本稿が提示しえた知見は何か。そのひとつは、喜多野の研究がそもそもは学部時代の新人会の経験に基づく日本資本主義論争への関心に端を発するものであったことを示したことである。しかし、その点についてはすでに喜多野自身が語っており広く知られている。ただし、それは日本資本主義論争を出発点とするもので、それに先行しその背景となっている新人会での経験と人脈についてはまったくといっていいほど公的には語っていない。したがって、周辺的資料からその点を浮かび上がらせ、喜多野を農村社会学に向かわせた動機を重層的に示してみせたことは、新たな知見といっていいかもしれない。

二つ目には、大正末期から昭和初期の社会学の草創期にあって、さまざまな学問分野にも触手を拡げながら自らの社会学を確立しようと苦闘する喜多野の姿を提示したことである。喜多野が大学に在学していた一九二〇年代半ばの時期は、日本の社会学が「日本社会学会」の設立を契機に古いものから新しいものに大きく変化する転換期だった。しかし、当時の社会学は現在のように整備されたひとつの学問体系として確立していたわけではなかった。ましてや農村社会学や家族社会学などの個別領域に至っては、ほとんど未整備の開拓期ともいえる状態だった。喜多野は、そのようななかで、そもそもはマルクス主義思想から出発して、日本資本主義論争を背景とする農民、農村への関心を経済史学、農業経済学、民俗学、民族学等、関連する多様な学問分野の成果を横断的に摂取しながら社会学的な研究テーマと方法を模索し、アカデミックな「農村社会学」として確立していった。本稿の冒頭に引用した「あっちへぶつかり、こっちへぶつかり」という自らの研究の紆余曲折ぶりを表現した喜多野の言葉は、そうした苦闘が成功裡に終わった時点から振り返ってみると、それらすべてがどれも必要な要素であり経路だったと思えてくる。

しかし、このことは一方で、社会学から外に飛び出してしまう危険性をはらむものだった。鈴木の述懐はそのことを指摘している。「日本農村社会学の初期の開拓者達はもちろんの事その後の研究者達もさまざまの他の近縁科学に近づき、ミイラ取りのミイラになった人も多かったと思う。（中略）ある人は人文地理学に、ある人は農政学に、ある人は史学に民族学に農業経済史や民俗学に深入りして行った。社会学そのものの貧困がそうさせたのである」（鈴木 1970：327）。そうした危険性があったなかで、喜多野はなぜ社会学に執着してそこにとどまり続けることができたのか。これには、鈴木と戸田の影響が大きいものと思われる。喜多野の初期研究の後半は、日本農村社会学のパイオニアとしての鈴木の背中を追いかけるものだった。その鈴木の態度が、他の近縁領域の重要性を認めながらも過度に深入りすることを戒めて社会学にこだわり、貧困である社会学そのものの発展にも取り組むものだった。喜多野の指導教授の戸田も同様に、家族を研究対象とする他の近縁領域があるなかで、あくまでも社会学にこだわって日本の家族社会学を確立したパイオニアだった。さらに戸田は、「日本社会学会」の設立と運営にあたっても指導的役割を果たし、日本の新しい社会学の確立に多大な貢献を成した。この二人が中心となって分家慣行調査が実施されたのだから、そこで学問的に大きく成長した喜多野がこの二人の研究スタイルをモデルにしたのは当然の成り行きだっただろう。戦後、喜多野が有賀・喜多野論争で戸田家族論からする論陣を張り、また鈴木農村社会学と鈴木家族論のよき解説者となったのは、二人の学恩に報いることが自らの使命と自覚していたからである。そして、そのレールは本稿で検討した戦前の初期研究の段階ですでに敷かれていたのである。

本稿では、喜多野清一の初期研究を手がかりにして、大正末期から昭和初期にかけての社会学を取りまく時代と社会の雰囲気に少しでも迫れたのではないかと思っている。今日でも、「社会学を再考する」ということは、われわれ社会学徒が時代と社会にどのように向き合い格闘するかということではないだろうか。

注

（1）喜多野は、自身の新人会や東京帝大セツルメントでの活動のことを研究の軌跡を語ったもののなかでふれることはなかった。そのため、これらは喜多野にとってふれてはいけない、あるいはふれてほしくない経歴であると考えられなくもない。しかし、一九六八年一月に本郷の学士会館で開催された「新人会創立五〇周年記念集会」には、同期の大宅壮一、石島（内村）治志、小沢正元、海口守三、森野信蔵らとともに出席している。このことから、新人会と東京帝大セツルメントの活動経歴は、喜多野にとって決してふれてはならないタブーというわけではないと判断できる。

（2）新人会、東京帝大セツルメント、社会学科学生、旧制三高出身者のメンバーの重複については、東京大学文学部社会学研究室開室五〇周年記念事業実行委員会『東京大学文学部社会学科沿革七五年概観』（一九五四年）、石堂清倫・堅山利忠編『東京帝大新人会の記録』（一九七六年）、H・スミス著、松尾尊兊・森史子訳『新人会の記録―日本学生運動の源流―』（一九七八年）、福島正夫・石田哲一・清水誠編『回想の東京帝大セツルメント』（一九八四年）に掲載されている資料から算出した。

（3）この訳書は、これまで刊行されている喜多野の業績一覧のどれにも収録されていない。翻訳の分担は前半を小宮、後半を喜多野と平等になっているが、前半を担当した小宮がそのまま筆頭訳者となったことによって共訳者の喜多野が発見されにくかったものと思われる。小宮は東京帝大の医学部卒で、喜多野と同期の新人会会員で東京帝大セツルメントの活動にも従事し行人会のメンバーでもある。卒業後、医学部の助手になったものの左翼運動を継続したために検挙されて免官されるという経歴をもっている。戦後は、日本を代表する寄生虫学者として活躍した。

引用・参考文献

喜多野清一によるもの

(1927)「ミュラー・リヤーの"Phaseologische Methode"に就て」『法政大学論集』二の三
「クノー『一般経済史』」『法政大学論集』三の二
『老戦友に與ふ―ベッカーへの「忘れられた手紙」―』エンゲルス著、小宮義孝との共訳、叢文閣
(1929)『エンゲルス　原始基督教史考、カウツキー　基督教の成立』翻訳、岩波書店
(1930)「社会発展における自然的契機の役割」『社会学雑誌』第七三号
(1933)「建設への一道標―鈴木栄太郎著『農村社会学史』を読む―」『帝国大学新聞』第四六八号、二月二七日号
「農村社会調査における枢軸的視点」『郷土教育』第三〇号
「農民階級構成の史的段階」『年報社会学』第一輯
「昭和五年国勢調査にあらはれたる日本農業」『社会政策時報』一五六号

(1934)「昭和五年国勢調査にあらはれたる日本農業（続篇）」『社会政策時報』一六八号
(1936)「昭和五年国勢調査にあらはれたる日本農業（続篇・下）」『社会政策時報』一六九号
(1936)「農村における共同社会関係と近隣関係―米国農村社会学の基本問題―」東京社会学研究会『社会学研究』第二輯
ブランナー、コルブ「米国農村人口、その移動と変質（訳）」『社会学徒』第一〇巻一、二、三号
「農村家族構造の分析」『社会事業研究』第二四巻四号
「米国における地域的社会圏の再編成」『都市問題』第二三巻
「米国における農村社会学の発達」『年報社会学』第四輯
(1937)「信州更級村若宮の同族団」『民族学研究』三ノ三、日本民族学会
「東京府下農村の人口現象における二、三の特徴」『職業指導』一〇の一二
(1938)「人口状態特に家系家族構成及び労働力移動から見た武蔵野一村落の社会生活―東京府西多摩郡霞村谷野の社会調査報告―」『法政大学社会学論集』第七輯
(1940)「甲州山村の同族組織と親方子方慣行―山梨県北都留郡桐原村大垣外を中心として―」『民族学年報』第二巻、民族学研究所
(1953)「社会調査―座談会―」『民族学研究』第一七巻第一号
(1962)「柳田先生と社会学」『定本柳田国男集第七巻月報11』筑摩書房
(1967)「解説」及川宏著、喜多野清一編『同族組織と村落生活』未来社
(1968)「日本の家と家族―有賀・喜多野論争の問題点―」住谷一彦を聞き手とするインタビュー、『思想』五二七号
(1970)「家族研究の回顧と展望」（座談会）、山室周平・姫岡勤編『現代家族の社会学』培風館
(1971)「日本の村と家」『社会学年誌』第一二号、早稲田大学社会学会

喜多野清一以外のもの

浅野晃（1976）「震災前後の思い出」石堂清倫・堅山利忠編『東京帝大新人会の記録』経済往来社
福家崇洋（2011）「一九二〇年代前半における学生運動の諸相（上）―京都帝国大学社会科学研究会を中心に―」『京都大学文書館研究紀要』九
福島正夫・石田哲一・清水誠編（1984）『回想の東京帝大セツルメント』日本評論社
長谷川万次郎（1921）『現代国家批判』弘文堂書房
服部之総（1925）「帝大セツルメント断想」『社会学雑誌』第一五号、日本社会学会
服部之総（1950）「清水幾太郎論―庶民への郷愁―」『中央公論』昭和二五年八月号

池田善長（1938）「日本農村社会学の発展史」村落社会学会編『村落社会の研究法』刀江書院
石堂清倫・堅山利忠編（1976）『東京帝大新人会の記録』経済往来社
岩上真珠（1984）「喜多野清一博士と『村・家・親族』」『駒沢社会学研究』一六
菊川忠雄（1947）『学生社会運動史』海口書店
小山隆（1970）「家族研究の回観と展望」（座談会）、山室周平・姫岡勤編『現代家族の社会学』培風館
久保誠二郎（2010）「翻刻『日本マルクス主義文献』Ｗｅｂ版の公開によせて―附論 聯盟版『マルクス・エンゲルス全集』について―」『大原社会問題研究所雑誌』№六一七
窪田暁子（1990）「社会福祉学の創設期を担った女性たち―シカゴ大学の場合―」『人文学報、社会福祉学』（六）、東京都立大学
舛田忠雄（1972）（1974）「わが国における『家』理論の形成と展開―喜多野清一の『家』理論を中心として（一）・（二）」『山形大学紀要（社会科学）』第四巻第一号、第四巻第三号
松沢哲成（1989）「社会運動の変容と分極化―一九二〇年代、赤松克麿に焦点をあてて―」『史論』四二、東京女子大学
中村正夫（1984）「喜多野社会学の軌跡―故喜多野清一先生の人となりと業績を偲んで―」『社会学評論』一三四号
中筋直哉（1998）「磯村都市社会学の揺籃―東京帝大セツルメントと戸田社会学―」『日本都市社会学会年報』一六
西本喬（1976）「地方高校と新人会」石堂清倫・堅山利忠編『東京帝大新人会の記録』経済往来社
小沢正元（1976）「行人会まで」石堂清倫・堅山利忠編『東京帝大新人会の記録』経済往来社
関清秀（1993）「戸田先生の社会調査―出会いからお別れまで―」『戸田貞三著作集別巻』大空社
新明正道編著（1944）『社会学辞典』河出書房
スミス・Ｈ著、松尾尊由・森史子訳（1978）『新人会の記録―日本学生運動の源流―』東京大学出版会
鈴木栄太郎（1933）『農村社会学史』刀江書院
鈴木栄太郎（1970）「わが国農村社会学の回顧と展望」『鈴木栄太郎著作集第四巻』未来社
戸田貞三（1923）「大学セツルメントの建設に就いて」『帝国大学新聞』第五九号、一九二三年一一月二九日号
戸田貞三（1953）「学究生活の思い出」『思想』第三五三号、岩波書店
東京大学文学部社会学研究室開室五〇周年記念事業実行委員会（1954）『東京大学文学部社会学科沿革七五年概観』
鶴見太郎（1998）『柳田国男とその弟子たち―民俗学を学ぶマルクス主義者―』人文書院
米林富男（1968）「鈴木栄太郎先生と東大文学部調査室」『鈴木栄太郎著作集第二巻月報二』未来社

補論　社会学再考
——からだ・こころ・つながりの人間科学を目指して

正岡　寛司

理性は人間が考えているほど、あるいはそう願うほど、純粋ではないのかもしれない。情動と感情は決して理性という砦の中の邪魔者ではないのかもしれない。それらは、善かれ悪しかれ、そのネットワークに絡んでいるのかもしれない（Damasio 1995：xii）。

言語と文化は、しばしばもっとも独自な人間の特徴とみなされる。しかしわたしは、非常に幅広い感情を使用するわれわれの能力が、発話言語よりずっと前に進化し、さらに、初期ヒト科の拡張した感情能力が現生ヒト科の発話言語と文化に向かう前適応（preadaptation）であったと論じる。言葉を用いて話すことができるずっと以前に、ヒト科はボディランゲージによって感情的な気持ちを互いに伝達していたのだ。こうした感情言語を獲得するための脳神経の再配線こそが、進化における決定的な打開策であった（Turner 2000：xi）。

一　はじめに

わたしが社会学を学びはじめたのは一九六〇年代の到来を間近にしていた時期であった。その後、多少の紆余曲折があったにせよ、ほぼ半世紀、わたしは社会学を学ぶ一学徒として人生（教育、研究、実践）を歩んできた。この間、青年期（とくに大学院生時代から早稲田大学に就職するまでの約一〇年間）に学習したモダニティの社会学（主として、「社会化の理論」と「社会行為論」）とその方法論（理論と実証の相互媒介的な終わりのない反復）をわたしはかなり忠実に遵守してきたと自負している。(1) それでも、いつの頃からか、わたしの遵守している社会学が、どれほど人間の生活や人生、そして社会や文化の実相を語りうる力（説明、解釈、あるいは理解とはいわないが）をもっているのかを訝しく思うようになっていた。いまになって思うと、こうした疑念は、社会学を学び始めた頃からつきまとっていたようにも思われる。

わたしが社会学を学びはじめた頃の、とりわけ当時の日本社会の歴史的現実とこれに対する社会思想史的、イデオロギー的に激しく対立した学的状況、そして現実社会の改革運動の方法論をめぐる諸勢力の分断状況は、一専門科学としての社会学を学ぼうとする学徒にとって、社会学を選択するかどうかを含めて、非常に困難な選択を迫っていた。なかでも、日本社会を抑圧していた重苦しい封建体制（遺制）とあらたに導入された資本主義体制の苛烈な拮抗状態は、矛盾した社会状況を多次元でうみだしていた。この矛盾に対してどのような態度をとり、そしていかなる行動を起こすべきかというせっぱ詰まった難題がわれわれに突きつけられていた。この問題状況が社会・文化の内部に激しい階級的な分裂を生みだしたのは必然であるとしても、しかしこうした種々の二律背反は、個人、とりわけ当時の青年の内面における思考、評価、判断、意思決定の過程に深刻な問題を投げかけ、択一的な選択を迫っていたのである。(2)

端的にいえば、マルクスおよびマルクス主義のテンプレートを基本的に受け入れるか、それとも「封建遺制」の打破と西欧的な市民的民主社会の平和的な建設という近代化のテンプレートを選ぶかによって代表されていたといってよい（もちろん、これら二つの他にもいくつかのマイナーなテンプレートがあるにはあった。たとえば、サルトル、カミュなどの実存主義）。

その当時、アカデミックな社会学を専攻するということは、二つのテンプレートのうち後者を選ぶことにほぼ等しかった（いまでは、これら二つのテンプレートはもちろんのこと、これらに代替する新しいテンプレートも、まして新しいパラダイムも存在していないように思われる）。もちろん、マルクス主義的社会学者を名乗る人たちも一部にはいたが、しかし正統派社会学者と彼らの間にはほとんど社会的または学術的な会話が成立していなかった。このことからしても、社会学を専攻することはほとんど後者のテンプレート（「封建遺制」の打破と西欧的な市民的民主社会の平和的な建設）を遵守することに等かった。わたしもこのテンプレートを選択した。

しかし当時の若者にとって、マルクスおよび行動主義的マルクス主義（とくにルカーチやグラムシ）は魅力的であり、これらを若者の心の内から完全に消し去るのは、たとえ社会学を選ぶことを決心した後においてもはなはだ難しいものがあった。だから当時における多くの社会学徒はマルクスおよびマルクス主義に対してコンプレックスに似た屈折した複雑な気持ちを抱きつづけていた(3)。このコンプレックスがマルクス主義社会学者との交流ならびに二つの社会学の交流を妨げてしまったと思われる。それはともかく、わたしは一社会学徒として人生を歩み始めたのである。

本稿においてまず、わたし自身が長年にわたって関係した三つの経験的ならびに理論的研究において得た体験と知見をつうじて自分自身に問いかけてきた疑問を提示し、これらに対する答えを得ようとして学んだ社会学理論とその適用の結果について手短に触れる。そしていま、社会学教育の現場を最終的に退こうとしているわたしにとって、モダニティの社会学はいったいどれほどのことを成し遂げ得たかをあらためて問い直すべきであろうという強い衝動に駆られているわたし自身の気持ちと、現状のほとんど破産した状態を打開し、突破するための風穴を開けるためにしなければならないとわたし自身が思っていることの一端について述べてみようと思う。

というのも、人びとや地位・役割、そして制度との「つながり」（ホモ・ソシオロジカス）（Dahrendorf 1973）だけを取り出し、そして誤った推論に導かれて、「からだ」および「こころ」を主題化しなかった、あるいはできなかったモダニティの社会学、そしてそのすべてを疑問視するきらいのあるポストモダンの社会理論（デリダ、フーコー、ボードリヤール、そしてローティのポストモダン理論）を再考しなければならないというのがここでの最終的な問題提起であり、そしてその問題提起に対するわたしなりの方向づけが「からだ・こころ・つながり」(4)の人間科学の構築である。しかしこうした人間科学と社会学がどのような関係に立つことができるかはそれ自体難しい課題である。わたし自身は「からだ・こころ・つながり」の人間科学の構築と新しい社会学とは両立可能であると考えているが、これをここで論じることはできない。

こうした近現代の社会学そのものを問い直すという、ある種無謀な冒険に一老学徒が乗り出すべきでないことは重々承知している。わたしの恩師である故武田良三博士はその主著『社会学の構造』（一九五五年）の「第一版・序」において、ダンテの『神曲　地獄篇』（第三十二歌）から「けだし全宇宙の底を叙するのは戯れにすべき業にあらず」の詩を引用している。にもかかわらず、ダンテの詩の引用につづいて、武田博士はきわめて激しいタッチで自らの心情と気概を以下のような文章で吐露している。「激動する世界の片隅に在って社会の奥の奥まで探り求めようとすることがどんなに困難な仕事であるかは身にしみて痛感するもので、それは決して戯れにすべき業ではないのである。しかし社会学の前進を図るものにはどうしても遂げねばならぬ仕事であるし、根本には、社会の形成を庶幾したこの学問の創始者たちの深い情熱と伝統に繋がらなければならない。我々も『形成としての社会』の険難な途を、これからも試行錯誤しながら幾度かの失敗とフラストレーション（欲求不満）をくりかえすことであろう」（武田 1955：6-7）。

恩師がその主著のなかで提起された考えや考え方とわたしのそれとは異なるかもしれないが、しかし「険難な途」に乗り出す意志を引き継ぎ、恩師の驥尾に伏そうと覚悟を決めたのである。だとしても、この冒険的なプロジェクトを独りで企てられるほどの才覚を残念ながらわたしは持ち合わせていない。しかもこれから何年もかけてそのプロジェクトを完成させるために独り旅に出るほどの人生時間はもはやわたしに残されていない。それでも、幸いなことに、わたしは「からだ・こころ・つながり」[5]の人間科学を構想するための道程に出発しようとあがき、自問自答を繰り返すなかで、何人かの先達と出会うことができた[6]。そのうちでとくに重要な研究者の名前を挙げるとすれば、感情の社会学と気宇壮大な進化論的な社会学理論を展開しているジョナサン・H・ターナーとアレキサンドラ・マリアンスキー（優れた進化生物学・人類学・社会学の研究者であると同時に、ジョナサン・ターナーの配偶者である）、「人間であること」を問いかけつつ、「社会的会話への参加」よりも人間の「内面会話」の先行性と重要性を強調するマーガレット・アーチャー、そして、彼女に強い影響を及ぼした、フランスの哲学者モーリス・メルロ＝ポンティの名前をわたしはすぐに思いつく。彼／彼女らの多数の作品は、わたしが「からだ・こころ・つながり」の人間科学を構想するうえでこのうえない絶好の土台を用意してくれた。さらに、脳神経学者のアントニオ・B・ダマシオの『デカルトの誤謬　感情、理性そして人間の脳』（一九九四年）（邦訳名は『生存する脳―心と脳と身体の神秘』）は、わたしの脳神経学の学習に道を開いてくれただけでなく、感情と理性（あるいは合理性）の関係、そしてなによりも「ソマティック・マーカー仮説」といわれる脳における推論と意思決定に関する理論をわたしに教えてくれた。彼／彼女らの近年における精力的で、しかも野心的な研究業績は少なくともわたしが独り旅に出るのでなく、同行の人たちがいること、実のところは、力強い同行の士がわたしを後押ししてくれていると実感させてくれるのである。

紙幅が厳しく制約されている専門誌に「社会学再考」などという論考を寄稿するのはどだい的を外していることは先刻承知している。しかし定年退職を目前にしたわたしに寄稿を依頼された編集者の意図をわたしなりに察したうえで、あえて本稿を執筆することにした。よって、本稿はこれまでわたしが関わってきたいくつかの理論研究と調査研究から得た知見と疑問を整理し、そのうえでわたしにとっての知的疑問を、上に挙げた研究者たちの研究業績に関連づける作業のための非常に荒っぽいスケッチでしかないことを最初に断っておく。

二　生ける身体と感情の重要性

親密性の儀礼化

わたしは、恩師武田良三博士の友人であり、大阪大学を定年退職された後に、早稲田大学教授に就任された故喜多野清一博士が実施された「日本の親族研究」のいくつかの調査研究に参加させていただいた。喜多野清一博士は、昭和二六年に日本人文学会が編集した書物『封建遺制』に「同族組織と封建遺制」と題した画期的な論文を寄稿され、これが後に、家理論と同族理論をめぐって有賀喜左衛門博士との間に展開された厳しい論争にひとつのきっかけを与えた。

それはともかく、喜多野博士が主催した「家と親族研究」は、昭和三九年一二月、山梨県南都留郡足和田村根場部落（現・富士河口湖町根場）を対象地に選択して実地調査を開始した。「家と親族研究」はその後約一〇年にわたって、調査対象地（山梨県内および福島県内）を選択的に移動しながら、日本親族組織の基本的なパターンの解明に取り組み、その成果は『「家」と親族組織』（喜多野・正岡編 1975）として刊行された。

この研究の目標は、「封建遺制」下にみられる日本の家と親族組織の基本的なパターンを析出することにあった。なかでも、本研究の特色は従来この分野の研究が、喜多野博士自身のそれまでの研究を含めて、「家と同族団」研究に集中してきた傾向があったのに対して、親類（親戚）関係と同族組織の関連、およびこれと村落組織との力動的な関係を解き明かそうと目指していたことである。そのため、従来の家および同族研究の方法論を適用するだけでは不十分であることを認識し、あらたに社会人類学の方法、とくにイギリスの社会学人類学者レイモンド・ファース（Firth 1969）の技法が導入された。その結果、上記した根場部落三九戸（内二戸調査不能）において実施された面接調査（構造化された調査票と聞き取り調査）はきわめて精細であった。おそらく一戸当たりの面接総時間は正確には算定していないが、一〇〇時間を超過したはずである。その結果判明したことは、根場部落における基本的な社会関係が親族関係であり、その組織がきわめて高度に、そして精緻に制度化されているという事実であった。換言すれば、親族関係を基礎にした親密で、しかし同時に、緊張した社会関係が個人、家族および村落生活の隅々まで深く浸透し、しかもそれらのどの次元の側面においてもパターン化された儀礼システムが構成されていることにわれわれは目を見張った。三〇戸から四〇戸未満（江戸時代末期から昭和三〇年代の期間）の小農家が御坂山系の急峻な斜面にへばりつくような形状で集住している根場部落の場合、自らの生存ならびに家族の世代間にわたる存続を目途した場合、部落内家族（家）と個々人の間における親密性（intimacy）の調節と連帯の構築と維持は至上命令であったに違いない。(7) こうした親密性の調節と連帯の構築と維持とは世代間にわたって引き継がれ、発達した生活の知恵あるいは知識と表現するに十分であった。

根場部落には、日本の多くの村落がそうであったように二種類の親族組織が観察された。そのひとつは家の出自の本分関係の系譜をたどって形成される同族組織（根場では、「イッケシュ」と称されている）。もうひとつは個々人を中心にして認知される親子、キョウダイ関係、オジ・オバーオイ・メイの関係などの血縁者と、結婚を媒介にして形成される義理の親子、義理のキョウダイ関係などからなる姻縁者の双方のある範囲を個人中心の親族ネットワーク（キンドレッド）として組織する親類関係（根場では「オヤコ」関係と称している）である。二つの親族組織はそれぞれ別個の機能を保持し、それぞれが家族生活ならびに村落生活に寄与しているのであるが、しかし根場部落でとくに注目されるのは、「オヤコ」関係と称される親族関係が村落内のすべての社会関係の根幹をなしているということであった。「オヤコ」関係の潜在力と実効力についてのイメージは、村落メンバーなら誰でも「身体化された知識」（Archer 2000）あるいは「手持ちの知識」（Schutz 1970）として、生活の拠り所として、そして人生の頼みの綱として活用できるということを知悉し、そしてそれを信じている様子であった。だからこそ、根場部落の人びとにとって、家族にとって、また子どもたちにとって、次の世代（近い未来）に強力な「オヤコ」関係を村落内に構築できるか、あるいは近い過去において構築できたかが現在の生活課題を解決するためのもっとも有力な方途であった(8)。現時点において、とくに家長の村落内における「オヤコ」関係の構成がどれほど強力に達成されているかの成果は、過去の時点において先行した親たちの考量と決断の成果である。

「オヤコ」関係のなかでもっとも中心的で、もっとも強力な関係が「イチオヤコ」として特別に括り出されている。

表補－1　イチオヤコの続柄別構成

	続柄，関係	相互選択	一方選択	無判定	計
当主方	兄弟	3			3
	姉妹	22		1	23
	父方オジ	4			4
	オバ	5			5
	母方オジ	4			4
	オバ	2			2
	オイ	4			4
	メイ		1		1
	父方イトコ	5	14	1	20
	母方イトコ	4	2	1	7
	小計	(53)	(17)	(3)	(73)
配偶者方	父母	8			8
	兄弟	15		1	16
	姉妹	15	6		21
	父方オジ		2		2
	オバ		3		3
	母方オジ				
	オバ		1		1
	オイ	7		1	8
	メイ				
	父方イトコ	2	5		7
	母方イトコ	1	1		2
	小計	(48)	(18)	(2)	(68)
嫁方	父母	4			4
	兄弟	2			2
	姉妹	4			4
	小計	(10)			(10)
	婚出した子供	12		1	13
	その他の親族	4	2	1	7
	オーヤ・シンヤ	17	5	1	23
	配偶者実家のオーヤ・シンヤ	4			4
	嫁家のオーヤ・シンヤ		1		1
	オヤブン		7		7
	キンジョ	2	7		9
	合計	150	57	8	215

出所：喜多野・正岡編著（1975：91）

表補－1は、村内各家の家長が調査時点において選んだ自分の「イチオヤコ」が、他家の家長が選んだ「イチオヤコ」と一致している程度を表している（いうまでもなく、双方の家長が一致してお互いを「イチオヤコ」と選択している場合に、この関係が強力であることは想像に難くない）。

近未来に強力なイチオヤコ関係を確保するためのもっとも有効な戦略は、村落内の他家に近親の血縁者を配置するやり方である。つまり、婚姻か養子縁組によって近親者を他家に移動させる方法である（時に、村内分家を作るのが有力な手段であるが、これにはさまざまなコストがかかる）。その一方で、村落内にあまりに数多くの「イチオヤコ」が存在していることは、家長や家族にとってコスト高にすぎる。だから、ほとんどの家族は現時点に村落内に五戸ないし六戸からなる「イチオヤコ」を確保することに努力する。これを実現するのに有効な戦略が「イトコ」婚姻を代替わり毎に反復する方法である（少なくとも江戸時代末期から調査時点までの期間において、家の跡取りのもっとも望ましい婚姻の形態は村落内におけるイトコ同士の結婚であった）。根場部落の親族組織に関する詳細な分析は『「家」と親族組織』を見てほしいが、ここでとくに本稿との関連で強調しておきたいことを、以下に箇条書きで指摘しておく。①先に指摘したように、当時の社会学および社会科学は根場部落でみられるような親族組織や村落組織を歴史的に唾棄すべき「封建遺制」と位置づけた。②「封建遺制」と位置づけられたことと関連するが、根場部落に見られるようなきわめて精度高く実現されている親族組織のネットワークは、よく言って伝統であり、ふつうは「因習」と考えられ、そこには理性や合理性のかけらもないと評されてきた。③伝統や因習を保持することは過去のある時点に作られ、受け継がれてきた規範や信念や行動パターンを頑なに墨守することだと考えられやすい。しかし主として伝統に基づく行動や行為も、過去を墨守することに第一義的な意味があるのではなく、それを用いて「次の瞬間」ないしは「遠い未来」における結果を推論し、その配慮に基づいて現在の行動や行為を決断しているという側面を見落すべきではない(9)。④

狭隘な地域空間の中で、そして世代を超えて持続することを期待している村落生活と家族生活、そして一生涯をその空間内で過ごす確率の高い個人の生活が相対的に快適であるため、また最悪でも醜い諍い状態の長期にわる継続を避けるため、そして家族内、家族間、村落内部における利害や関心の調節、そしてなによりも個々人の間の感情を調節するためのメカニズムの生成と感情のバランスを確保することが重要であったと考えられる。しかし残念なことに、当時の社会学は個々人の感情、とりわけ個々人の「心」、まして心の内面の働きを考えようとする関心をまったく欠いていた。日本民俗学の泰斗である柳田国男が日本の家内部におけるジレンマのひとつを「骨肉の至情と家門の誉れ」（柳田 1947）として取り上げ、その間にバランスをとることが家長あるいは指導者の務めであると指摘したことは、当時のわたしにとってまことに新鮮な指摘であると感じられた。しかし個人の「心の内面」の問題、なかでも感情と思考をひとまとまりとする伝統主義的な総体性、あるいは義理と人情の問題を科学としての社会学がどのように処理すればよいのか皆目わからなかった。

核家族の進化論的考察

わたしは昭和五六（一九八一）年に『家族　その社会史と将来』と題した書物を発表した。幸いにも、いくつかの好意的な書評をいただき、幾度かの増し刷りも世に出たし、後になって『社会学・文献事典』（一九八年）にもその概要が収録された。しかしわたしは程なく出版社にこの書物を絶版にする措置をお願いした。そうした措置をお願いせざるを得なかった主たる理由は、当時有力な家族理論であった核家族論に対して十分な対抗理論をその書物のなかで展開できなかったからである。わたしは、人類学者のピーター・マードック（1960）が確信をもって断じたように、「核家族」を人間家族の原初的な「核」とみなすことに賛成できなかった。つまり、「核」であることはそれ以上にも、それ以下にももはや還元することのできない究極の単位ということに他ならないが、しかし「核家族」はあまりに複雑な社会―文化的な複合体にすぎるというのが率直な疑問であった（核家族のような家族を現実に制度化するためにはよほど強力な文化秩序〈たとえば、宗教やイデオロギー的言説〉の介入がなければほとんど実現不可能であると思われる）。言い換えれば、核家族は緻密に計算され、設計された完成度の高い「社会的な檻」（Weber 1905：Turner 1994：Ritzer 1996）とさえいうことができるかもしれない。われわれ人類の最初の祖先がもったかもしれない家族とは明らかに異なると思われる。代って、わたしはその書物の中で原基的家族の構造軸として母子関係中心の家族論を展開しようと試みたが、人間進化についての無知のゆえに十分な成果が得られなかった。さらに、「核家族」が人類史上、いつ、そしていかなる場所で優勢な家族形態として制度化されたか、それはなぜであるかという疑問に答える理論的ならびに実証的な用意が整っていなかった。こうした弱点そして／あるいは欠陥のゆえに、激しく揺れ動いている現代の家族についての考察と、さらにその近未来における多様な親族関係の姿を浮かび上がらせることができなかった。

わたしは、人間家族を考えるうえで、これを集団として成立させるための条件を最初に考えるべきことを先の書物で提唱した。いうまでもなく、人間が家族あるいは親族関係を形成するための根本的な大前提はいうまでもなく自らの遺伝子を残すことである。しかし自らの遺伝子を残す、つまり繁殖という欲求は通常人びとの意識するところではない。むしろ人びとの親族関係は日々を生きていくための欲求・必要を満たすため身近にいる人たちと協同しなければならない緊要な必要に基づいているはずである。より具体的な問題を適切に処理しなければならない必要が家族を社会的に構築するための契機であったであろう。

家族を社会的に構築するための必要条件は、いかなるものであろうか。わたしは上記の書物のなかで、五つの条件を挙げた。すなわち、①女性が子どもを産むこと、②女性が子どもを産むためには男性との性的結合が（かなり時間的に事前に）なければならないこと、③女性によって出産された子どもは、誰かによって、しかもかなり長期にわたって育てられ、保護されなければならないこと、④インセストタブー（近親相姦の禁止）[10]が存在すること、そして最後に、⑤男女の性的分業（および男性の女性に勝る管理・運営権）が存在していること、である（正岡 1981：39-41）。いかなる家族形態であれ、これを構成する核的単位は母子関係（すなわち、女性が子どもを産み、そして撫育すること）であろうことは経験的にもまた理論的にも納得できることである。しかしそれ以外にどのような親族が家族の範囲に含まれうるかは、ここに挙げた条件の組み合わせおよび他の環境条件と秩序しだいで、きわめて多様であり、とうてい核家族をあらゆる家族形態の核的単位とみなすことはできない。

男女の配偶関係→夫妻→父母と子どもの認知→母親以外の子どもの育児・保護者の役割をそれぞれ具体的に誰が担うかにはきわめて多様な組み合わせがあり、とても核家族を基本単位と確定することはできない。この問題を考えるにはどうしても、多元的な秩序（自然的、実践的、そして社会的）およびこれらの次元のそれぞれに対応する多元的な知識（身体化された知識、実践的知識、そして言説的知識）の相互作用を考慮しなければならない（Archer 2000）。

社会─文化的秩序　労務管理における「感情労働」

上で述べた「日本の親族研究」に参加する以前に、わたしは武田博士が主催され、実施されていた「炭礦社会の研究」（現福島県いわき市内に立地していた旧常磐炭礦株式会社）に、昭和三五年から参加させてもらった。常磐炭礦の研究はひょんなきっかけから始まった。昭和三〇年代初頭から常磐炭礦KKはいくつかの大学と依託学生について協定を締結し、毎年若干名の若手の砿員（技術系と事務系）を選抜して早稲田大学理工学部や政経学部など（東京大学や秋田大学にも派遣していた）に二年間依託学生として派遣していた。第一回目の依託学生の中に、常磐炭礦労働組合の若手の幹部として活動していた三浦清一氏、内田勝蔵氏、そして岡部恵一氏が含まれており、彼らは政経学部に所属し、科目受講をしていた。彼らは政経学部に設置されていた「社会学原理」（担当教員・武田良三）を受講した。ところが、彼らはその講義内容の難解さに音を上げたらしく（武田先生は、上梓したばかりの前掲書物『社会学の構造』を教科書として使用されていた）、彼らはある日、武田先生を訪ね、「社会学はおもしろいのだが、先生の講義は難しい」と申し出たらしく、武田先生は「ならば夏期講習を受けたらよい」という助言を与えられた。そこで彼らは早速夏期休暇中に近江哲男先生と外木典夫先生が担当されていた「社会学」を受講することにした。彼らは外木先生の講義のおもしろさにいたく感激し、夏の暑さも忘れて、一生懸命に受講し、外木先生とも親しく話し合う機会を得たようだ。内田勝蔵さん（旧常磐炭礦の研究を継続している者たちは、いまも内田、三浦、岡部氏と親しく付き合っている）は「常磐炭礦が直面している危機的状況に打開策を見つけるための指針を与えるのは、経済学や経営学ではなく、社会学に違いないと確信した」という。そこで彼は早速、常磐炭礦KK磐城砿業所の所長木山茂氏に書面をしたため、常磐炭礦を対象にした社会学調査を依頼すべきだとの進言もしくは嘆願を行ったという。その結果として始まったのが、「炭礦社会の研究」であった。実に、常磐炭礦研究は研究者の発意によって始まったものではなく、依託学生であった若き砿員たちの熱意と積極的な行動から始まったのである。

昭和三三年から始まった「炭礦社会の研究」は昭和四六年の常磐炭礦磐城砿業所の「大閉山」時まで継続した。しかしその間に常磐炭田で操業していた多数の炭砿会社が相次いで閉山していった。これを受けて、やがて最大手の常磐炭礦株式会社も閉鎖に追い込まれる状況は必至であるとの危機感を、中央官庁のみならず、地元でもひしひしと感じており、いわき地方の産業経済の再編の必要が叫ばれはじめていた。当時の通産省が主導した「新産業都市計画」がひとつのきっかけを与え、「郡山・常磐地区」が新産業都市のひとつとして指定された。この計画の受け皿を作るために磐城地方の五市九ヵ町村が大同合併を行い、現在のいわき市が誕生した。この地域再編成にともない、われわれの「炭礦社会の研究」は発展的に解消し、「いわきリージョンの総合的研究」と名称を変えて、地域全般にわたる社会学的研究に取り組む形に研究プロジェクトが再組織化された。

さて、わたしが「炭礦社会の研究」の研究で初期に主として担当したのは、会社による労務管理のうち、その末端に当たる箇所、とくに各炭礦住区（いわゆる炭住区）に設置されている「世話所」の考察分析であった。この研究を通して見聞きした経験はさまざまな意味でわたしにとって衝撃であると同時に、驚異であった。ここでの経験をどのように解釈すべきかが当時のわたしにわかるべくもなく、結果的に浅薄な考察結果を『炭礦と地域社会』に執筆する羽目になってしまった。「世話所」に配置される労務係員のもっとも重要かつ緊急の職務は、明日坑内に入る砿員の稼働率をいかに上げるか、そしてその人数をいかに正確に把握するかである。このために世話所係員はさまざまな方法で情報を収集し、またさまざま手だてを具体的に施して入坑を督励し、稼働率を上昇するために「感情労働」(Hochschild 1983) に務めたのである。ここでは、その一例だけを挙げて、後の考察につなげることにする。

通常の近代型産業と異なり、石炭採掘業は地上の工場や作業場ではなく、地下労働に依存する。地下労働の危険と悲惨さはとても地上の労働からは想像もつかない[11]。とくに常磐炭田に賦存する石炭の採掘は高温の温泉水の湧出と高い地熱、そして噴出するガスとの壮烈な闘いであった。だから、坑内作業員は日頃どれほど高い労働意欲をもっていても、さまざまな、そして一見迷信じみたことを理由にして入坑を避けたいと思うこともしばしばであった。その理由のひとつが配偶者の月の障り（月経生理）である。障りが訪れると夫の坑内作業員の一部は入坑を渋る[12]。そこで、世話所の係員は坑内作業員の配偶者の月経周期を把握する必要があった。彼らは坑内作業員の配偶者が住区内の共同浴場に通わない日の開始を正確に目で確かめて、坑内作業員が入坑を欠勤するかもしれない毎月の日を予測していた。

こうした労務管理のあり方を人権無視あるいは労働者および労働者家族の搾取であると決めつけるのはきわめて簡単である。ところが、この現象をちがう観点からみるとき、労働者の労働力だけを管理するのではなく、労働者の心情、労働者とその家族員の生活信条や信念ならびに行動パターンをも理解したうえで、自らの職務をまっとうしようと務める世話所係員の「行うこと」(doings) はただ単に徹底的な搾取あるいは徹底した伝統的な日本的経営方式として片付けたのでは理解しきれない、ある種人間の根本的なありようと密接なつながりがあると思われる。根場の親族組織、核家族単位の高度な文化的複雑さ、あるいは常磐炭礦の労務管理のあり方、それらはすべて、その時代、そしてその場所において人びとが生きていくための社会─文化的産物であったろう。これらすべては人びとの生存を可能にするための工夫された人工的な装置であるだろうし、それらがある場所である期間持続したということは、そこでの人びとにある形の、ある程度のライフチャンスを保証したであろう。しかし見方を変えれば、ある形のライフチャンスをより確実なものにするために、他のライフチャンスの選択を諦め、それのもつ制約が人びとの「からだ」そして「こころ」に押しつけられたにちがいない。

三　社会学の誤謬

近代社会学の第一の目標は、過去において（とくにヨーロッパという場所において）人びとを拘束してきた呪縛から彼らを解放した近代社会の到来とそれを支えた近代思想を真摯に受けとめ、近代社会がもつはずの特性（たとえば、自由、進歩、合理性）を前モダニティのそれとの対比において理論化することであった。モダニティは中世ヨーロッパ世界を打ち砕いた知的で、しかも社会的な大転換から生まれた。コペルニクスとニュートンがなし遂げた科学史上の偉大な大発見によって推進された方法論は、ベーコン、デカルト、ホッブズによって社会思想に導入された。近代初期、ヨーロッパの知的文化は合理性と人間性の理念を[13]「啓蒙」思想の核心に据えて力説した。かつて真理の保証であった宗教教義や神託を拒絶したとき（「魔術からの解放」）、それらを真に正当化してきた中世世界の伝統主義および身分制を共に拒絶した。啓蒙主義の思想家はすべての事象において理性と経験の中心的な役割を強調し、また社会についての疑問を解き明かすために科学的アプローチを採用した。これらの論者たちの作品にあらわれた近代世界は、古典古代の世界が達成した文明の水準を凌駕する進歩を達成したと確信した。だからこそ、モダニティと進歩は同義であり（Scott 1995）、そして合理性と人間性という考えの間に潜在している深刻な対立は脇に置かれ、両者が共に限りない「進歩」に貢献するとみなされた。

しかし程なく、「進歩」が自動的でなく、基本的に不確定であること、あるいはむしろそれは幻影でしかないことが現実社会に次々に発現したさまざまな問題と課題によって露呈した。近代社会学のもうひとつの目標は、人間社会の再建と新たな秩序の構築であった。独立した対象としての「社会」の認識がはじめて、しかも系統的に言説化されたのは一九世紀におけるヘーゲル、コント、スペンサー、そしてマルクスの作品においてであった。彼らの作品はリベラルな理想と、これと対立する保守反動の激突によって形づくられた。いうまでもなく「社会」をはっきりと覚醒することができたのは、保守主義の知的文化の影響によるところが大きかった。コントは社会の系統的な研究に「社会学」の名称を与え、そしてこの新しい科学的学問は二〇世紀の転換期においてデュルケムやウェーバー、そして彼らの同時代人の営為によって個別専門科学のひとつとして確立された（Scott 1995）。

個別科学として特殊化し専門化した社会学は近代社会が生み落とした複雑な諸問題にアプローチするために、思考と方法の節約（経済学）の道をたどった。つまり社会学的ニッチを探索したあげくの単純化もしくは断片化である。ニスベットはこれを「社会学の誤謬」（Nisbet 1970）あるいは「社会学の原罪」と糾弾する。その第一は、方法論的であるが、社会学を社会静学と社会動学に二分したことである。このため、社会静学は社会構造や形態をあたかも工学的あるいは機械的に取り扱い、その結果、持続と安定に力点が置かれた。社会動学は社会変動を取り扱うが、この変動は絶えざる前進と進歩という方向を必然的に組み込んでいた。いずれにせよ、社会生活のダイナミクスが失われたのである。

第二は存在論的還元であり、多数の社会学理論は社会的現実の因果的力を個人あるいは社会のいずれか一方にだけ帰属させ、他方を一方の随伴現象とみなす省力化をあえて行った。個人に因果力を帰属した理論は、個人の責任と道徳、一般意志、個人の意識、主体的行為、主観的意味付与、あるいは個人の社会的行為を根本的な因果力と考えた。こうしたジャンルを代表するのが方法論的個人主義とよばれ、これを代表するのがウェーバーの行為論であった。他方、社会を唯一の因果力と考え、そして個人の属性や力は「社会からの贈り物」とする考えも有力であった。個人は社会化（あるいは教育）という制度的な教化を通して同調的、規範的、そして連帯的な存在に錬磨される社会的構築物とみなされた。もちろん、一部には、組織や集団の因果力を強調する理論もあった。社会階級や、市民意識あるいはジェンダー意識に基づく社会運動、さらに民族集団のダイナミクスを主張するのであるが、しかしいずれもどれかひとつの存在の属性に因果力を帰属させる点で共通していた。

最初に述べたように、わたしが学習した社会学的思考と社会学理論は広い意味におけるモダニティの社会学であり、またモダニティの人間についてであった。そして近年、ポストモダニストたちはそのすべてを脱構築することに意を注いでいる。ポストモダニズムを提唱する人たちは社会を脱構築するだけでなく、人間をも脱構築しているかのように思われる。もちろん、わたしはすべての実在を否定し、言説と美的世界に閉じこもるポストモダニズムを肯定するつもりはまったくないが、しかしその中にはモダニティの社会学が露呈した矛盾を鋭く暴露する大きな効果はあった。

しかしわたしが考えようとしているのは、ポストモダニストの脱構築とは異なる。むしろモダニティの社会学が切り落としたか、あるいは見落としてしまったものをもう一度見直し、選択的に取り上げるべきものを提示し、それらをあらたに組立てなおすことである。この目的に到達するためには、まず近代社会学がしでかしてしまった「罪」を悔い改めることでなければならない。そうでなければ、わたしが思い描いている「からだ・こころ・つながり」の人間科学の構想はそれに向けた第一歩を踏み出せない。ピアジェがかつて述べたように、「人間はつねに工事中であり」（Piaget 1971）、そしてピョトル・ストンプカが指摘しているように「社会はつねに創成のうちにある」（Sztompka

1991)。言い換えれば、すべての存在は潜在力であり、その潜在力が実相として姿を顕わにするのは実践における相互行為を通してである。すべては相互行為を介して発現する創発的属性であり、また力なのである。しかもここで強調すべきは、すべての潜在力は他の潜在力に還元できない自立した力であるということである。ということは、それらを還元することはもちろん、それらを超越することもできない。ただひたすらその間の相互作用と象徴的な「翻訳」あるいは読替えがなされるのみである。

わたしはモダニティの社会学がその発展途上で切り落とし、あるいは見落とした最大のものは、人間の生きている身体と発達する心（あるいは精神）の存在と働きであったと考えている。これら二つを考慮の内に取り込まなければ人間と社会の出会いの起点も、ましてその「総体性」を語ることは不可能であるといわねばならない。

四　からだ・こころ・つながりの連接と重層状態

ここでもう一度、武田良三博士の文章を思い起こしてみよう。すなわち、「社会の形成を庶幾したこの学問の創始者たちの深い情熱と伝統に繋がらなければならない」と主張される武田博士の考えにわたしは賛同する。「我々も『形成としての社会』の険難な途」に乗り出そうとすれば、どうしてもモダニティの社会学が隠蔽しつづけてきた、あのタブーに触れなければならない。そのひとつは進化論であり、もうひとつはハーバート・スペンサーの「社会学原理」である。モダニティの社会学は二〇世紀初頭におけるアメリカのプラグマティスト（パース、クーリー、デューイ、ミードなど）や一部のダーウィニストを除いて、進化論を不可触の言説としてタブー視した。この事情は以下の文章が端的に要約している。「十九世紀後半になって進化の考え方が一般的になってくると、たしかに、ヒトとサルとの連続性が認められるようになった。けれどもその後の研究は、身体レベルでのヒトと動物との連続性の証明にとどまるもので、精神面や文化面や社会面の研究を中心とする社会諸科学が進むにつれて、生物学とのあいだの溝は埋められないどころか、ますますその幅を広め、深さを増すようになってしまった。そして、生物学者が人間の言語や家族や道具制作その他の文化現象に近づくことは、厳しく批判された。逆に、社会学者や文化学者が、動物の世界に人間の兆し、つまり言語、家族、道具制作などの文化現象の兆候を読みとることは、タブーとして禁じられてきたのである」（江原・渡辺 1976：146）。

チャールズ・ダーウィンは『種の起源』（一八五九年）第一版の「序」においてハーバート・スペンサーに絶大なる謝辞を献呈している。そのスペンサーは生物学、社会学および哲学において優れた発想と理論を構築したにもかかわらず、タルコット・パーソンズの言葉を借りるならば、その後、スペンサーは誰かに殺されたのである。まちがいなく、モダニティの社会学においてスペンサーへの言及はタブーであった。彼のあまりに非妥協的な孤高の性格が人びとの誤解を呼び、また反感を買ったことも事実であったろうし、また「自由放任主義」の思想に基づいて、競争と闘争の過程を介しての「適者生存」説、および超有機体としての社会の発展説（社会有機体説）が偏見に基づくものであるに違いないとみなされた。そして何よりも、「宇宙を支配しているのは、物質と運動、進化と解体のたえざる再配分の法則である」とみなした、自然界と人間界・社会界を唯一の法則で説明しようとした彼の総合哲学が自然科学と人文科学ならびに社会科学を弁別しようとするその後の傾向、また社会学を専門的個別科学に仕立て上げようとしていた当時の科学的趨勢と相容れなかった。

しかし彼が生物学から社会学に持ち込んだ三つの基本要素についての発想はいまなお傾聴に値する。というより、いまこそ再検討されるべき議論であるとわたしには思われるのである。その三つとは、以下の通りである。①個人と社会双方の多数の重要な属性が個人間ならびに集合的人口の競争から発現すること、②社会進化が未分化な構造から相互に関連した諸機能の分化した構造への運動をともなうこと、そして、③個人および社会システム間の相違がさまざまな環境への適応の結果であること、である（Turner 2002）。さらに、本稿との関連で、スペンサーのもうひとつの功績を指摘するならば、彼が心的現象と生物物理学的現象をひとつの過程の二面とする点である。むろん、この考えが彼の言う「再分配」の法則に由来しているのは明らかであるとしても、しかし彼が心的現象を社会学に取り込もうとし、しかもこれを生物物理学的現象と相関づけていたことは特筆すべきである。

モダニティの社会学は、社会学者のスペンサーだけでなく、生物学者のダーウィンをも意図的に無視してきた。ここでは『種の起源』（一八五九年）には言及しない。自然選択に考えを明示した『種の起源』は直接に人間には言及していない。むしろ社会学がダーウィンの成果を無視したとすれば、ダーウィンの『人類の起源』および一八七二年に出版した『人及動物の表情について』の輝かしい成果である。これの偉大な書物が社会学で話題になったのはようやく一九七〇年代になってからのことである（Kemper 1990；Turner 2005）。

言説ではなく、実践の優位

モダニティの社会学を代表する二つのパラダイム（「社会的行為論」と「社会化の理論」あるいはマーガレット・アーチャー（Archer 2000）によれば、「モダニティの社会学」と「社会の存在」という二つの合成理論）は、どちらも「からだ」と「こころ」を捨象し、「つながり」（社会関係あるいは社会的連帯）に自らの学的守備範囲を限定した。そうすることによってそれぞれは自然科学あるいは他の社会科学の専攻分野とは重複しない独自の領野を確立したのである。前者、すなわち「社会的行為論」は人間、とりわけ西欧近代人における合理的性的志向を前与とみなして（たとえば、ウェーバー）、「からだ・こころ」を切り捨てた。これに対して、後者、すなわち「社会化の理論」は、人間を修正されるべき利己的存在（たとえば、デュルケム）と位置づけ、だから社会的・公共的教育によって道徳的・連帯的に教化されなければならないとみなした。ゆえに、個人の心理や意識（こころ）、あるいは身体（からだ）が直接に学的対象に

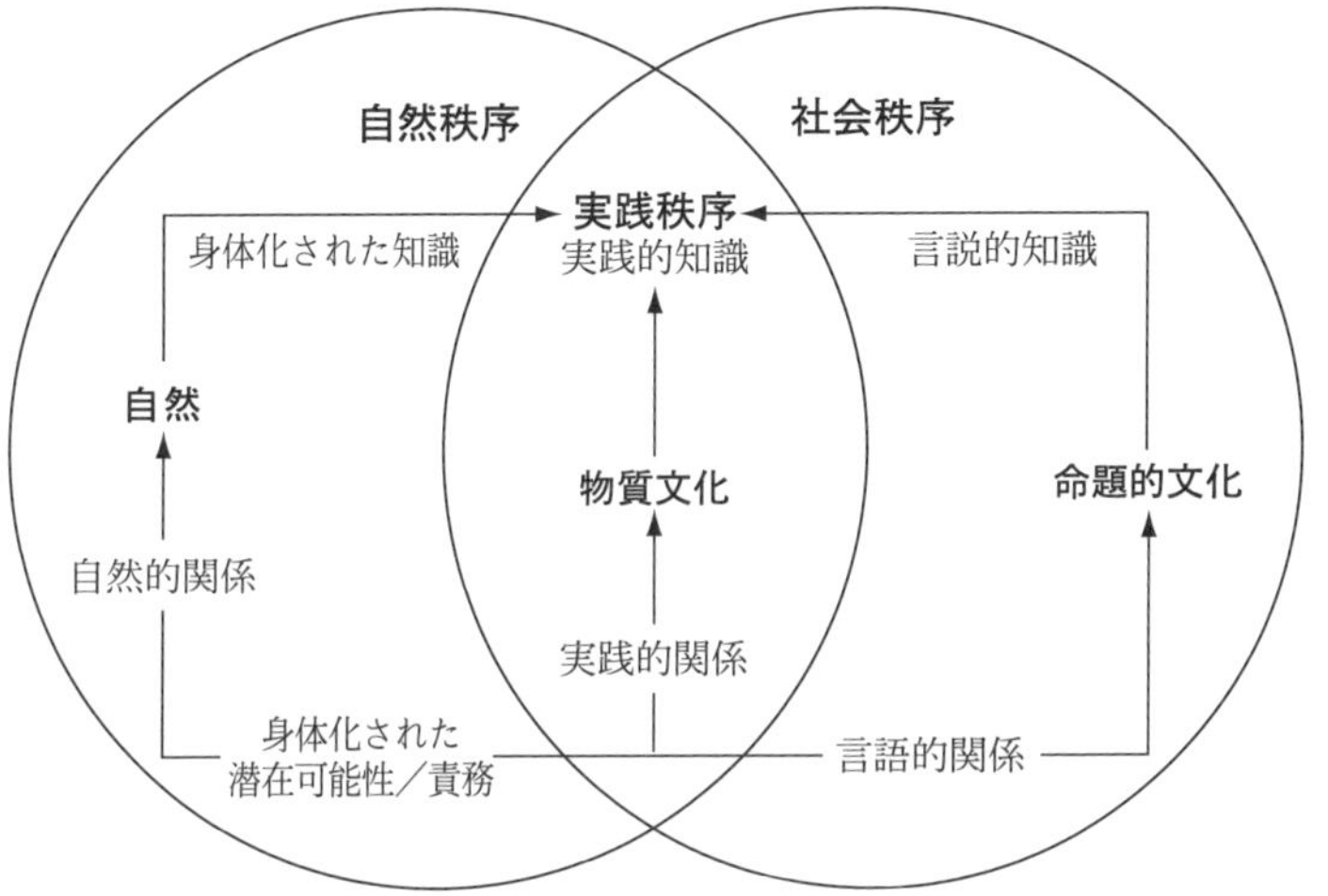

図補－1　三つの現実秩序とそれぞれの知識形態

出所：Archer（2000：162）

されることはなかった。いずれにせよ，モダニティの社会学は「からだ・こころ・つながり」の「連接」関係を捨象したのである。

これらの連接性のなかば強引な分断は，さまざま悲劇的な結果を社会学にもたらした。社会学から自然と人間が消去されたのである。マーガレット・アーチャーの『人間であること　行為力の問題』（Archer 2000）における主張は，モダニティの社会学に対する真っ向からの挑戦である。

アーチャーは実践の優位を主張して，言語の優位を拒絶する。この拒絶の意味するところは，実践が人間の持続する自己意識，思考，そして個人のアイデンティティの発現において言語に優先するということである。これらすべてがわれわれの社会的アイデンティティの獲得に先立ち，またそれゆえに社会的アイデンティティよりも基本的であるということだ。つまり，自己の出現および自己の属性と力――すべての新生児に潜在力としてのみ存在する自省を意味する――にとって，世界における身体化された実践の方が社会関係よりもずっと重要であるということだ。これは，実践が何よりも先行して現れたという事実だけの問題にとどまらない。それは言語そのものを実践活動とみなすという問題でもある（Archer 2000：chap.4）。

図補－1がしめしているように、アーチャーは世界における三つの現実秩序（自然秩序、実践秩序、そして社会秩序）を相関的に並置し、そしてそれぞれの秩序に特有の知識（身体化された知識〈生得的知識〉、実践的知識〈物質的なノウハウの知識〉、そして言説的知識）が創発すると考える。シュッツのいつでも利用できる「手持ちの知識」が三層に分けられている。しかもそのうえで、彼女は秩序と知識の形態発生的な継起関係と結果としての重層的様相を解き明かしてゆく。彼女のこの展開に大きな知的影響を及ぼしたのは、メルロ＝ポンティの『行動の構造』（一九四二年）、『知覚の現象学』（一九四五年）および『知覚の優位』（一九六四年）の三冊の作品である。アーチャーはメルロ＝ポンティの三つの書物から「言語自体を実践的行為と結論づけること、そして言語が自然的実践から創発するという説明をもつことになる」という結論を引き出している。何はともあれ、「人間であること」の形態発生的起点は、人間が生存するための自然的関係における自然的実践であると措定される。

そして次に、アーチャーはメルロ＝ポンティの示唆を受けながら、人間の他人との出会いに先行する、自己および自然との出会いについての考察を深めてゆくことになる。ここでもアーチャーに重要な手がかりを与えるのはメルロ＝ポンティの示唆である。すなわち、「われわれの自己に持続性の感覚を与えているのは身体化された記憶である」（Archer 2000：135）（傍点は筆者）。ここでようやくアーチャーは、人間的関心（自然的には、身体的福利、実践的には、目標達成、そして言説的には、自尊心）に関わる「実況解説」（commentary）、あるいは「内面会話」の発達としての自意識形成の問題にまずアプローチしてゆく。

そして最終的に、自己アイデンティティ、個人アイデンティティ、および社会的アイデンティティの緊張関係の問題に果敢に取り組んでいくのであるが、本稿では、これ以上詳細にアーチャーの業績を検討することはできない。

人間の社会性の発達　感情の制御と高度化

想像を絶するような深みに嵌ることが必定であり、そしてそこから脱出できるかどうかまったく保証がないとしても、どうしても人間感情と意識の起源と発達の軌跡を復元しなければならないというのが、ジョナサン・ターナーの切実な思いである。すぐ上で紹介したマーガレット・アーチャーはメルロ＝ポンティ、マーチン・ホリス、そしてロイ・バスカールなど主として哲学者の示唆を受けとめながら、『人間であること』を探求する旅路についた。しかし以下で取り上げるターナーは、モダニティの社会学およびポストモダンの社会学の成果を渉猟しながらも、しかしアーチャーや社会学のそれとは異なる手法で、「人間であること」の問題に取り組んだ。おそらく、あえて彼にそのような方法を選ばせるにいたった大きな影響は、第一には、アントニオ・ダマシオの影響、ならびに類人猿の研究に造詣の深い妻、アレキサンドラ・マリアンスキーの影響があったと考えてまちがいはないであろう。

さて、ターナーは「人間はサルではない。人間は進化した類人猿である」（Turner 2000）とする単純明快な認識に基づいて、彼の進化論的な「感情の社会学」（Turner 2000 ; Turner and Stats 2005）の構築に着手する。彼は『感情の起源』（2000）の「はじめに」の冒頭で次のような問題提起と大胆な仮説提示を行う。長い引用文ではあるが、しかし数百万年という通常の社会学的時間の枠組みをはるかに超えた人類進化の原初についての仮説を紹介するには、やむを得ないこととしてご寛恕いただきたい。

人間は進化した類人猿である。この単純な認識によって、われわれは次のように問うことができる。自然選択（natural selection）は、ヒト科の系統を生みだすために、類人猿の基礎解剖学ならびに神経解剖学的な側面にいったいどのように働きかけたのであろうか。この疑問に対するわたしの答えは社会学的である。なぜなら、もしわれわれの遠い祖先がアフリカのサヴァンナで生き延びることができたとすれば、自然選択は彼らをよりいっそう社会的で、しかも組織力のある存在に変えなければならなかったからである。初期ヒト科の社会性と組織力を増進しようとしたならば、自然選択は大きな障害を克服しなければならなかった。類人猿にみられる脆弱な結合の傾向、個体主義、移動性、そして自律性などの障害が立ちはだかっていたからである。というのも、類人猿はサルではないからだ。サルは総じて高度に社会的であり、また十分に組織されている。したがって選択は、社会性が相対的に低い類人猿を、広く開けた地域に適応させるために、もっと組織され、もっと有能な社会的動物——食料採集と防衛をうまくできる動物——に変えなければならなかった。しかも限られた時間内でそうした選択が行われねばならなかった。こうした時間的に切迫したなかで、自然選択は、生物学的に追いつめられている低い社会性と個体主義という傾向に対して、より拡張した感情言語の使用能力をもたせることによって、社会結合と連帯を作ることを可能にするひとつの妥協をうみだした（Turner 2000 : xi）。（傍点は筆者）

彼は、ヒトは二つの心をもっているという。表層に位置する心は、「社会性」（sociality）を志向する心であり、深層の心は「個体主義」（individualism）を志向する心である。この二つの心をもつ「ホモ・サピエンス・サピエンス」はつねに心の中に大きな葛藤とジレンマを抱えていることになる。

人間にもっとも近位する高等霊長類は言うまでもなく類人猿である。われわれにもっともなじみ深い類人猿はチンパンジーであり、ホモ・サピエンスとチンパンジーの遺伝子の重複は九九パーセントであるとわかっており、この水準における人間とチンパンジーとの相違はわずかである。そのうえ、チンパンジーやチンパンジーの仲間であるボノボ・チンパンジーはかなりの言語能力さえ備わっていると言われる。ところで、大変におもしろいことは、現生する類人猿はわずか四属（チンパンジー、オランウータン、ゴリラ、テナガザル）でしかないが、そのいずれも現在絶滅の危機に瀕している。しかもゴリラを除く他の類人猿は熱帯雨林の樹上を主要な生息地としている。わずかにゴリラだけが地上で生活する日常時間が長く、またサルにはとてもおよばないが、ある程度の集団行動を行う。

ただホモ・サピエンスのみが、地球上のあらゆる場所に五六億人も生息し、いまなお急激な勢いで成長を遂げている。他の類人猿と比較して、というよりも他の類人猿とは対照的に、なぜ「ホモ・サピエンス・サピエンス」だけがこれほどまで大繁殖を遂げたのかというのが、ターナーの「感情の社会学」の出発点となる疑問である（もちろん、世界の人口が急速な成長を遂げはじめたのは最近のこと、わずか一万年、否、二〇〇年あるいは三〇〇年前のことである）。ヒトの歴史は六〇〇万年遡ることができるとしても、ホモ・サピエンスは一五万年くらい前にアフリカで誕生し、四万年もしくは五万年前頃に地球上に放散して大繁殖に成功を収めた。長いヒト科の生物的、そして文化的な進化の果てに、いったい何がホモ・サピエンスをかくも繁殖させる究極的な原因であったのか。ターナーの感情の社会学は、人間が言語を獲得する以前の「前適応」の段階にまで遡るのである。その最初の緊急の要件は、長い間相対的に安全であった樹上での生活を止めてアフリカのザヴァンナの草原で生活をはじめたとき、多数の捕食者から自らの身を守り、そして餌となる小動物に悟られないで接近するために、サルのようには騒がない、物静かな類人猿になることであった。つまりノイズを出さず、静かになること、言い換えれば、感情爆発を抑制する能力を身につけることであったという。

現生の類人猿のなかで、ゴリラだけが時折数十頭からなる隊列を作って地上を移動するという。その際には、メスや子どもたちを隊列の中程に配置して回りを成体のオスが警護しながら、粛々と移動するのだという。感情を抑える、あるいは感情をコントロールする調節装置の発達とそのための緊急な脳の再配線が、おそらく、後に高度で幅広い感情（恥や罪、自尊心）、そして推論と意思決定過程における論理的・合理的判断とオプションの選択、そして合理的行動を生みだす前段階を形づくったのではないかと、ターナーとアレキサンドラ・マリアンスキーは仮定する。この仮定は、アントニオ・ダマシオ（Damacio 1994）の画期的な研究に支えられている。彼は感情が合理的意思決定に基本的な役割を果たしていること（ソマティック・マーカー仮説）を提唱した。感情を基礎づけているシステムが適切に機能しないと、合理的意思決定は失敗するとダマシオは主張する。また、ロバート・フランク（Frank 1988）は、進化論の長いレンズを通して感情を見直すとき、非合理的とみなされた感情の多くが、実際には、行為体の目標を達成し、生殖の成功を最大化するための有効な戦略の一部分であったと論じている。いまでは、感情は本質的に合理的であり、また他の合理的諸過程の構成要素とみなされている。もちろん、この合理主義的な考え方には反論もあることを忘れてはならない（たとえば、Sripada and Stich 2004）。しかし彼らにしても、感情が合理的思考や意思決定とまったく無縁であるというのではない。

ジョナサン・ターナーのもう一つの主要な社会学的貢献は、とくにホモ・サピエンスが社会的動物に成長し、精緻な社会構成体を構築していく過程に関する社会構成体論的な考察である。ホモ・サピエンスの社会史における原点は、ヒト上科が数百万年にわたって持ち続けてきた個体主義、自律性、移動性、そしてきわめて緩やかに結ばれた地域的集合の形成という行動傾向であった。ターナーは、人間が社会性を発達させた後も、そしていまもなおその基本的な行動傾向は引き継がれていると想定する。だからこそ、社会（農業社会と近代社会）はホモ・サピエンスにとってはいぜん「檻」なのである。この意味でいえば、先に挙げた根場部落で高度に展開した「オヤコ」共同体は、生存のための「包括的適応」のもっとも見事な人工物であり、また近代の官僚組織にみられる「指示的表象」の体系は、ホモ・サピエンスの行動傾向からみれば、まさしく煉獄の辛酸という他ない。事実、ターナーはポスト（高度）産業社会は、産業社会と比較して、相対的にヒト上科の基本的行動傾向に適しているかもしれないという。

それでも彼は、ホモ・サピエンスにとって、「対面的な出会い」の成功こそが、種々のコミュニケーション・メディアの発達・普及にかかわらず、「人間であること」の必須条件であると主張する。そのために、感情の精巧化は欠くことのできない人間の条件なのである。ホモ・サピエンスの祖先が「大進化」を経験しなかったとすれば、ホモ・サピエンスが現生の類人猿と同じ遺伝子的傾向をもちつづけているると仮定するのが合理的ではないだろうかと彼は語るのである。

五　暫定的なむすび――次稿につなげるために

からだ・こころ・つながりの人間科学を構想するための手がかりを掴むことが本稿の主たるねらいであった。このため、冗長のそしりは免れないと覚悟を決めたうえで、わたしのこれまでの研究史の、とくに最初の時点で日頃感じていた疑問や問題を披瀝した。そしてそのうえで、自ら孤高の社会学者と称するマーガレット・アーチャーの人間の属性と力の「形態発生的アプローチ」の論説を紹介し、そして次に、社会学、神経心理学、脳神経学、生物進化論に共通するもっとも重要な研究課題が感情の生成と調節、そしてその精緻化であるとみなすジョナサン・ターナーの直近の研究成果の一端を紹介した。

わたしにとっての基本的な問題は「人間とは何か」、「社会とは何か」、そして「その間の関係はいったいどうなっているのか」という古くてなお新しい問題提起を問い直すことであり、そしてこれに取り組むことである。その際、わたしはモダニティの呪縛から逃れ、新たな出発点を求める必要があると痛切に感じ、本稿を執筆することにした。わたしにとっての出発点は、ランキマンの以下の文章にみごとに要約されていると思う。この要約は、アーチャーもそしてターナーも共有するに違いない。

社会の外で生きることのできる人間は野獣か、さもなければ神であるとアリストテレスが語ってから二千年以上の歳月が流れた。しかしそのことはいったいなにを意味しているのであろうか。われわれはいかなる種類の社会的動物なのか。

わたし自身や世界中のすべての人間と同じく、あなたは同時に三つのモノである。第一に、あなたは一個の有機体である。すなわち、あなたが遺伝子を受け継いだ一個体の雄と一個体の雌である親から生まれた生物（すべての有機体がそうだというわけではない）である。第二に、あなたは脳をもつ、したがって心をもつ有機体である。ほかの種も心をもっているけれども、あなたの心は、われわれのもっとも近親者であり、またもっとも賢いチンパンジーのそれと比べても、まったく複雑で、しかも精巧である。第三に、あなたは複雑な心をもつ他の有機体と規則的な接触をしながら生きている複雑な心をもつ有機体である。したがってあなたは社会生活を営み、そこにおいてあなたや他の人たちが意味を与えている人たちと関係を結んでいる（Runciman 2000：1）。

注

（1）ある生涯発達心理学者は過去の著名な研究者の研究キャリアを分析し、多くの研究者は、若い時期に身につけたひとつのパラダイムを生涯にわたってもちつづけるとの知見を提示した。研究キャリアのなかで自らのパラダイム転換を果たし、しかも複数のパラダイムのその両方において、大きな研究業績を上げうるのはよほどの天賦の才に恵まれたエリートのみがなし得る大事業であると結論づけた。そうした一人として発達心理学者のピアジェの名前が上げられていたことを思い出す。

（2）しかしその矛盾に起因する深刻さは、いまになって思えば、現代を支配している思想的あるいは日常的な閉塞状態とはどこか異質であった。そこには、たとえ叶わぬ夢であるとしても、希望の光をもとめようとした青年の姿があったように思われたし、またそうした解放感と期待感を抱いていたと思われる。だからこそ、社会学を学ぶことは理論と実践の両面において、そうした希望を直接に、また間接に実現することにつながりうるという期待があった。しかし安保闘争の悲惨な結末はそうした期待感を無惨に打ち砕いた。

（3）一九六〇年における「安保闘争」の敗北的な結末とアメリカの対ソ極東戦略に深く組み込まれた国家体制と政治的な構図は革新的な社会改革のための新たなイデオロギーと新しい戦略的方法論を求めたが、しかしこれにはほとんどみるべき成果がなかった。

（4）早稲田大学人間総合研究センター（1991-2003）『発達レポート　からだ・こころ・つながりの発達研究』一－一二号をみよ。

（5）「からだ・こころ・つながり」という三つの存在の相互連関について考えなければならないとわたし自身が真剣に考えはじめたのは、早稲田大学の所沢キャンパスに新学部・大学院を創設するための専門委員に就任していた頃からである。人間総合研究センターが創設された後、わたしはひとつのプロジェクトを立ち上げたが、そのプロジェクトは通称「社会変動」部会であったが、われわれの研究主題は明確に「からだ・こころ・つながり」の実証的な研究であった。

（6）彼／彼女らの他にも、とりわけ一九七〇年代以降、同様の研究関心と方向性をしめしている研究者がいる。たとえば、英国の

Martin Hollis や W.G. Runciman、米国では、Elster, Scheff、Frank, Taylor らである。

（7）この知識は、アルフレッド・シュッツの言葉を引用するならば、「われわれの日常生活においては（中略）常に蓄積された手持ちの知識というものをもっており、それを枠組みとして過去や現在の経験を解釈し、また未来の出来事についての予測を行っている。こうした蓄積された知識は、それに固有の歴史をもっている。この知識は経験というわれわれのこれまでの意識活動の内で、またそうした活動によって構成されたるものであり、いまではわれわれのごく当たり前の所有物となっているものである」（Shutz 1970［森川・濱訳 1980：31］傍点は筆者）。

（8）組織化の基本原則は、「われわれはふたたび出会うだろう」こと、すなわち、相互作用の持続性とこれへのコミットメントをできる限り確実に保証することである。そのためのひとつの方策が儀礼化あるいは「儀礼の連鎖」である（Ahren 1990：Collins 2004）。

（9）パスカルは次のように指摘している。「おのおの自分の考えを検討してみるとよい。そうすれば、自分の考えがすべて過去と未来とによって占められているのを見いだすであろう。われわれは現在についてほとんど考えていない。そして、もし考えたとしても、それは未来を処理するための光をそこから得ようとするためだけである。現在は決して目的ではない。過去と現在とは、われわれの手段であり、ただ未来だけがわれわれの目的である」（パスカル 1966：137）。

（10）インセスト・タブーはここで取り上げられるべき重要な問題であり、またわたしとってもっとも興味深い関心のひとつであるが、しかし本稿では紙幅の関係で割愛する。

（11）ゲオルグ・ジンメルは一八九一年に執筆した論文の中で炭礦坑内労働者について次のように言及している。「その同じ世間が、何千人もの労働者たちを、炭坑でのお日様を拝むこともできない生活へと、毎日毎日、毎年毎年、この社会のために犠牲を払う生活へと追いやっていることです。しかもこの犠牲は、一見したところでは、特定の労働者の犠牲のように思われますが、本当は、人生全体の犠牲なのです（中略）危険で次第に身体をむしばまれていくような仕事に携わる労働者たちは、まさしく社会の犠牲といえないでしょうか。社会が自らの存続のために他人に強いる犠牲です。あえて言えば、社会そのものの犠牲なのです。しかし、そうした犠牲が要求され、そうした犠牲が払われていても、世間はとくに怒りを感じていない」（北川東子訳、一九九九、『ジンメル・コレクション』ちくま学芸文庫）。

（12）「彼らは、日食や月食を不幸の前兆だという。それは、不幸は普通にあることだからである。したがって、悪いことはあまりにしばしば起こるので、彼らもしばしば言い当てることになるのである」メナール一九六六『パスカル』（安田源治訳、みすず書房、一九七二）。

（13）「人間とは何という造化の傑作か、高貴な理性、無限の能力、優美な姿、敏速正確な身の動き、天使さながらの活動、神のごとき悟性、この世の美の極致、生きとし生けるものの典型」（シェイクスピア、『ハムレット』（野島秀勝訳、2002：115, 岩波書店）。

引用文献

Archer, Margaret S. (1995) *Realist Social Theory : The Morphogenetic Approach*, New York : Cambridge University Press.

Archer, Margaret S. (1996) *Culture and Agency : The Place of Culture in Social Theory*, New York : Cambridge University Press.

Archer, Margaret S. (2000) *Being Human : The Problem of Agency*, New York : Cambridge University Press.

Archer, Margaret S. (2003) *Structure, Agency and the Internal Conversation*, New York : Cambridge University Press.

Ahren, Göran (1990) *Agency and Organization : Towards an Organization Theory of Society*, UK : Sage Publications.

Bhaskar, Roy (1989) *The Possibility of Naturalism*, Hemel Hempstead : Harvester.

Bloom, Floyd, C.A. Nelson, and A. Lazerson (1985) *Brain, Mind, and Behavior*, New York : Worth Publishers.（中村克樹・窪田競訳、二〇〇四、『脳の探検　上下』講談社）

Collins, Randall (2004) *Interaction Ritual Chains*, New Jersey : Princeton University Press.

Cooley, Charles H. (1902) *Human Nature and the Social Order*, New York : Scribner's.

Dahrendorf, Ralf (1973) *Homo Sociologicus*, UK : Routledge.

Damasio, Antonio R. (1994, 1995) *Descartes' Error : Emotion, Reason, and the Human Brain*, New York : G.P. Putman's Sons (Reprinted in Quill, 2000).（田中三彦訳、二〇〇〇、『生存する脳―心と脳と身体の神秘』講談社）

Damasio, Antonio R. (1999) *The Feeling of What Happens Body, Emotion and the Making of Consciousness*, Toronto : Hartcourt Brace & Company.（田中三彦訳、二〇〇三、『無意識の脳　自己意識の脳―身体と情動と感情の神秘』講談社）

ダーウィン、チャールズ著、八杉龍一訳（1990）『種の起源』岩波文庫、二巻

ダーウィン、チャールズ著、濱中濱太郎訳（1872［1927］）『人及動物の表情について』岩波書店

ダーウィン、チャールズ著、池田次郎・伊谷純一郎訳（1871［1967］）『人類の起源』中央公論社

江原昭善・渡辺直径（1976）『猿人』中央公論社

Elster, John (ed.) (1986) *The Multiple Self : Studies in Rationality and Social Change*, New York : Cambridge University Press.

Evans, Dylan and Pierre Cruse (2004) *Emotion, Evolution, and Rationality*, New York : Oxford University Press.

Frank, R.H. (1988) *Passion within Reason : The Strategic Role of the Emotions*, New York : W.W. Norton & Company.

Firth, Raymond (eds.) (1969) *Two Studies of Kinship in London*, Routledge and Kegan Paul.

Hochschild, Arlie (1983) *The Managed Heart : Commercialization of Human Feeling*, California : The University of California Press.（石川准・室伏亜希訳、二〇〇〇、『管理される心　感情が商品になるとき』世界思想社）

Hollis, Martin (1977) *Models of Man : Philosophical Thoughts on Social Action*, Cambridge : Cambridge University Press.

Hollis, Martin (1987) *The Cunning of Reason*, Cambridge : Cambridge University Press.
Hollis, M. and Steven Lukes (1982) *Rationality and Relativism*, London : Basil Blackwell Publisher.
Kemper, Theodore D. (ed.) (1990) *Research Agendas in the Sociology of Emotions*, Albany : State University of New York.
喜多野清一（1951）「同族組織と封建遺制」日本人文学会編『封建遺制』有斐閣
喜多野清一・正岡寛司編著（1975）『「家」と親族組織』早稲田大学出版部
ラムズデン・C・J、E・O・ウィルソン著、松本亮三訳（1983［1990］）『精神の起源について』思索社
ルーウィン・R. 著、保志宏・楢崎修一郎訳（1989［1993］）『人類の起源と進化』てらぺいあ
Manstead, A.S.R., Nico Frijda and Agneta Fischer (eds.) (2004) *Feelings and Emotions : The Amsterdam Symposium*, New York : Cambridge University Press.
正岡寛司（1981）『家族―その社会史と将来』学文社
正岡寛司（2003）「マクドナルド化の拡張とその意味―マックス・ウェーバーの「合理化」過程の類型を手がかりにして―」G・リッツア・丸山哲央編著『マクドナルド化と日本』ミネルヴァ書房
マードック、ジョージ・R. 著、内藤莞爾監訳（1960）『社会構造―核家族の社会人類学』新泉社
Mead, G.H. (1934) *Mind, Self and Society : From the Standpoint of a Social Behaviorist*, Chicago : University of Chicago Press.（稲葉三千男・滝沢正樹・中野収訳、一九七三、『精神・自我・社会』青木書店）
メルロ＝ポンティ、モーリス著、滝浦静雄・木田元訳（1942［1964］）『行動の構造』みすず書房
メルロ＝ポンティ、モーリス著、竹内芳郎他訳（1945［1974］）『知覚の現象学1、2』みすず書房
Merleau, Ponty (1964) *The Primacy of Perception, Evanston* : Northwestern University Press.
見田宗介他編（1988）『社会学・文献事典』弘文堂
Nisbet, Robert (1970) "Developmentarism : A Critical Analysis," in J.C. McKinney and E.A. Tiryakian (eds.), *Theoretical Sociology*, New York : Appleteon-Century-Crofts.
Piaget, Jean (1971) *The Structuralism*, New York : Harper & Row.
Parsons, T. (1937) *The Structure of Social Action*, New York : McGraw-Hill.
Ritzer, George (1996) *McDonaldization of Society*, California : Pine Forge.（正岡寛司監訳、二〇〇〇、『マクドナルド化する社会』早稲田大学出版部）
Runciman, W.G. (2000) *The Social Animal*, Chicago : The University of Michigan Press.
Runciman, W.G. (ed.), *The Origins of Human Social Institutions*, New York : Oxford University Press.

Scheff, Thomas J.（1994）*Microsociology : Discourse, Emotion, and Social Structure*, Chicago : The University of Chicago Press.

Schutz, Alfred（1970）*On Phenomenology and Social Relations*, Helmut R. Wagner（ed.）University of Cicago Press.（森川真規雄・濱日出夫訳、一九八〇、『現象学的社会学』紀伊國屋書店）

Scott, John（1995）*Sociological Theory : Contemporary Debates*, Edward Elgar Publishing Company.

Solomon, Robert C.（1984）*What is an Emotion? : Classic and Contemporary Readings*, New York : Oxford University Press.

Spencer, Herbert（1885–96）*Principles of Sociology*, New York : Appleton.

Sripada,c.s and Stephen Stich（2004）"Emotion, Culture and the Irrationality of Emotions."in Dylan Evans and Pierre Cruse（eds.）, *Emotion, Evolution, and Rationality*, UK : Oxford University Press.

Sztompka, Piotr（1991）*Society in Action : The Theory of Social Becoming*, Chicago : The University of Chicago Press.

武田良三（1955）『社会学の構造』前野書店

武田良三編（1963）『炭砿と地域社会』早稲田大学社会科学研究所

Taylor, Gamriele（1985）*Pride, Shame and Guilt : Emotions of Self-Assessment*, Oxford : Clarenton Press.

Turner, Jonathan H.（1974）*Patterns of Social Organization : A Survey of Social Institutions*, New York : McGraw-Hill.

Turner, Jonathan H.（1994）The Social Cage : *Human Nature and the Evolution*, California : Stanford University Press.

Turner, Jonathan H.（2000）On the Origins of Human Emotions : *A Sociological Inquiry into the Evolution of Human Affect*, California : Stanford University Press.（正岡寛司訳、二〇〇七、『感情の起源』、明石書店）

Turner, Jonathan H.（2002）*Face to Face : Toward A Sociological Theory of Interpersonal Behavior*, California : Stanford University Press.

Turner, J. H., L. Beeghley and C. H. Powers（2002）*The Emergence of Sociological Theory,*（*Fifth edition*）03, Human Institutions : California : Stamford.

Turner, J. H., L. Beeghley and C. H. Powers（2002）*A Theory of Societal Evolution*, Maryland : Rowman & Littlefield Publishers.

Turner, J. H. and D. E. Boyns（2001）"The Return of Grand Theory,"in J.H. Turner（ed.）*Handbook of Sociological Theory*, New York : Kluer Academi/Plenum Publishers.

Turner, J.H. and Jan E. Stets（2005）*The Sociology of Emotions*, New York : Cambridge University Press.

Weber, Max（1905）*Die protestant Ethik und der Geist des Kapitalismus*.（梶山力・安藤英治訳、一九九四、『プロテスタンティズムの倫理と資本主義の〈精神〉』未来社）

柳田国男（1947）『先祖の話』筑摩書房

おわりに

本書の出版に至る経緯を説明し、各章の論考の位置づけを行うことで、本書の結びとしたい。本書の企画は、一昨年の二〇一五年九月二〇日に遡ることができる。この日、執筆者すべての母校である早稲田大学戸山キャンパスで開催された第八八回日本社会学会大会のシンポジウム「戦争をめぐる社会学の可能性」に、われわれの恩師である正岡寛司先生が特別コメンテーターとして登壇されたのである。ご自分の被爆体験の証言ともいえる先生の報告は、会場の教室を埋めた多くの聴衆に深い感銘を与えた。この報告を何らかのかたちで刊行して、もっと広く多くの人びとに読んでもらうことはできないだろうか、というところから本書の企画はスタートした。その検討の過程で、先生が退職時に早稲田社会学会発行の『社会学年誌』四七号に寄稿した論考「社会学再考―からだ・こころ・つながりの人間科学を目指して」(二〇〇六年)にも注目した。先生は、二〇〇六年に早稲田大学文学部を退職されて以降も、ジョナサン・ターナーの翻訳を精力的に進めてこられた。先生の社会学に対するお考えは、それら訳書の訳者あとがきでも知ることができるが、それはあくまでもターナーを媒介にしたものである。それに対して、この一〇年前の論考は、その時点での先生の社会学に対する思いがストレートに、しかも全面的に展開されたものとなっている。先生のこの二つの論考を中心にして、われわれ教え子たちも協力して一冊の論文集を作成して、広く世に問うてみようという企画ができた。先生のご意向もうかがい、先生の賀寿の祝いの記念論文集ではなく専門的な学術論文集として出版することに決まった。

そこからおよそ一年を経て完成に至った本書は、正岡先生の二つの論考を前後に置き、その間に先生の教えを受けた者たちの論考一〇篇を三部構成で配したものとなっている。冒頭の「序」には、本書の企画のきっかけとなった先生の「わたしの戦争体験」を置いた。報告時にすでに草稿のかたちになっていたものを、そのまま掲載してある。一読するとわかるように、その最初の方には先生の社会学への接近が簡潔にではあるが記述されており、シンポジウムのテーマである戦争の社会学的研究の可能性も追究されている。被爆体験の証言にとどまらず、社会学的な考察が加えられており、先生のもう一つの「社会学再考」論文とも共鳴するものである。ところで、先生が特別コメンテーターとして参加されたこのシンポジウムの成果は、二〇一六年一〇月に明石書店より、好井裕明・関礼子編著『戦争社会学　理論・大衆社会・表象文化』として刊行された。先生は諸般の事情でこの本には執筆されなかったが、編者の関礼子先生が巻頭の「序」で、先生の報告を大きく取り上げてくださっている。正岡先生がなぜシンポジウムの特別コメンテーターになったのかということから説明し、さらに先生の報告「わたしの戦争体験」を、他の各章を補助線にして紹介しながら「戦争をめぐる社会学の可能性」を考える意味を問うている。その本には正岡先生の原稿そのものはなく、それは本書にあるのだが、こうしたきわめて適切な解説が施されているので、双方を合わせ読むことをお勧めする。

一方、先生の「社会学再考」は、巻末に「補論」として置いた。先生の構想は壮大で、この一〇年前の「社会学再考」論文は完結しておらず、最後の節で続編が予告されていた。そこで、先生には一〇年前の「社会学再考」を書き継いで完成させてくださいとお願いしてあった。しかし、高齢でお病気も抱えていらっしゃるということもあり、残念ながら完成には至らなかった。そこで、本書には、一〇年前の旧稿をそのまま再録することにした。しかし、この旧稿も再録する価値は十分にある。退職にあたって執筆される論考によくあるように先生のこれまでの研究が回顧されているが、現代社会学へのつよい危機感から、先生が学んでこられて先生の研究のバックボーンとなっている「モダニティの社会学」を痛烈に批判され、それを乗り越える提案を試みようとされている。ご自分のこれまでの研究を批判的に総括するという厳しい姿勢と、いつまでも社会学そのものと真剣に格闘しているその姿には学ぶべきものがある。また、先生が本書のために執筆してくださった「発刊に寄せて」で説明されているように、続編の構想は明確だし発表の場も決まっている。翻訳作業はほぼ完成して最後のチェックを残すばかりとなっているターナーの著書『自然選択による人間社会の起源』の訳書に、付論のようなかたちで掲載されることが予定されている。訳書が出版された暁には、「社会学再考」の新稿をそちらでお読みいただきたい。

正岡先生のこの二つの論考を前後に据え、その中間に一〇名の教え子たちの論考を配したのが本書の構成である。本書は、各論考のテーマから「家族・感情」「ライフコース」「地域社会」の三部構成としたが、ここでは、各論考が正岡先生とのつながりのなかでどのような位置を占めるのかという別の観点から、若干の整理をしておくことにしたい。正岡先生は研究と教育を明確に区別せず、一連のものとして取り組んでこられた。とくに、大学院での指導は、ご自分がその時点でもっとも関心があって取り組んでいるものを取り上げるというスタイルだった。したがって、先生がどのようなテーマに取り組んでいた時期なのかということで、大学院で学んだことが異なるのである。「社会学再考」に示されているように、先生は社会学に志して以来、研究領域やテーマを幾度か変更してこられた。最初は恩師の武田良三先生のもとでマックス・ウェーバーの理論研究からスタートして、その理論家である武田先生自身が主宰された製糸工場のある群馬県の富岡や炭砿のある福島県の常磐での実証的な地域研究のプロジェクトに一九五〇年代末から参加する。さらに一九六〇年代半ばからは、もう一人の恩師ともいえる喜多野清一先生とともにおもに山梨県をフィールドとした「日本の親族研究」のプロジェクトに参加して、大きな成果をあげられた。これらの研究で正岡先生は「家族社会学者」としての地位を確立していくのだが、一九八〇年代に入るころから、家族・親族研究の行き詰まりを突破すべくアメリカから導入したライフコース研究に向かうことになる。本書の一〇名の執筆者は、先生がこの親族研究とライフコース研究に取り組まれていたころに教えを受けた者たちである。

編者ともなった岩上、池岡、大久保の三名は、一九七〇年代からの年長の教え子である。岩上は「日本の親族研究」にもっとも深くコミットしたが、その後はライフコース研究の成果も取り入れて現代家族の研究にテーマをシフトさせた。第一章は、未婚成人子の親子関係研究のパイオニアの一人でもある岩上の、このテーマの到達点を示したものである。池岡は第一〇章で、「日本の親族研究」を主宰した喜多野清一先生の初期研究をテーマにした。戦前世代である喜多野先生はどのような時代と社会状況のなかで社会学を志したのかを検討したもので、正岡先生がご自分のことを記した「社会学再考」につよく影響を受けた論考となっている。大久保は、年長者のなかではライフコース研究の影響をもっとも強く受けている。第二章は、人生の物語（ライフストーリー）の変容を近代社会の変容や戦後家族の変容と関連づけて論じたものであり、かれの「人生の物語」をテーマにした一連の論考の集大成である。

佐藤、安藤、西阪の三名は、一九八〇年代初めに大学院に入学した世代である。佐藤と安藤は、先生から「日本の親族研究」とライフコース研究の両方の教えを受けているが、佐藤は地域社会を、安藤はライフコースをテーマにした論考を執筆した。四国と沖縄という地方の大学の教員である二人に共通するのは、いずれも地元に関連した問題をテーマにしていることである。佐藤は第九章で、地方にとって喫緊の課題である「町おこし」という新しいテーマを「区長制」という伝統的な制度と関連させて論じている。安藤は第五章で、沖縄戦で近親者との死別出来事を経験した者のライフコースを分析しており、正岡先生の「わたしの戦争体験」論文と呼応する論考となっている。一方、当初よりつよい理論志向があった西阪は、いずれのフィールドワークにも深くかかわることはなかった。しかし、もともとマックス・ウェーバーの理論研究から出発している先生はかれの研究の方向性を信じて見守っていたのだろう。エスノメソドロジーの観点から感情と道徳性の問題を追究する西阪の第四章は、正岡先生の「社会学再考」論文の課題にもっとも直接的に応えるものとなっているかもしれない。

一九八〇年代の半ばに大学院に入学した嶋﨑と西野は、先生がライフコース研究に集中してくる時代なので、もっぱらライフコース研究の教えを受けた世代といえる。先生はライフコース研究の手法を用いてその後、若いころに取り組まれた常磐炭礦調査を再開する研究プロジェクトを立ち上げることになる。嶋﨑の第六章はそれを引き継いだ成果であり、テーマは常磐炭礦にとどまらず広く全国の炭砿へと拡張されて展開している。先生は同じくライフコース研究の手法を用いて、新設された早稲田大学の人間科学部の卒業生を対象にした追跡調査の研究プロジェクトを一九九一年からスタートさせた。第七章の西野の論考はこの追跡調査のパネルデータを分析したものであり、このデータと研究の重要性については、先生が冒頭の「発刊に寄せて」の最後でふれられているとおりである。

執筆者のなかでもっとも若い白井と澤口が大学院に入学したのは、一九九〇年代になってからである。澤口は、嶋﨑らとともに正岡先生の常磐炭礦の研究を支えた一人である。かれは、その後、そこで学んだ産業史研究をヨーロッパのレストラン産業に拡大し、自らの独自な研究の活路をそこに見出した。第八章には、その最新の成果が示されている。一方、白井は、妊娠・出産、生殖補助医療という家族社会学の古くて新しい研究テーマに一貫して取り組んでいる。第三章の、方法としてライフヒストリーの手法を用いている点や、この問題を戦前と戦後という大きな家族変動を背景に論じている点などに、正岡先生の影響を読みとることができるだろう。

以上、各論考を年代順に整理してみた。一〇名の論考は、正岡先生の教えを受けた時期によって、また時期が同じでも各人の関心領域やテーマによっても多様である。さらに、先生のもとを巣立ってから早や十数年さらには数十年も経過してくると、先生の教えを受けたという根っこのところは共有するものの、みなそれぞれがまた固有の研究領域や研究テーマをもつようにもなってきている。そのため、一〇名の論考の多様性はさらに拡大しているとみることもできるだろう。しかし、それは結局のところ、正岡先生の社会学とその教えの間口の広さ、懐の深さをそのまま証明しているものなのではないだろうか。

これに関連して、本書に索引を設けなかったことについて断っておきたい。各論考のテーマが多様で独立性が強いので、索引を作成して相互の関連性を示すことの意味が小さいと感じられた。その代わりに、各部の先頭の中扉にその部に収録されている各章のキーワードを列挙することにした。さらにまた、本書のタイトル案が企画当初は「社会学再考」だったことにもふれておく必要がある。各論考は、近代社会の変容や社会変動に対して社会学的な分析を試みている点が共通しているので、当初のタイトルを「変容する社会と社会学」に変更することにした。思いは「社会学再考」にあるのだが、身のほどを考えてタイトルを少しトーンダウンさせたのである。しかし、この変更がかなり後になってからのことだったので、各人の論考をタイトルの変更に合わせて修正することはできなかった。そのため、各論考には「社会学再考」を意識した記述がそのまま残ってしまっているところがあるが、それはこうした事情によるものということで、お許し願いたい。

最後に、掲載は実現しなかったが、本書の企画段階にはあった章のことにふれておかねばならない。それは藤見純子先生の論考である。藤見先生は正岡先生のパートナーで、お二人は生活面だけでなく、研究・教育の両面にわたっても二人三脚で絶妙なコンビネーションを示してこられた。その藤見先生は、東日本大震災の年に病が発見され、しかもそれが次第に重いものとなっていた。それでも、本書の企画には参加すると言ってくださった。テーマは村落社会の「家」のことで、家の問題をそこに生活する人びとの感情や心の動きといった点からとらえ直してみるという構想だった。しかし、先生は二〇一五年の年末から入院され、それがお正月をはさんで長期化し、翌年の三月に退院されたその直後にお亡くなりになられた。藤見先生のご冥福をお祈りするとともに、本書には藤見先生のそうした幻の論考があったことを銘記しておきたい。

正岡先生を中心にして一つの時代を共有した研究者集団の長い旅路の末に刊行される本書であるので、異例ともいえる長い「おわりに」となってしまった。最後に、旧稿の再録を快くお許しいただき、さらに本書のために「発刊に寄せて」を寄稿して下さった正岡先生と、厳しい出版事情のなかで本書の企画から刊行に至るまでつねに親身になって相談に乗ってくださった学文社の田中社長に、心よりのお礼を申し述べて擱筆することとしよう。ありがとうございました。

二〇一七年二月二日

池岡　義孝

西野　理子（にしの　みちこ）〈第７章〉
1987年　早稲田大学第一文学部社会学専攻卒業
1993年　早稲田大学大学院文学研究科博士課程社会学専攻単位取得退学
現　職　東洋大学社会学部教授
主要業績：
「家族についての意識の変遷——APC分析の適用によるコーホート効果の検討」（共著）（2016）稲葉昭英他編『日本の家族　1999-2009　全国家族調査［NFRJ］による計量社会学』東京大学出版会
「性別役割分業意識の規定要因の推移」（2015）東洋大学『社会学部紀要』53（1）：139-147
『研究道：学的探究の道案内』（共編著）（2013）東信堂
『現代日本人の家族：NFRJからみたその姿』（共編著）（2009）有斐閣

澤口　恵一（さわぐち　けいいち）〈第８章〉
1994年　早稲田大学第一文学部社会学専攻卒業
2000年　早稲田大学大学院文学研究科博士後期課程社会学専攻単位取得退学
現　職　大正大学心理社会学部教授
主要業績：
"Japanese cooks in Italy." (2015) James Ferrer ed., *The Globalization of Asian Cuisines: Transnational Networks and Culinary Contact Zones*, Palgrave Macmillan, 125-144.
「育児期の女性の親からの支援—結婚は『自立』の指標となりうるか？」（2007）岩上真珠編『〈若者と親〉の社会学』青弓社：125-137
「成人期への移行過程の変動」（共著）（2004）渡辺秀樹・稲葉昭英・嶋﨑尚子編『現代家族の構造と変容—全国家族調査［NFRJ98］による計量分析』東京大学出版会：99-112

佐藤　友光子（さとう　ゆみこ）〈第９章〉
1981年　早稲田大学第一文学部心理学専攻卒業
1991年　早稲田大学大学院文学研究科博士後期課程社会学専攻単位取得退学
現　職　四国学院大学社会学部教授
主要業績：
「女性のライフコースと保健医療福祉」（1998）星野貞一郎編著『保健医療福祉の社会学』中央法規出版：124-162
「自営業者のライフコース」（2002）四国学院大学大学院社会学研究科『社会学研究科紀要』2：71-92
「高齢者の年齢意識とその意味をめぐって」（2005）四国学院文化学会『四国学院論集』116：11-42
「地域のなかの親と子」（2010）岩上真珠編著『〈若者と親〉の社会学—未婚期の自立を考える』青弓社：138-161

＊**池岡　義孝**（いけおか　よしたか）〈第10章〉
1976年　早稲田大学第一文学部社会学専攻卒業
1985年　早稲田大学大学院文学研究科博士後期課程社会学専攻単位取得退学
現　職　早稲田大学人間科学学術院教授
主要業績：
『戦後日本社会学のリアリティ：せめぎあうパラダイム』（共編）（2016）東信堂
『戦後家族社会学文献選集第Ⅰ期・第Ⅱ期』（共同監修）（2008・2009）日本図書センター
「戦後家族社会学の展開とその現代的位相」（2010）日本家族社会学会『家族社会学研究』22（2）：141-153
「山根家族社会学の形成過程」（2009）家族問題研究学会『家族研究年報』34：49-62

（執筆順；＊は編者）

白井　千晶（しらい　ちあき）〈第３章〉
1993 年　東京外国語大学外国語学部卒業
2003 年　早稲田大学大学院文学研究科博士後期課程社会学専攻単位取得退学
現　職　静岡大学人文社会科学部教授
主要業績：
『産み育てと助産の歴史』（編著）（2016）医学書院
『不妊を語る』（2012）海鳴社
『子育て支援　制度と現場』（共編著）（2009）新泉社
「第二次世界大戦前・後のインフォーマルな養子仲介のありようについて―産婆・助産婦による仲介を中心に」（2013）『新しい家族』56：136-141

西阪　仰（にしざか　あおぐ）〈第４章〉
1981 年　早稲田大学第一文学部西洋史学専攻卒業
1988 年　早稲田大学大学院文学研究科博士後期課程社会学専攻単位取得退学
現　職　千葉大学文学部教授
主要業績：
『分散する身体：エスノメソドロジー的相互行為分析の展開』（2008）勁草書房
『心と行為：エスノメソドロジーの視点』（2001）岩波書店
『相互行為分析という視点：文化と心の社会学的記述』（1997）金子書房
"Syntactical constructions and tactile orientations: Procedural utterances and procedures in massage therapy." (2016) *Journal of Pragmatics*, 98：18-35.

安藤　由美（あんどう　よしみ）〈第５章〉
1982 年　早稲田大学第一文学部社会学専攻卒業
1990 年　早稲田大学大学院文学研究科博士後期課程社会学専攻単位取得退学
現　職　琉球大学法文学部教授
主要業績：
『持続と変容の沖縄社会』（共編著）（2014）ミネルヴァ書房
『沖縄の社会構造と意識』（共編著）（2012）九州大学出版会
「現代日本社会におけるライフコースの標準化・制度化・個人化をめぐって」（2008）日本社会分析学会『社会分析』35：19-37

嶋﨑　尚子（しまざき　なおこ）〈第６章〉
1986 年　東京女子大学文理学部社会学科卒業
1992 年　早稲田大学大学院文学研究科博士後期課程社会学専攻単位取得退学
現　職　早稲田大学文学学術院教授
主要業績：
『近代社会と人生経験』（共編著）（1999）放送大学教育振興会
『現代家族の構造と変容　全国家族調査［NFRJ98］による計量分析』（共編著）（2004）東京大学出版会
「石炭産業の収束過程における離職者支援」（2013）『日本労働研究雑誌』641：4-14
「ポスト８次石炭政策における閉山離職者の再就職：三井芦別にみる『失業なき再就職』」（2015）早稲田社会学会『社会学年誌』56：93-110

編・著者プロフィール

正岡　寛司(まさおか　かんじ)〈序・補論〉

1935年広島市生まれ。早稲田大学名誉教授。元日本家族社会学会会長。

主な著書・翻訳書：
『「家」と親族組織』(共編著，早稲田大学出版部，1975)
『家族――その社会史的変遷と将来』(学文社，1981)
『家族過程論　現代家族のダイナミックス』(放送大学，1996)
〈ジョナサン・ターナー　感情社会学シリーズ〉第Ⅰ巻『感情の起源』(2007，明石書店)，第Ⅱ巻『社会という檻』(2009，明石書店)，第Ⅲ巻『出会いの社会学』(明石書店，2010)，第Ⅳ巻『インセスト　近親交配の回避とタブー』(共訳，明石書店，2012)，第Ⅴ巻『感情の社会学理論』(明石書店，2013)
J. シェファー『インセスト―生物社会的展望』(共訳，学文社，2013)
J.H. ターナー『中間階級の蜂起』(共訳，学文社，2016)など。

＊岩上　真珠(いわかみ　まみ)〈第1章〉
1973年　早稲田大学第一文学部社会学専攻卒業
1976年　早稲田大学大学院文学研究科社会学専攻修士課程修了
1981年　駒澤大学大学院人文科学研究科博士後期課程社会学専攻単位取得退学
現　職　元聖心女子大学文学部教授(2017年8月没)
主要業績：
『未婚化社会の親子関係―お金と愛情にみる家族のゆくえ』(共著)(1997)有斐閣
『国際比較　若者のキャリア―日本・韓国・イタリア・カナダの雇用・ジェンダー・政策』(編著)(2015)新曜社
「シンルイとオヤコ」(共著)(1975)喜多野清一・正岡寛司編著『「家」と親族組織』早稲田大学出版部：129-185
「団塊世代の世代間関係―社会変動へのライフコースアプローチ」(2008)森岡清志編著『都市化とパートナーシップ』ミネルヴァ書房：182-185

＊大久保　孝治(おおくぼ　たかじ)〈第2章〉
1977年　早稲田大学第一文学部人文専攻卒業
1986年　早稲田大学大学院文学研究科博士課程社会学専攻単位取得退学
現　職　早稲田大学文学学術院教授
主要業績：
『日常生活の探究―ライフスタイルの社会学―』(2013)左右社
『ライフストーリー分析―質的調査法入門―』(2009)学文社
『日常生活の社会学』(2008)学文社
「忘れられつつある思想家―清水幾太郎論の系譜」(1999)『早稲田大学文学研究科紀要』44号第一分冊：133-148

変容する社会と社会学
―家族・ライフコース・地域社会

2017年２月20日　第一版第一刷発行
2018年１月30日　第一版第二刷発行

編著者　岩上真珠
　　　　池岡義孝
　　　　大久保孝治

発行者　田中千津子
発行所　株式会社　学文社
〒153-0064　東京都目黒区下目黒３－６－１
電話（03）3715-1501㈹　振替 00130-9-98842
http://www.gakubunsha.com

落丁・乱丁本は，本社にてお取り替えします。　◎検印省略
定価は売上カード，カバーに表示してあります。

ISBN 978-4-7620-2706-2　　印刷／新灯印刷㈱